お役立ち会計事務所全国100選

2023年度版

編者 BMS 株式会社 実務経営サービス

三和書籍

2023年度版発刊にあたって

高度なサービスを展開する会計事務所

会計事務所は、税理士や、税理士登録をした公認会計士の事務所で、企業や個人の納税を支援しています。税理士は、納税支援を行う専門家としての国家資格であり、納税者の納税義務を適正に実現することを使命としています。

法的な観点から見た税理士・公認会計士の役割は右記のとおりですが、実際に行っていることはそれだけにとどまりません。税理士・公認会計士は長らく、企業経営者や個人事業主が本音で話せる「相談相手」の役割を果たしてきました。これは、税理士・公認会計士が納税支援をする関係上、企業や個人のお金の流れを詳細に把握しており、「虚勢を張ったり、隠し事をしたりしても意味がない相手」だからです。事業の舵取りを担う人間は本質的に孤独ですが、そのような孤独な経営者、事業主に寄り添い、よき相談相手としての役割を果たしてきたのが税理士・公認会計士です。

近年では、経営者の相談役という税理士・公認会計士の役割を高度に発展させる会計事務所が現れています。コロナ禍出口対策、本格的な経営計画と達成管理にもとづく企業の経営支援、金融機関との融資交渉の支援、M&Aを含む相続・事業承継支援、医療・介護事業などの専門領域における経営指導、起業家の総合支援、ITを活用したバックオフィスの業務の効率化支援など、高度なサービスを提供している会計事務所もあるのです。逆に、本来の業務である納税支援を突き詰めている会計事務所は、最新の税制に対応した相続税対策や、税務調査対応などで数多くの実績を挙げています。こうした会計事務所をうまく活用できれば、事業の舵取りにおける大きな支えになることは間違いありません。

会計事務所選びのためのガイドブック

一方で、個性化が進む会計事務所のなかから、自分に合った事務所を選ぶのは難しくなりました。会計事務所は競い合うようにサービスを充実させていますし、その内容は専門化・高度化する傾向にあります。ウェブ検索サービスで会計事務所を調べても、膨大な数の事務所が見つかり、どれが自分に適した事務所なのかを判断するのは容易なことではないでしょう。

本書は、そうした状況のなか、会計事務所選びの一助にしていただく目的で製作されました。本書の編集を行った株式会社実務経営サービスは、全国の会計事務所の成長と発展をお手伝いしている企業です。25年の歴史を持つ会計事務所向け経営専門誌「月刊実務経営ニュース」の発行のため、令和4年度だけでも200人以上の税理士に取材をしており、延べ人数は3900人を超えます。本書はこの実績にもとづき、全国から100の会計事務所をご紹介させていただきます。おかげさまで、今回11冊目にあたる2023年度版を発行させていただく運びとなりました。

北海道・東北から九州・沖縄まで、全国屈指の大型事務所から新進気鋭の事務所まで、個性あふれる100の会計事務所の情報をまとめてあります。新年度版の製作にあたっては、ご紹介する会計事務所を時代の変化に合わせて再検討しました。

本書に掲載した会計事務所の紹介文をお読みいただき、自社の経営方針、目的に合った会計事務所をお探しいただければ幸いです。本書をきっかけに、皆様が理想の会計事務所に巡り会えることを心より願っています。

100選会計事務所とともに日本企業を応援

また、2023年度版からの新たな試みとして、会計事務所と連携しながら日本企業を応援している会社や組織3つも併せてご紹介しています。どの会社・組織も日本企業の発展を願い、会計事務所と連携しながら高度なサービスを提供しています。

読者の皆様にはぜひ、こうした企業や会計事務所のサービスを活用して、困難な時代を切り開き、自社の存続と発展を実現させていただきたいと思います。

株式会社実務経営サービス 代表取締役会長　中井 誠

会計事務所に関するご相談（事務所選び等）を随時お受けしております。（電話03（5928）1945 ㈱実務経営サービス「会計事務所相談係」まで）

お役立ち会計事務所全国100選

2023年度版

目次

関東

近畿

中国

四国

九州・沖縄

日本アシスト会計グループ

2009年度版から8回連続選出

事務所の特徴

気軽なお困り相談所 日本アシスト会計 検索

私たちは、お客様の良き相談相手でありたいと考えています。

お客様とのご縁は誠に「感謝」であります。

行動基本理念

一、お客様の幸福のため、徹底した奉仕の精神により行動します。

一、私たちの仕事を通じて自己を探求し、社会の幸福に貢献します。

Web・SNS

Webサイト http://www.assist-kaikei.co.jp **E-Mail** assistkaikei.group@tkcnf.or.jp

経営に「必要な経理」を指導

先が見えない経済情勢では、経営者がタイムリーに業績把握のできる社内体制、自立した財務経理処理の構築が必要であります。その指導は私たち業界の使命であり、企業経営の基本であると考えています。

パソコンを活用した、業績管理重視の経理指導を行っています。なお、クラウド会計システムを導入し、スピーディなお客様へのサポート体制ができています。

「初歩からの簿記・会計」を指導

当事務所には、独立開業や経営計画の相談が多く寄せられています。経営者の皆様方は悩みも多く、自分との戦いですので孤独といえます。その悩み・孤独感を払拭し、安心して経営に邁進できるよう、お客様の良き相談相手となり、共に歩み、お役に立ちたいという思いが当事務所の基本姿勢です。

独立して事業を始めるということは、目的や事情の違いはあれ、最終的な目標は「豊かで幸せな人生を築くこと」にあるといえます。経営は創造するものといえます。創造する心の継続が成功へと導き、思考を具現化するのです。そのためのツールが簿記・会計なのです。

簿記を全く知らないお客様でも、初歩から経理を指導しています。お客様自身が自然に理解し、経営状況が見える体制作りを支援しています。

お客様の「銀行評価」アップ

会計は「経営の業績を把握するための基本ツール」です。帳簿は税務申告のために作成すると思われがちですが、帳簿は経営の記録であり、経営の業績結果が決算報告書です。決算に至るまでの間には、借入、資金繰り、節税、決算対策等をしますので、その対策後の決算に基づいた税務申告ということになります。

当事務所は、お客様を毎月巡回訪問し、監査・指導することによって、財務データの精度を確保しています。当事務所は、同業種の全国黒字企業データを持っていますので、お客様の財務データとの比較検討ができます。今後の経営目標設定に

スマートフォンからのお問い合わせはこちらから

役立つと大変好評です。このようなお客様の前向きな経営姿勢は、金融機関から見て、企業評価を高くし、企業の格付けアップをもたらしています。また、希望により電子申告完了後に、日本政策金融公庫、信用保証協会、取引金融機関へ自動でその決算申告資料を電子提供するシステムは高い評価を得ています。

「真に元気な会社」へ改善

「日本の優秀企業研究」（新原浩朗著、日本経済新聞社）によると、優秀企業には、次の６つの条件が共通してみられるとあります。①世のため人のためという企業文化を持つこと。②身の丈に合った成長を図り、事業リスクを直視すること。③危機をチャンスに転化すること。④自社を客観的に眺められること。⑤自分の頭で考え抜くこと。⑥分からないことは分けること。

これらの条件を突き詰めていくことが企業経営の原点であるとし、一方で元気に見えることだけに注力している企業は、その本質を見失い生き残れず、原点回帰したときに、真に元気な会社の形が見えてくるとしています。

当事務所は、認定経営革新等支援機関として、経営改善計画策定にも取り組んでいます。お客様の「経営の本質とは何か」まで遡って原点回帰しますと、時代に合ったお客様の経営の形が見えてきます。その形に向かって改善が始まり、「真に元気な会社」への王道を歩き始めます。感動と喜びの瞬間です。

「円満な事業承継」を支援

日本を支えた中小企業の経営者は、高齢化を迎え、「後継者」と「相続」の悩みが身近のものになってきました。この問題を別々にとらえ、M&Aの活用をその選択肢の一つとすることで、円満に解決することがあります。

M&Aは、雇用、事業の継続と譲受企業の強みの相乗効果により中小企業の存続ができ、財産の自社株式を現金にする資産の組替効果をもたらします。

でも簡単にはまいりません。まずはご相談ください。

事務所概要

代表　佐々木忠則

昭和30年生まれ、北海道出身。税理士・行政書士・シニアリスクコンサルタント・相続診断士・財産承継アドバイザー・租税法務学会会員。会計事務所に13年勤務し、平成3年に財務コンサルティング会社（日本アシスト株式会社）を設立。
平成4年　税理士事務所を開業（TKC全国会入会）。
平成23年　全国相続協会 相続支援センター開設。
平成25年　北海道財務局・経済産業局の経営革新等支援機関として認定。
平成27年　アシストM&Aセンターを開設。
平成30年9月　税理士法人日本アシスト会計を設立し、代表社員就任。
令和2年11月　支店　森村事務所を開設。
TKC・税務署・商工会議所研修会講師、郵政暮らしの相談センター相談員、国土交通省 建設業経営支援アドバイザーなどを担当し、含蓄のある言葉には定評がある。北海道税理士会札幌北支部。

日本アシスト会計グループ
〈本店〉
日本アシスト会計
〒001-0031
北海道札幌市北区
北31条西4丁目1-2
TEL 011-727-5143
FAX 011-727-9081
〈支店〉
日本アシスト会計 森村事務所
〒060-0061
北海道札幌市中央区
南1条西7丁目12
都市ビル6階
TEL 011-231-5835
FAX 011-231-4415

STRIKE

株式会社ストライク

中堅・中小企業を対象とする

M&A仲介・アドバイザリー

「世界を変える仲間をつくる。」をミッションとする、M&Aプロフェッショナル集団

ストライクは何をしている会社か？

ストライクは、M&Aを通じて「仲間づくり」をしている会社です。

1社ではできないことが、2社がいっしょになればできるようになる。これが、M&Aの本質的な価値です。たとえば、「後継者がいない、自社だけではどうにもならない」という会社と、「イノベーションを起こしたいが、自社だけでは難しい」という会社が、2社がいっしょになることで、双方とも「できなかったことが、できるようになる」。M&Aによって、売り手も買い手も次の展開に進むことができます。

日本の未来を考えたときにも、「仲間づくり」がとても大切ではないかと思います。日本の大きな課題のひとつは、人口の減少です。このままでは需要も供給も減って経済が縮んでしまい、国のお金も足りなくなってくるでしょう。今以上に「生産性を上げること」が重要で、その有効な方法が「仲間をつくること」なのは間違いありません。

事業承継、選択と集中、イノベーション、新しいネットワーク、新しい挑戦。高い志を持つ企業との出会いが増えています。このような方々の「日本の未来を変える仲間づくり」も、ストライクの使命だと考えています。

まずはご相談ください

ストライクは、M&Aに特化した専門家集団です。

会計・法務の専門家、金融機関出身者らが、客観的な財務分析と高い職業倫理観を持って、中堅・中小企業のM&Aを会計事務所と連携して支援しております。ぜひ我々に、皆さまの大切な関与先の「仲間づくり」をお手伝いする機会をいただきたく考えております。

まずはご相談から、お気軽にお声がけください。

スマホでアクセス！

ストライクのM&A支援サービス

ストライクが、関与先のM&Aによる事業承継問題の解決、
および関与先のM&AによるEXITのサポートをいたします。

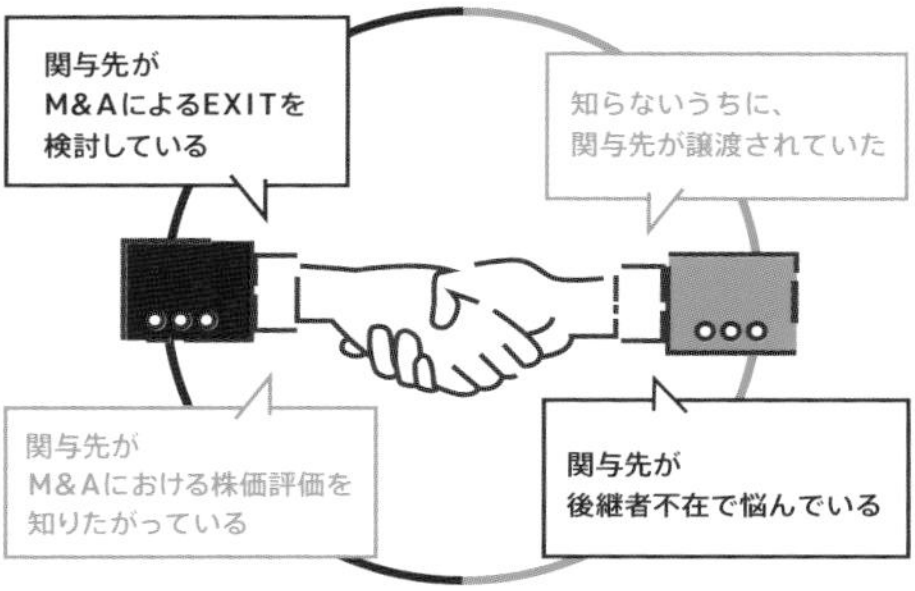
関与先が
M&AによるEXITを
検討している
知らないうちに、
関与先が譲渡されていた
関与先が
M&Aにおける株価評価を
知りたがっている
関与先が
後継者不在で悩んでいる

〔会計事務所との連携について〕

●M&Aに関する知識の習得のため、職員の方々向けの研修を行います

中小企業のM&Aの状況、事例紹介、簡易株価算定方法などを解説いたします。
※ご要望に応じたプログラムもご用意可能です。

●既存ニーズの掘り起こしのため、職員の方々向けのご相談会を行います

各職員の方々から関与先の概要を伺います。関与先の業種、事業内容、財務内容などを勘案したうえで、適切な対応をいたします。

●関与先についての初期相談は完全無料でお手伝いいたします

どの程度の株価が見込めるのか、どのような候補先がいるかなど、初期的なご相談についてはすぐにご対応させていただきます。なお、当社は着手金無料でございますので、安心してご相談ください。

●M&Aについて、全てのステップをフルサポートいたします

ご紹介いただいた後は、M&Aの手続きは全て当社で行い、関与先が安心して意思決定できる環境をご用意します。

STRIKE

会社情報

株式会社ストライク

住所　〒100-0004
東京都千代田区大手町1丁目2番1号
三井物産ビル15階
TEL 0120-552-410　FAX 03-6848-0102
WEB　https://www.strike.co.jp/
Mail　info@strike.co.jp
Facebook　株式会社ストライク

税理士法人常陽経営

㈱常陽経営コンサルタンツ　根本行政書士事務所
相続総合支援センターいわき・相双　いわきM&Aセンター
総務・経理代行センターいわき　通販経理

2009年度版から8回連続選出

事務所の特徴

①創業以来の「お客様第一主義」の徹底！
②2,000社以上の豊富な取引実績と30年以上のノウハウ！
③地域トップクラスの相続税申告件数の実績！
④月額9,600円からの税務顧問サービス！
⑤豊富な経験により税務調査には絶対の自信があります！

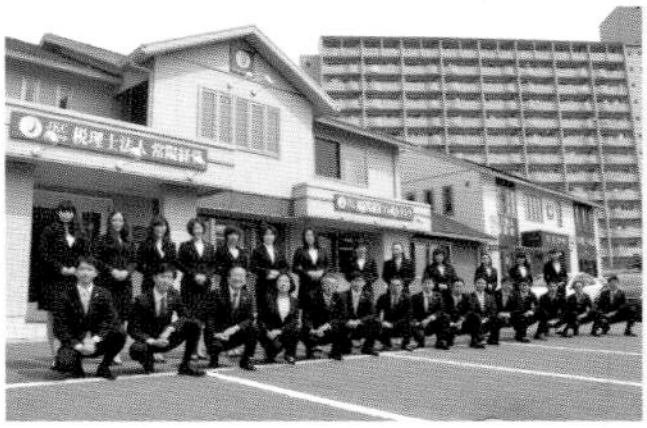

Web・SNS

Webサイト　https://www.joyokeiei.com/
E-Mail　info@joyokeiei.com
Facebook　税理士法人　常陽経営
Twitter　@joyokeiei

お客様第一主義へのこだわり

税理士法人常陽経営は、創業以来掲げております『私たちは経営管理に必要なあらゆるサービスを提供し、社会に役立つ企業を応援致します。』という経営理念のもと、社員一人一人がお客様第一主義を実践し、多くのお客様から高い評価を頂いております。

お客様第一主義を徹底していくためには、お客様をサポートする社員一人一人の高い知識、技術の向上が不可欠であると考え、弊社では、毎朝社員全員で社内研修を行うとともに、外部研修へも積極的に参加し、日々研鑽しております。

「お客様―社員―会社」、三者全てが共に良くなる関係を築ける企業スタイルを貫いております。

常陽経営の6つの特化事業

税理士法人常陽経営は6つの特化事業(①税務顧問・経営コンサルティング、②相続総合支援センターいわき・相双、③いわきM&Aセンター、④総務・経理代行センターいわき、⑤通販経理、⑥セミナー、無料相談会多数開催)を柱に、お客様の様々なニーズにお応えします。

①税務顧問・経営コンサルティング

「月次経営報告書」の提供、「決算前検討会」の実施、「認定経営革新等支援機関」として中小企業の経営力強化の指導・管理を行い、税務顧問から経営支援(経営コンサルティング、会社設立・起業サポート、節税・税務調査対策等)までワンストップでサポート致します。

②相続総合支援センターいわき・相双

遺産整理サポートプラン、相続税申告サポートプラン、生前対策サポートプランなど、お客様のお悩みに合わせたプランをご用意しており、相続専門のプロ集団が対応致します。

お客様に同行して金融機関や各関係官庁での手続き、相続の相談から税金の申告・納付まで、最適な節税対策も含めて相続全般をサポート致します。

スマートフォンからのお問い合わせはこちらから

北海道
東北
東京
関東
東海
信越・北陸
近畿
中国
四国
九州・沖縄

事務所概要

代表社員 税理士　根本勝祐

1992年　㈱常陽経営コンサルタンツ設立　根本勝祐税理士事務所設置
1997年　MAP経営計画シミュレーションシステム導入
1998年　あんしん経営をサポートする会入会
2006年　TaxHouse加盟
2010年　相続総合支援センターいわき・相双の事業開始
2011年　通販経理の事業開始
2012年　総務・経理代行センターいわきの事業開始
2016年　税理士法人常陽経営設立
2018年　いわきM&Aセンター開設
東北税理士会いわき支部所属

税理士法人常陽経営　株式会社常陽経営コンサルタンツ

創　業：1992年
代表者：根本勝祐
職員数：34名

所在地　〒973-8408
福島県いわき市内郷高坂町砂子田94番地
（いわき市総合保健福祉センター隣）
TEL 0246-27-9110　FAX 0246-27-9118

③いわきM&Aセンター

後継者問題や経営戦略の見直しに伴う、会社の譲渡または事業拡大のための譲受けをご支援するサービスです。

弊社では、地元の中小企業様を中心に提供しております。

④総務・経理代行センターいわき

給与計算や会計データ入力、帳票類の整理、請求書の発行等、総務・経理業務を専門スタッフがサポート致します。

経理担当者が辞めてしまった、忙しくて経理に手が回らないといった悩みを抱えている事業者様に好評を頂いているサービスです。経理担当者を雇うより格安の料金で対応できます。

⑤通販経理

年商3，000万円未満の中小企業・個人事業者向けの低価格税務顧問サービスをご提供しております。

⑥セミナー、無料相談会多数開催

商工会議所、法人会、銀行、保険会社等を通じてセミナーを多数開催しています。

地域のショッピングセンターにて、無料個別相談会を毎月定期的に実施しています。

東北Ｎｏ．１の社会貢献企業を目指し、これからも地域企業の発展に寄与していきます。

税理士法人NAVIS

株式会社若山経営／株式会社相続想・相続手続き支援センター

2011年度版から2回選出

事務所の特徴

活力経営の実践と支援により、地域企業発展に貢献！
活力経営とは、「目標」ビジョンにもとづく戦略と計画（数値計画＋行動計画）
「連携」経営計画をチーム（組織）で実行
「評価」組織の目標達成に頑張った人を適正公平に評価

Web・SNS

Webサイト https://zeirisihozin-navis.tkcnf.com/
https://wakayama-keiei.jp/
E-Mail zaimu@wakayama-keiei.jp
info@wakayama-keiei.jp
戦略TV：BSCのツール戦略ナビのポータルサイト https://www.senryaku.tv/

青森県内を中心に「未来会計（経営者のための会計）」を提供！

熱意・行動・感謝を三大信条に掲げ、活力経営の実践と支援を理念に地域中小企業発展に貢献。税務相談や税務支援だけでなく、お客様が抱える課題や問題を解決し、企業価値を高めるための情報を発信しています。

未来会計に軸足を置いた税務と会計が基本、「お客様の期待に応え、お客様と共に成長する」ことが私たちのテーマです。特に、経営者や後継者に決算書をわかりやすく説明し、経営計画を作成するために必要な意思決定をしてもらうための業務を重点的に実施しています。

中小企業経営に最適なバランス・スコアカード（BSC）

BSCは業績を評価する技法として、1992年ハーバード・ビジネス・スクール教授とコンサルタントによって発表されたものですが、ドラッカーがコンサルティングのために考案したことが始まりと言われています（ドラッカー学会理事藤島秀記氏の論文から引用）。

BSCを学び、中小企業経営に必要な理論とわかり、BSCを活用し、目標管理と組織づくりを進めるため、クラウドのツール「戦略ナビ」を開発。経営計画システム（MAP経営）で予実管理を進め、行動計画のPDCAサイクル浸透と普及に取り組んできました。なぜうまくいかないのかという「見えない壁」への挑戦。成功と失敗の繰り返しでした。それでも、お客様と一緒に次のような成功事例をつくることができました。

□食料品卸売業（拠点3）：支店や部門間で会議の前に情報共有、会議のやり方が変わった。
□飲食業（拠点8）：クラウド利用の会議でペーパーレス化、店舗間・店長間の情報共有が変わり、成功店事例を素早く共有。
□ペットショップ（拠点2）：店舗間の情報共有が進み業務効率改善、生産性向上。
□建設業（住宅建築）：トップダウンの強い組織で事業承継に課題、BSCでビジョン共有、後継者中心のチームに変わった。
□食料品製造業（拠点2）：財務データと製品市場分析から戦略特定、BSCで経営計画実行の組織に変わった。

予実管理とBSC活用で会計事務所が行う経営支援を一歩先に進め、標準化することに

スマートフォンからのお問い合わせはこちらから

事務所概要

代表社員　税理士
若山恵佐雄

税理士法人NAVIS代表社員。株式会社若山経営代表取締役。税理士。昭和23年生まれ。青森短期大学商経科第二部卒。昭和59年、税理士法人NAVISの母体となる税理士若山恵佐雄事務所を開業。昭和62年、有限会社若山経営（現・株式会社若山経営）設立、代表取締役に就任。事務所開業直後から経営支援（特にBSC）に積極的に取り組み、MAS業務を展開。商工会や商工会議所の事業に協力。地域の中小企業発展に尽力している。東北税理士会青森支部所属。

税理士法人 NAVIS
株式会社若山経営
株式会社相続想
創　業：昭和59年
代表者：若山恵佐雄
職員数：41名（税理士3名、行政書士2名、ITコーディネータ1名、FP1名）
〈本社〉
〒030-0944
青森県青森市筒井八ッ橋1372-1
TEL 017-738-8833　FAX 017-738-8827
〈新町支店〉
〒030-0801
青森県青森市新町1丁目2番18号
青森商工会議所会館4F
TEL 017-763-4277　FAX 017-763-4279

取り組んできました。しかし、業務効率改善や生産性向上だけでは外部環境の変化に対応できないこともわかりました。財務データと製品市場分析を行い、経営戦略を特定する取組みを重視しています。

青森県平川市にあるIM社（創業70年、現経営者3代目、売上高18億円、従業員31名）は、戦略展開に当社の「戦略ナビ」を活用。地場建築事業者を協働化し相互扶助による新たな組織体制を構築、時代を乗り越え、製販一体の組織体制でサービスとサポート支援を継続的に提供しています。

BSCで長期と短期のバランスを考え、戦略マップで戦略のつながりを検証、戦略目標にもとづくKPI、アクションプランの実行を可視化できる「戦略ナビ」を社内のツールとして活用し、チームで戦略実行に取り組み、目覚ましい発展を続けておられます。

IM社には、公的機関の専門家派遣でBSCと「戦略ナビ」を紹介しました。当社からの運用支援はしていません。2代目社長（現会長）がドラッカーとBSCに出合い、徹底して活用いただいたことによる成果です。

研究者と実務家が共創して取り組む〝脱どんぶり経営〟

日本経営会計専門家協会（JIMAP）に加入し、「財務データと製品市場分析を組み合わせた経営戦略分析」というテーマの分科会を開催。京都大学経営管理大学院澤邉教授に「経営戦略を持たない経営をどんぶり経営、中小企業は〝脱どんぶり経営〟を目指すべき！」と教えていただきました。事例企業をIM社に近づけるため、JIMAPでご縁ができた会計人（実務家）と日本大学経済学部藤野教授を中心とした管理会計専門家（研究家）で「軍師の会」を組織。毎月事例発表等（90分のオンライン研究会）により、シンプルBSCの普及に取り組んでいます。

これまでの経験を活かし〝事業承継〟に特化

社員と一緒に積み上げてきたことを生かし、重点的に事業承継（事業承継のための経営支援、特例活用、株式評価、経営者個人の相続対策等）に取り組んでいます。公的機関の専門家として奔走。社員で資産税と法人税に強い税理士が在籍。相続税申告件数は地域NO1。経営全般の視点からアドバイスできるのが当社の強み。ビジョンは地域企業とともに発展することです。

株式会社ひなた会計事務所

日向雅之税理士事務所

初選出

事務所の特徴

①税理士登録23年超の敏腕税理士が協力サポート！
②徹底した合理化で、経理も帳簿もコスト削減
③顧問契約にこだわらず、申告のみにも対応
④事業承継支援・融資に関する協力体制を強化
⑤税務調査に入られにくい申告を目指します

Web・SNS

Webサイト　https://www.hinatax.jp/
E-Mail　info@hinatax.jp

お客様の事務作業を減らし、成長発展に全力でご支援

私たち株式会社ひなた会計事務所は、宮城県仙台市で開業20周年を迎えた会計事務所です。当事務所は、契約している顧問先の経理担当者の事務作業量を極限まで減らすことを目指しています。

所長はミロク会計人会連合会のシステム開発副委員長を務めていることもあり、ITに強いということは経理の合理化を進めるうえでアドバンテージといえるでしょう。

また、ITの技術をお客様にも提供すべく、バックオフィス業務としてアウトソーシングできるサービスを提供しています。ITの活用は今後ますますお客様の発展に貢献していく手助けになるでしょう。

経営計画書を作成することで経理の合理化を実践

また、当事務所の経営計画を毎年発表しています。経理や方針を公開することで目標が明確になります。経営計画書を同じように作成したいお客様には経営計画書をお譲りし、作成の手助けをしています。

ポストコロナにおける持続的発展的事業計画で補助金等も視野に入れた計画立案の参考にして頂いております。

付加価値の高い経営のアドバイスができるようセミナーへの参加や勉強会の開催

さらに、経営者が想いを実現できるよう必要な会計情報をいち早くお届けするために、職員全体での勉強会や研修をかかしません。コロナ禍においては、外部セミナーへは、ウェブで参加をするようになりました。また、月2回の勉強会、税務会計に関するレポート提出、早朝のロープレも行っております。

毎月の面談を大原則に

得た情報をお客様へのアドバイスとして生かすことが第一です。コロナ前は、訪問や来所して頂くことで情報を共有し的確なアドバイスを行いました。

また、コロナ禍で訪問できなくなっても、オンラインでの打ち合わせを可能と

スマートフォンからのお問い合わせはこちらから

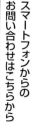

事務所概要

代表社員　税理士　日向　雅之

日向雅之税理士事務所所長。株式会社ひなた会計事務所代表取締役社長。税理士。東北税理士会常務理事。ミロク会計人会連合会システム開発副委員長。昭和46年生まれ。専修大学商学部卒。宮城県出身。仙台市内の会計事務所に勤務しながら平成11年に税理士資格を取得。平成14年独立してひなた会計事務所を開業。起業家の見本となるべく資本金が1円からでも起業できる事例になろうと、平成15年東北で初めて資本金1円の株式会社を設立する。東北税理士会仙台北支部所属。

日向雅之税理士事務所／株式会社ひなた会計事務所

設　立：平成14年

代表者：日向雅之

職員数：10名（税理士1名、行政書士1名、中小企業診断士1名、ファイナンシャルプランナー3名）

所在地
〒989-3202
宮城県仙台市青葉区中山台1丁目11-5
TEL 022-279-6818　FAX 022-279-6823

しています。お客様の中にはオンラインでの面談にも慣れてウェブ面談を選ばれる方も増えております。しっかりお客様とコミュニケーションをとることは、お客様に貢献することの基本です。

黒字化・節税・金融機関対策どれも外せないからこそ決算前検討会の実施

決算書を経営者に理解してもらい、未来の予測を一緒にたてることは大切なことです。説明と分析を怠らないように、決算前検討会を実施しております。

金融機関とがっちり連携

所長は、かねてより手元資金を持つことの大切さ、借入の大切さを語っております。コロナ禍でビジネスモデルの変換を余儀なくされても資金があることで乗り越えられます。お客様から相談された際にはすぐにご紹介できるよう、金融機関との連携を構築しております。

相続案件や事業承継は全力でサポート

長年顧問させて頂いたお客様が高齢になられていくことは必然です。その際に発生する相続に関しては相続税対策を視野に入れて事前のご相談に乗らせて頂いております。さらにそこから発生する信託や登記に関することなど司法書士、弁護士とのサポート体制も整っております。

ニーズに応じた顧問料

自社内に経理の人材を雇用するよりは税理士事務所に依頼した方が安価だという方もいらっしゃいます。また申告のみを希望の方、経理アドバイスもご希望の方など、さまざまな要望に柔軟にお応えしております。

まずは気軽に来所、またはお電話を

税金、会計はもちろん経営全般に関して相談に乗ってもらいたい時に相談しやすい税理士がいることこそが、経済を活性化させる糸口だと思っております。

まずは、気軽にお電話を。

税理士法人　豊

ゆたか相続センター

2004年度版から10回連続選出

事務所の特徴

- 「相談したくなる事務所」お客様との対話を重視
- 管理会計を使った経営管理体制づくりと黒字化支援
- コロナ後に向けた経営計画策定支援
- わかりやすい実務セミナーで経営者と経理担当のスキルアップ
- 事業承継・相続の問題をトータルでサポート

Web・SNS

Webサイト　https://tsuchida-mo.tkcnf.com/（事務所HP）
https://yutakasouzoku.jp/（ゆたか相続センター）

E-Mail　tsuchida-mo@tkcnf.or.jp
Facebook　税理士法人 豊

円満相続のために万全の準備を

当所が運営するゆたか相続センターは、税金の有無にかかわらず相続・贈与のことを相談できるワンストップセンターとして設立以来、税務以外の専門家と連携して問題解決に対応してきました。相続税申告の件数が多くなりましたが、地方においては相続・贈与について専門的に相談できる場所がほとんどないのが現状です。

相続を〝争族（あらそうぞく）〟にしないためには、事前準備・対策が必要です。子供たちの心配をよそに、お父さんお母さんがのん気に構えていると、起こらないはずのもめごとになったりします。それを防ぐため、当センターでは終活や家族会議などのアドバイスのほか、以下の業務を行います。

- 煩雑な事務手続きを支援・代行
- 遺産分割が円滑に進む分けやすい財産の持ち方を提案
- 相続税シミュレーションに基づく税金対策
- 定期的なセミナー開催による正しい知識と気づきを提供

会社を強くする会計で黒字化を支援します

私たちは毎月お客様のところへ訪問し、巡回監査を実施しております。翌月の早い段階で業績を把握し、素早く意思決定をして頂く、会計データに限らず経営に役立つ情報を提供する、お客様の困り事を一緒になって考える、ということを行っています。

私たちの存在意義は、事務処理ではなくお客様の経営に役立つアドバイス・指導をすることであると考えます。月々の試算表から読み取れることには限りがあり、経営判断に生かされることは少ないのです。売上高が増えた・減っただけではなく、どの商品の、誰に対する売上高が増減したのか、その増減は経営者の考えに沿ったものなのかを確認・検討し、使える会計資料の作成支援と、面談重視の巡回監査を業務の中心に置いています。

ソフトの進化により会計業務が効率的

スマートフォンからのお問い合わせはこちらから

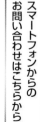

事務所概要

代表社員 税理士
土田一成

税理士法人 豊 代表社員。税理士。昭和31年生まれ。昭和59年、税理士法人豊の母体となる土田圭一税理士事務所に入所。平成14年事務所を承継。平成25年税理士法人化。現在、米沢法人会副会長。東北税理士会米沢支部所属。

税理士法人 豊／ゆたか相続センター
創業：昭和46年
代表者：土田 一成
職員数：25名（税理士4名、公認会計士1名、行政書士1名、ファイナンシャルプランナー3名、医業経営コンサルタント2名、宅地建物取引士1名、2級建築士1名、2級建設業経理士1名）
<米沢オフィス> 〒992-0045
山形県米沢市中央6-1-174
TEL 0238-21-2377 FAX 0238-21-2391
<山形オフィス> 〒990-0813
山形県山形市桧町2-6-31
TEL 023-665-0170 FAX 023-665-0172
<ゆたか相続センター>
米沢 TEL 0238-40-0046
山形 TEL 023-665-0178

になると、人間がその業務を行う必要がなくなります。これにより、人間は「考えること」「判断すること」に専念しやすくなる、言い換えれば「経営に集中する」ことができるのです。ソフトの使い方をご指導することも巡回監査の重要ポイントとしています。

これらのほか、巡回監査は会計処理と税務が適正に処理されているかを確認することが基本です。その際には〝現場〟と帳簿書類を結び付けることを徹底し、組織配置（役割分担）、書類の所在、棚卸資産の保管状況、減価償却資産の使用状況など、企業内のあらゆる事柄を通じて監査の精度を高め、裏付けをお客様の現場から確保するようにしております。

また、都度発生する税務の問題については、税法の規定の適用が「後始末」にならないよう、事前の相談によるシミュレーションが大事です。今後のことに対してどのように行動するのが良いかを追求し、アドバイスするのが、当所の仕事であると位置づけています。

経営革新等支援機関として お客様を徹底サポート

当所が経営革新等支援機関の認定を受け9年が経過しましたが、企業を助ける役割がいかに重要かを実感しながら、次のような業務に携わっています。

- 単年度予算と行動計画立案、その実践を支援
- 金融機関との連携
- 税制上の特例、補助金等の施策利用

特に、コロナ禍により数年先が読めない状況にある現状においては、経営計画を立てることが困難になっていますが、だからこそ年度毎の見込みはしっかり作り、社内の意思統一を図る必要があります。待ちの姿勢ではこの難局を乗り切ることはできません。経営者だけでなく、幹部や社員の方々にも関わっていただき、「会社全体が参加するＰＤＣＡサイクルをもって自立した経営」を全力で支援します。

100選会計事務所とともに日本を元気に!!

ソリマチ

ソリマチ株式会社

記帳代行の自動化で所内の生産性を劇的に向上

会計事務所クラウド

会計事務所の生産性を大幅アップさせるクラウドサービスを提供

当社は「会計でみんなを幸せに」をモットーにサービスを展開しています。昨今、多くの企業が「働き方改革」「生産性向上」「標準化」「DX」など多様な変化を求められる時代となりました。そこで、企業にとって一番近い存在である会計事務所の業務を支えていくことにより、当社は中小企業を応援します。

「会計事務所クラウド」は多くの会計事務所で課題となっている記帳代行業務に注目して開発された、会計事務所の生産性を大幅にアップさせるクラウドサービスです。当社の母体も会計事務所なので、会計事務所の要望を取り入れているのはもちろん〝会計事務所のため〟に作られた機能が数多くあります。

「会計事務所クラウド」で使用するクラウド会計ソフト「MA1」はインストール型のソフトのため、従来のパッケージソフトと変わらない操作性で会計事務所の皆様にご満足いただいています。また複数のパソコンからの同時アクセスにも対応でき、繁忙期に顧問先と職員が同時に入力することも可能です。

さらに、無料で使える多彩な連携ツールを活用することによって記帳代行業務を効率化し、会計事務所の様々なお悩みを解決します。

所内のデータがクラウド上に集約されるので、ボタン1つで様々な分析資料を作成することが可能です。例えば該当顧問先の経営状況を客観的に分析できる帳票や、「売上高」「利益率」「給与」「賞与」を成績表のように10段階で評価する資料が作成できます。

「会計事務所クラウド」、会計ソフト「MA1」、各種連携ツールについての詳細は、Webサイトをご覧ください。

(https://www.sorimachi.co.jp/officecloud/)

スマホでアクセス!

会計事務所のための新しいクラウド会計

会計 事務所 クラウド∞

cloud service for accounting office

全国の会計事務所で続々採用!!

20,000社以上運用中

会計事務所クラウド概念図

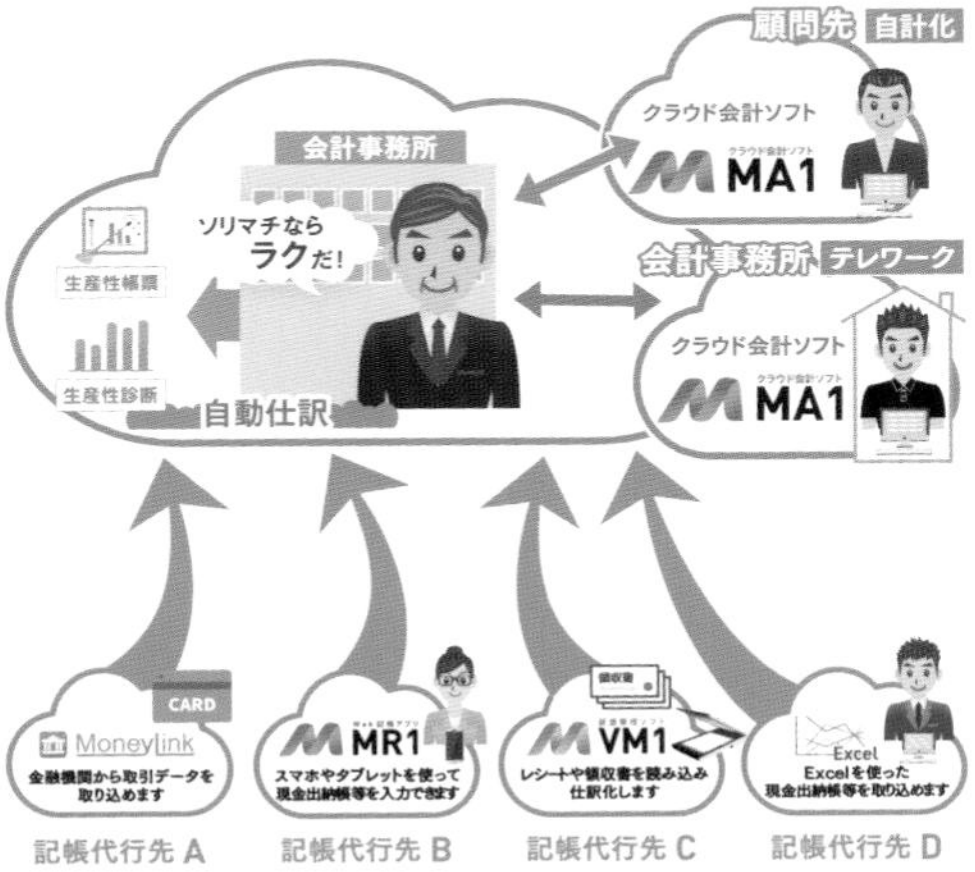

自計化の顧問先やテレワーク職員も、同時にアクセスすることが可能です。

金融明細自動取込アプリ「MoneyLink」で金融明細の取引データを取り込んで、自動で仕訳できます。その他、スマホ対応のWeb記帳アプリ「MR1」、証憑管理ソフト「VM1」などを提供しております。会計事務所、顧問先のスタイルに合わせ、組み合わせてご使用いただくことができます。

会社情報

ソリマチ株式会社

住所　〒141-0022
東京都品川区東五反田3-18-6
ソリマチ第8ビル
TEL 03-5475-5301　FAX 03-5475-5339
WEB　https://www.sorimachi.co.jp/
Mail　partner@mail.sorimachi.co.jp
Facebook　https://www.facebook.com/sorimachi.faceup

RSM汐留パートナーズ税理士法人

RSM汐留パートナーズ株式会社

①
初選出

事務所の特徴

①世界第6位のグローバルネットワークであるRSMに加盟
②RSMのネットワーク活用による高品質な国際業務に強み
③様々な専門家が所属し連携するワンストップサービス
④IPOコンサルティングと外資系企業サポートの経験が豊富
⑤英語・中国語によるバイリンガルサービス

Web・SNS

Webサイト　https://shiodome.co.jp/
E-Mail　inquiry-jp@rsmsp.jp
Facebook　RSM汐留パートナーズ
Twitter　@rsmsp_official

様々な士業が在籍し高度なワンストップサービスを展開

ＲＳＭ汐留パートナーズ税理士法人は、会計税務をはじめとするバックオフィス・アウトソーシングやＩＰＯなどの財務コンサルティング、日本進出・海外進出支援など、幅広いサービスを提供するアカウンティングファームです。公認会計士、税理士、社会保険労務士、行政書士、司法書士等のプロフェッショナルが多数在籍しており、クライアントに対してワンストップで様々なサービスを提供しております。

また、英語や中国語が堪能なバイリンガルスタッフが多数在籍しております。特にクロスボーダー企業は複数言語での対応に高いニーズがございます。弊社ではバイリンガルメンバーと様々なプロフェッショナルが連携してサービス提供をすることで、それらのクライアントのニーズに応えることができております。

創業わずか15年で世界第6位のグローバルネットワークのＲＳＭに加盟

私たちＲＳＭ汐留パートナーズ税理士法人は、これまでＲＳＭと同様のグローバルネットワークのＰＫＦに加入しておりましたが、２０２２年11月より世界第６位のグローバルネットワークであるＲＳＭへ移籍をいたしました。

これは、私たちがより広範で高度な国際ビジネスをしっかり提供することができるファームだということが認められたと自負しております。ＲＳＭは米国ではＢＩＧ４に次ぐ第5位にランキングし、各国の10位以内の会計事務所を中心に構成しており、今後はＲＳＭ内の事務所からの外資系クライアントの紹介も増加していくものと考えております。

ＩＰＯコンサルティングと外資系クライアントサポートを軸に

ＲＳＭ汐留パートナーズ税理士法人は、主にＩＰＯコンサルティングと外資系クライアントサポートを軸にワンストップサービスを展開しております。

ＩＰＯのご支援は公認会計士だけでできるものではありません。ＲＳＭ汐留パートナーズのＩＰＯコンサルティングは、ＩＰＯに精通している公認会計士をはじめ税理士、社会保険労務士、行政書士を中心とし

スマートフォンからのお問い合わせはこちらから

事務所概要

代表社員　公認会計士・税理士　前川研吾

RSM汐留パートナーズ税理士法人代表社員。RSM汐留パートナーズ株式会社代表取締役社長CEO。公認会計士（日米）・税理士。昭和56年生まれ。北海道大学経済学部卒。新日本監査法人（現・EY新日本有限責任監査法人）を経て、平成20年に汐留パートナーズ株式会社を設立し、代表取締役社長に就任。平成21年グループのCEOに就任。令和4年RSMに加入。東京税理士会芝支部所属。

RSM汐留パートナーズ税理士法人／RSM汐留パートナーズ株式会社

創　業：平成20年
代表者：前川研吾
職員数：180名（税理士20名、公認会計士6名、米国公認会計士4名、社会保険労務士6名、行政書士5名、司法書士4名）

所在地
〒105-7133　東京都港区東新橋一丁目5番2号
汐留シティセンター 33階
TEL 03-6316-2283（代表）

たプロフェッショナルが密に連携し、そして経営者と同じ視点で誠実かつ堅実に、そして必要に応じて革新的なアドバイスを行い、ワンストップでクライアントのＩＰＯの実現をサポートしております。

　また現在、クロスボーダー取引や海外進出の増加に伴い、インバウンド、アウトバウント共に各国でのバックオフィスサポートへのニーズは増加しています。ＲＳＭは米国、欧州、中東・アフリカ、アジアパシフィック地域を含む世界１２０カ国以上に約８６０の拠点を持ち、世界の主要40都市のそれぞれに進出しています。ＲＳＭのネットワークを活用することで、シームレスなサポートを行うことが可能です。

サービスの拡充、そしてBIG4に次ぐ組織の確立を目指す

　今後拡充していきたいサービスがいくつかあります。その一つはアウトソーシングサービス（ＢＰＯ）です。日本においては人材不足が顕著であり、各企業は管理部門に関する業務をアウトソーシングしてコア業務にフォーカスする流れがあり、市場は拡大しています。また、外資系企業においても、日本に進出する際においても、自社でバックオフィス機能を構築するのは難しいことが多く、会計税務・人事労務・法務について、コンサルティングからＢＰＯまですべてのご支援へのニーズが高まっています。

　もう一つはＩＴコンサルティングサービスです。まだＲＳＭ汐留パートナーズでは本格的に提供するには至っておりませんが、例えばＩＴ利用が遅れているクライアントに対し、ＩＴ利用を促進させるようなコンサルティングサービスを提供することで、業務の効率化を図っていく支援をできればと考えております。

　また、日本にもＢＩＧ４のメンバーファームがありますが、我々は「日本にはＢＩＧ４以外に『ＲＳＭ汐留パートナーズ』という素晴らしい事務所がある」と言われるようなファームを目指していきたいと考えています。

　そのためには、高品質なサービスを提供し、外資系企業や上場会社とのお付き合いを増加していくことで、ビジネスを永続していくことが重要です。それにより事務所がサステナブルで、メンバーはウェルビーイングでありたいと考えています。その点でも、会計業界というよりは世のすべての一般企業と比べても恥ずかしくない事務所でありたいと思っています。

4
2017年度版から4回連続選出

アイユーコンサルティンググループ

株式会社IUCG　税理士法人アイユーコンサルティング
KOMODA・IU税理士法人　株式会社アイユーミライデザイン
アイユー公認会計士事務所　アイユー行政書士事務所

事務所の特徴

①中堅・中小・ベンチャー企業の成長支援を担う
総合コンサルティングファーム
②累計の相続・事業承継案件数は2,600件突破
③組織再編を活用した事業承継対策が強み
④総勢約100名体制（うち税理士22名）で全国7拠点をカバー
⑤高品質・高付加価値・スピーディな対応

アイユーコンサルティング グループ
IU Consulting Group

Web・SNS

Webサイト　https://bs.taxlawyer328.jp/
E-Mail　info@taxlawyer328.com
Facebook　@iuconsulting
Twitter　@IUconsulting_gr

創業9年で累計案件数2600件突破

2013年に創業した弊社は、法人化やグループ化を経て全国7拠点・総勢約100名体制で業務にあたっています。

2021年の年間相続・事業承継案件は過去最高の630件を達成。創業時からの累計案件数は2600件以上と全国トップクラスの実績を誇ります。

所属税理士22名すべてが相続のプロフェッショナル

資産税を専門とする弊社では、所属する22名の税理士それぞれが、組織再編や相続税申告など異なる分野で強みを発揮しています。特に組織再編（株式交換、会社分割、株式移転、合併）を活用した事業承継対策は弊社の最も得意とする分野であり、会社法や税法が複雑に絡み合う本業務を提案・実行できる税理士事務所は全国でも稀有な存在です。

税理士向けサービス「IUダイレクト」も好調

全国でも数少ない相続・事業承継に特化した税理士法人である弊社は、税理士業の分業化の流れを受け、顧問業務を主とする税理士向けのサービス「IUダイレクト」も提供中です。スポット案件として先生方の顧問先の相続・事業承継案件の実行をサポートするというもので、開始以来、全国各地の税理士事務所でご活用いただいています。

2021年10月には、これまでのノウハウを集約した書籍「事業承継を乗り切るための組織再編・ホールディングス活用術」を発行。おかげさまで再重版するまでに至り、士業の先生方だけでなく、経営者の方からも大変好評をいただいています。

高い顧客満足度と税務調査率1%未満は高品質の証

ご相談に来られる方の大半は「相続の経験は初めて」という方です。だからこそ初回のご相談は無料とし、「今後何をすれば良いのか」「どのような資料を集めれば良いのか」などを分かりやすく、かつ丁寧にご案内しています。

また、ご報告の際には専門用語をできるだけ分かりやすい用語に置き換えた資料を用いるなど、後継者やご遺族の方々に寄り添った形での提案・実行を心がけています。

こうした日々の取り組みをお客様に評価していただき、直近1年の顧客満足度は

スマートフォンからのお問い合わせはこちらから

事務所概要

代表　岩永 悠

1983年長崎県生まれ。西南学院大学経済学部卒業。京都大学経営管理大学院EMBAプログラム修了。26歳で税理士資格を取得。2007年に九州の中堅税理士法人に入社。税理士登録後、国内大手税理士法人の福岡事務所設立に参画。13年に独立開業、15年税理士法人アイユーコンサルティングに改組し法人化。19年以降はグループ化に本格着手し、現在までに4法人2事務所を設立。グループミッションに『中小企業・富裕層を支えるプロフェッショナルとして高付加価値サービスを提供する』を掲げ、500社を超える中小企業・富裕層の事業承継サポート・相続対策を提案・実行。組織再編税制を活用した事業承継対策を強みとする。東京税理士会豊島支部所属

アイユーコンサルティンググループ

創　業：2013年4月
代表者：岩永 悠
職員数：101名（税理士22名、公認会計士2名、行政書士1名）

所在地
〒171-0022
東京都豊島区南池袋2-28-14
大和証券池袋ビル3F
TEL 0800-111-7520　FAX 03-3982-7521

97・81%と常に高水準を記録し続けています。

また、相続税申告は、通常税理士1人につき年間0・5～1件の申告を行う程度といわれる中、弊社は全国で年間600件を超える実績を誇ります。これは通常の税理士1名あたりの約30倍以上の年間申告実績です。さらに税務調査率に関して言えば、1%未満と非常に低い数値を維持しており、「書面添付制度」を積極的に活用することで、お客様にとって将来的な負担となり得る税務調査の軽減に努めています。多くの方々が初めてご経験する相続だからこそ、心理的な不安を少しでも減らすことをモットーにご支援しています。

丁寧・スピーディな対応で高付加価値サービスを実現

きめ細かな対応の一方で、相続税申告は被相続人・相続人の戸籍の収集、財産評価、遺産分割方針の決定など多くの手続きを要することから、お客様と税理士間でのスピーディな連携、意思の疎通が欠かせません。弊社では公式ＬＩＮＥのチャット機能の活用をはじめ、業界では比較的若い30代を中心とする税理士たちが迅速に対応し、いち早く相続のお悩みを解決できる体制を整えています。

「財産」だけでなく、「想い」もつなぐ架け橋に

相続・事業承継は、次世代に対し「財産」だけでなく「想い」を引き継ぐ大切な節目です。その節目に、事前に適切な対策ができていなかったことが原因で、「後継者や遺族が多額の税金を負担することになった」「親族間で争いが起こってしまった」といったトラブルが起こることも少なくありません。

そうした事態を回避するためにも、まずは現状の問題を見つけることが解決への第一歩です。しっかりと現状を見つめ直し、浮き彫りとなった課題を確実に解決していくことこそ、各企業・ご家庭の背景や想いをくみ取った対策の提案・実行へとつながっていくのだと我々は考えています。

そのためにも、まずは相続・事業承継を専門とする専門家へご相談いただくことが、皆様の相続・事業承継問題の解決の糸口となります。

初回の無料相談も実施しておりますので、相続に不安を感じていらっしゃる方や事業承継にお悩みの方は、ぜひ弊社までご相談ください。

税理士法人青山アカウンティングファーム

初選出

事務所の特徴

◆経営基本方針

1. 税務・会計の第三者監査と経営助言を業務とし、関与先の永続的発展と防衛に寄与し、もって社会に貢献する。
2. 日々、支え合い、学び合い、喜び合うことを実践し、関係者及びその家族の物心両面の幸福を追求する。

◆三大信条

1. 私達は、関与先の経営ブレーンとして、熱意を持って活力経営を支援します。
2. 私達は、絶えず研鑽し知識の向上、人格の高揚に努め、誠意ある行動をとります。
3. 私達は、感謝の気持ちを忘れず１日1日を大切にします。

Web・SNS

Webサイト https://www.aoyama-af.or.jp/　**E-Mail** mac-info@tkcnf.or.jp

ワンストップソリューションで企業のトータルサポートを実現します。

税理士法人青山アカウンティングファームは、東京都港区に拠点を構える会計事務所です。代表の松本憲二が１９８７年に開業して36年、会計・税務はもちろん、資金調達から組織再編、事業承継、M&A支援など、多面にわたる業務で中堅・中小企業の経営をトータルでサポートしております。

松本を含む6名の税理士が所属し、スタッフの総勢は約30名です。金融機関、弁護士、司法書士、社会保険労務士、住宅メーカーなど幅広いネットワークを通じ、ワンストップで企業の悩みを解決しています。

グローバルな視点で企業を応援します。

日々刻々と変化する経営環境は、日本国内のみならず、グローバルな経済の影響を受けています。現在はコロナ禍で海外進出の機会をうかがっている企業も多いと思います。Ｗｉｔｈコロナ時代には、アウトバウンド、インバウンド共に増加していくことを見据えて、アジアを中心とする数か国の幅広いネットワークを通じて海外に展開する企業を応援します。

グループ通算制度を通じ、グループ企業全体を支援します。

当事務所のお客様は中堅・大企業から個人事業主まで幅広く、業務内容も様々です。

連結納税については、２００２年に制度が創設されてから約20年間積み上げてきたノウハウで、様々な企業の連結納税の導入・サポートを行って参りました。

２０２２年度からはいよいよグループ通算制度への移行が始まりました。連結納税制度から移行される企業、新たにグループ通算制度に加入される企業のトータルサポートをさせて頂きます。

スマートフォンからのお問い合わせはこちらから

事務所概要

代表社員　税理士　松本憲二

税理士法人青山アカウンティングファーム代表社員。株式会社青山アカウンティングファーム代表取締役社長。税理士。ITコーディネータ、TKC全国会専任副会長（常務会メンバー）、TKC全国会海外展開支援研究会代表幹事。東京税理士会麻布支部所属。

税理士法人青山アカウンティングファーム

設　立：2010年
代表者：松本憲二
職員数：30名（税理士6名、社会保険労務士1名、行政書士1名）

所在地
〒107-0062
東京都港区南青山2-13-11
マストライフ南青山ビル6F
TEL 03-3403-8030　FAX 03-3403-8032

相続の専門部署を設け多岐にわたるニーズに対応します。

多種多様なニーズに応えるべく資産税戦略室の専門部署を設置しております。中小企業の経営者様及びご親族様からの相続の生前対策や事業承継など様々な対策を検討・提案させて頂いております。

近年では特に事業承継をめぐって、後継者が決まっていない企業が全体の60％もあり、その出口としてＭ＆Ａ、社団や財団の設立、ＩＰＯ等のお手伝いもさせて頂いております。

２０２１年は、相続対策、事業承継、法人化スキームの実行など約70件の案件に対応し、市街地再開発事業に関する相続税申告のご相談、資金計画・コンサルティングサポートも行いました。

企業のバックヤードをお手伝いします。

経理の専門チームを設けることにより、アウトソースのニーズに対応しています。また、ＩＴやＡＩを使った業務の効率化等のサポートを行っております。

日本全国を元気にします。

コロナ前から全国に顧問先がありましたが、クラウドシステムの浸透により、リモートでの業務に支障がほぼなくなったことで、地方活性化・地方創生の課題にも挑戦し、常に最新情報の発信基地であり続けます。

2013年度版から6回連続選出

税理士法人 アンシア

㈱アンシア　㈱ディフェンド　斎藤英一行政書士事務所

事務所の特徴

私どもはお客様に“安心”と“幸せ”を提供いたします！

①税理士8名体制によるチーム制でお客様を全力サポート

②難しい会計・税務をわかりやすく解説

③税務申告がゴールではなく、社長様と一緒に未来について考えて、業績改善を提案できる事務所です。

Web・SNS

Webサイト　https://www.s-zj.com/

E-mail　info@s-zj.com

Facebook　@ansia.tax.co

Twitter　@EiichiSaito

業界ごとのタイムリーな現状を把握し、お客様に最適なアドバイスを提供する事務所

私たち税理士法人アンシアは、お客様に安心と幸せをご提供することをモットーに掲げている事務所です。一人の担当者まかせでなく、チームで、そして、さらには事務所全体でお客様を全力サポートさせていただきます。

スタッフ数も42名（うち税理士8名）と充実しており、多くのお客様に顧問契約をいただける体制を整えております。ご相談にみえる社長様と同業や似た業種のお客様を担当させていただいていることも多くあります。スタッフやチームごとに関連のある業種をまとめて担当するようなシステムをつくっているため、その業界の現状をタイムリーに把握していることが多く、的確なアドバイスを提供できるということが事務所の強みといえます。

税理士事務所である以上、会計・税務はもちろんのこと、お客様を黒字化する財務コンサルティング、緻密な経営診断にもとづく経営コンサルティングは必要最低限のスタンダードなサービスであると思っております。

さらに一歩先をいく安心と幸せを提供するため、他の専門家とのネットワークや、事務所のお客様同士のネットワークをうまくつなげて、相互のお客様の利益に結びつけることを得意としています。

これは、この規模感の事務所だからつくりあげることのできる、お客様の安心を第一に考えているアンシアに依頼いただく最大のメリットだと思っています。

税理士事務所の成長とともにお客様のすべての成長ステージに対して共感とアドバイスができる無二のコンサルで安心を

代表税理士の斎藤英一は、杉並区で顧問先ゼロからのスタートをしました。

スマートフォンからのお問い合わせはこちらから

事務所概要

代表社員 税理士　斎藤英一

平成10年斎藤英一税理士事務所開業。平成21年税理士法人化。
“難解な会計・税務をわかりやすく説明”をモットーとし、相談しやすく、「お客様を元気にする」お手伝いができる事務所づくりを目指す。顧問先への付加価値向上の一環として未来会計の延長線上にある、“経営計画”の事業化を決意。200社を超える経営計画を作成する。趣味はバスケットボール、野球、マリンスポーツ。
東京税理士会杉並支部所属。

税理士法人 アンシア／株式会社アンシア

創　業：平成10年9月
代表者：斎藤英一
職員数：42名（うち税理士 8名 、行政書士 2名、中小企業診断士 1名）

所在地
〒166-0001　東京都杉並区阿佐谷北1-3-8
グリーンパークビル2F
TEL 03-5356-7301　FAX 03-5356-7302

事務所経営を軌道にのせたのち、父親の税理士事務所を合併、ほかのパートナーとなる税理士とともに、税理士法人を立ち上げスタッフ40名以上の規模となりました。自身も税理士でありながら、福利厚生や新卒採用まで考える一人の経営者の立場を経験しています。

そのようなこの25年の経験が、創業から事業承継、中小企業の経営者としての悩みの共有まで、幅広い分野で本当の意味でもお客様の安心に近づけている気がしています。

ポストコロナに対応できる全員がプロ集団の事務所

税理士法人アンシアはとにかく明るく相談しやすい雰囲気作りにこだわっています。難しくわかりにくい税務を、わかりやすくお伝えする努力をしていますので、当事務所のお客様は、難解な税務の理解に時間を奪われることなく、本業の経営にすべての力をそそいでいただくことができます。

当事務所内では、一人の担当者がかかえこむことなく、チーム単位、事務所全体で案件を共有するため、不慮の出来事が発生した場合もお客様、働く仲間双方を守ることのできる仕組みづくりをしています。二回目育休をとるメンバーもいるほど、個人一人の能力だけに頼らない、全員がお客様目線のプロ集団になっています。

社員のライフスタイルの変更にともなって、事務所経営を考えてきた経験こそが、社長様へのアドバイスに活かされています。

先のみえにくいポストコロナの時代へ向けても、安心と幸せを第一に提供できる事務所でありたいとわたしたちは考えています。

3

2019年度版から3回連続選出

伊坂会計総合事務所

事務所の特徴

東京都荒川区の地域密着型、すぐやる税理士事務所です。どんなお困り事にも、レスキューのように迅速に対応いたします。決算・企業再生・融資・税務調査・相続・贈与・譲渡・法人設立、遠慮無くお問い合わせください。

Web・SNS

Webサイト　https://isaka-office.biz/

E-Mail　isaka_office@yahoo.co.jp

建設業を中心に中小企業経営者やマンションオーナーを支援

伊坂会計総合事務所は、税理士の伊坂勝泰が昭和59年に開業した会計事務所です。当事務所には、代表の伊坂を含む2名の税理士、総勢10名のスタッフが所属しています。

当事務所のお客様は、代表の伊坂と同世代である60代の中小企業経営者が中心で、業種としては建設業が最多となっています。当事務所はそれに加えて、マンション経営をしているオーナーの皆様の相続支援にも力を入れています。

職人税理士が広い視野で顧客の資産を保全

代表の伊坂は、たたき上げ職人の税理士として30年超の経験を積んでおり、これまでに取り扱った相続関連の案件数は100件以上になります。

なかでも、相続税対策だけの一面的なアプローチではなく、法人税や所得税にまで配慮する切り口には定評があります。相続事前対策を依頼していただいたお客様には、対策を相続前と相続後に分け、日々のお金の流れから相続対策をご指導しています。

特に最近は、相続のご支援をするなかで、「人の死はそれで清算されるが、魂と遺産がどこに行くのかが非常に重要だ」と実感しており、お客様が長期的に最もよい結果が得られるように取り組んでいます。

書面添付で税務署から指摘を受けない万全の申告を実現

当事務所の大きな特徴は、税務調査対策を徹底的に行っていることです。

お客様の申告書は、豊富な経験を持つ代表の伊坂と、元税務署長として資産税に関わった経験を持つ国税OB税理士、さらに長年経験を積んだベテランスタッフが丁寧にチェックします。専門家の複数の目で申告書の内容を徹底的に確認し、

スマートフォンからのお問い合わせはこちらから

事務所概要

代表　伊坂 勝泰

税理士。行政書士。東洋大学大学院修了（法学修士、憲法専攻）。東京商科学院講師を経て、昭和59年伊坂会計総合事務所を開業。セミナー・企業等研修の講師としても活動。東京税理士会荒川支部所属。

考え方×能力×熱意＝人生・仕事の結果
★「ジョブ」→「キャリア」→「コーリング」（仕事観の探求）
★遺産は基金へ（後世の時代に託す微かな足跡を残す）
※何のために生きているのか。
（レジリエンスの探求）

伊坂会計総合事務所

創　業：昭和59年
代表者：伊坂 勝泰
職員数：10名（税理士2名・行政書士1名・社労士1名）

所在地
〒116-0003
東京都荒川区南千住5-9-6
グリーンキャピタル三ノ輪503
TEL　03-3802-1418　FAX　03-3803-6233

税務署から指摘を受けない相続税申告を実現しています。

さらに当事務所では、申告書の内容が適正であることを税理士が保証する書面添付制度を導入しています。申告書の正しさは私たち税理士が保証しますので、税務調査が入る可能性が大きく下がり、お客様には大変好評です。

気軽に相談できる専用窓口を設置

当事務所は、相続の悩みを抱える方のために、相続相談窓口を設置しています。窓口にお問い合わせをいただければ、代表の伊坂や、ベテランスタッフが対応いたします。

相続を初めて経験されて、どうすればよいのか分からないという方のご相談にも丁寧に対応し、分かりやすくご説明するように努めていますので、安心してお問い合わせください。初回相談は無料にて対応しています。

相続による親族間の争いは将来に大きな禍根を残します。親族の笑顔を守るためにも、相続事前対策のご相談を強くお勧めしています。

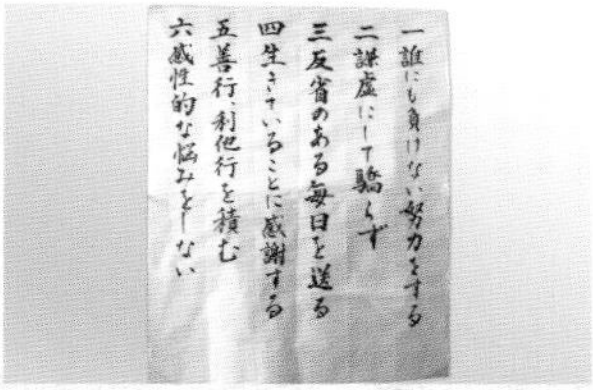

税理士法人イデアコンサルティング

株式会社イデアコンサルティング
社会保険労務士法人イデアコンサルティング

①
初選出

事務所の特徴

①スタートアップ企業の税務・経理・労務のワンストップサービスを提供
②経理のアウトソーシングやクラウド化支援
③各種補助金・助成金支援
④金融機関連携による融資サポート
⑤国税 OB 税理士のため、税務調査に強い

Web・SNS

Webサイト　http://www.ideaconsulting.jp
E-Mail　info@ideaconsulting.jp
Facebook　税理士法人イデアコンサルティング
Twitter　税理士/社労士法人イデアコンサルティング
https://twitter.com/ideaofficial_ac

東京を中心としたベンチャー企業の総合的な支援をしています。

私たちイデアコンサルティンググループは、主に東京のベンチャー・中小企業を顧客の中心に、会計・税務・経理・労務を総合的に支援している企業です。

代表の伊東は、国税出身で、税務調査対応においては多数の実績を持っています。また、顧客以外にも税務調査サービスを展開しております。

自社が成長しております。

たくさんの顧問先のお客様の成功事例や良いところを学んだり、ときには真似たりしながら、個人一人ではじめた事務所が、開業から十数年で80名ほどの規模になりました。現状でも、紹介を中心に毎月10社以上のお客様が増えております。

そのエッセンスを、成長したいと強く思っているお客様向けに、税務や経理、労務の専門領域以外の部分でも提供できる数少ない士業法人のひとつが、我々イデアコンサルティングであると自負しております。

我々の仕事は経営支援業務ととらえて、顧客ニーズに応えます。

当初は税理士法人しかなかった我々イデアコンサルティングですが、お客様から、税務・会計だけでなく、経理のお手伝いをしてもらいたいとのお声を多数いただき、税金でお悩みのお客様より、経理業務の人材やDX化で悩んでいるお客様が多いのだということを知り、それならば自社でできるようにと、事業会社を立ち上げました。現在は、既存の税務のお客様の追加業務だけでなく、経理のみをお手伝いしているお客様も増えました。

また、お客様が成長していくなかで、就業規則を作ってほしいといったご要望や、社員の問題などをご相談いただく機会が増えたこともあり、提携していた社労士の先生だけでは対応が難しくなり、社会保険労務士法人を自社で設立しました。

このように、今後新たな顧客ニーズがございましたら、できる限りイデアコンサルティング内で解決できるようにグループ拡大を考えております。そして自社

スマートフォンからのお問い合わせはこちらから

事務所概要

代表社員　税理士
伊東大介（写真左）

税理士法人イデアコンサルティング代表社員。昭和50年生まれ。大学卒業後、国税専門官として勤務した後、都内会計事務所で経験を積み、平成17年に伊東事務所創業。平成20年に税理士法人イデアコンサルティングを設立。東京税理士会渋谷支部所属。

代表社員　税理士
大園昌典（写真右）

税理士法人イデアコンサルティング代表社員。昭和50年生まれ。大学卒業後、都内会計事務所にて税務・会計コンサルティングに従事した後、税理士法人イデアコンサルティング立ち上げに参画。東京税理士会渋谷支部所属。

税理士法人イデアコンサルティング／株式会社イデアコンサルティング／社会保険労務士法人イデアコンサルティング

創　業：平成20年
代表者：伊東大介・大園昌典
職員数：80名（税理士3名）

所在地　〒150-6015　東京都渋谷区恵比寿4-20-3
恵比寿ガーデンプレイスタワー 15階
TEL 03-5793-4511

ではできないサービスについては、対応していただける企業との提携を進めております。

新卒採用に力を入れております。

我々の業界では中途の経験者が採れなくなって久しいですが、弊社ではメインの採用を数年前より大学新卒採用に切り替えました。そのため、若くフレッシュな社員が多く、職場環境は和気あいあいとしています。

その新卒採用の経験をもとに、お客様企業向けにも採用サポートをしたいと考えております。

会社が恵比寿ガーデンプレイスです！

長く続いたコロナ禍の影響もあり、2021年の秋に、都内3か所に分かれていた事務所を恵比寿ガーデンプレイスタワーに集約しました。

雨が降っても恵比寿駅から濡れずに行き来することができ、職場環境もだいぶ良くなりました。

お客様企業を応援するいい社員が多いです。

弊社には、お客様の成長を心底応援している社員が多くいます。例えば、お客様がテレビで特集された、新店をオープンしたなど、変化や成長を喜ぶ風土です。孤独な経営者を応援することができるのは我々だけだと自負しており、そこが強みだと思っています。

お客様のサービス内容をよく知るためにも、福利厚生としてお客様先の利用については会社から一定の補助も出しております。

6
2013年度版から6回連続選出

上野税理士法人

事務所の特徴

①多角的な財務・経営指導、支援。
②士業ネットワークによりどんな相談にもワンストップで対応。
③経営黒字化支援や現預金最大化セミナーを主催。
④豊富な経験により税務調査に強い。

Web・SNS

Webサイト　http://www.rakuichirakuza.or.jp/
E-mail　info@networkyui.com

中小・零細企業を元気にするお手伝いを通して地域貢献します

私たち職業会計人が、本当の意味で関与先様方に必要とされ、よきパートナーとしてお付き合いできるよう、日々専門分野の研鑽に励んでいます。

特に中小・零細企業において、社長様の経営上のご相談やお悩みには、私たち職業会計人が膝を突き合わせて話し合い、考え、共に乗り越えていく存在であるべきです。幅広い知識と経験からの経営支援、および専門家としての視座からサポートを行い、事業の発展を支えることが我々職業会計人に与えられた使命です。これらの支援を通じて、中小・零細企業を元気にすることが、ひいては地域貢献につながり、日本を元気にすることにつながると考えております。

深い知識と経験から多角的な経営支援を行います

弊社は、昭和40年に前身である中島俊男税理士事務所開設から、一貫して多角的な経営支援を通して関与先様の繁栄を応援してまいりました。

企業経営を行うにあたり、準拠せざるを得ない会計制度や税法等はめまぐるしく変動しており、一方で昨今の日本の経済環境の中で勝ち上がっていくためには、より良い情報、打ち手を戦略的に活用することが大変有効となります。

弊社のこれまでの長い中小・零細企業の支援実績と、幅広く深い経営支援の経験から、多角的な経営サポートを行います。

会計・税務だけでなく各種の経営の支援メニューを揃えてバックアップします

会計事務所業務も、旧態依然とした会計および税務申告業務のみにとどまらず、お客様の経営黒字化・事業繁栄を後押しすることが、これからの会計事務所の役割ではないでしょうか。

弊社では、関与先様の多い業種から順次、それぞれの業界研究や、より関与先様にとって現実的な経営黒字化・事業繁

スマートフォンからのお問い合わせはこちらから

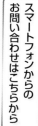

北海道
東北
東京
関東
東海
信越・北陸
近畿
中国
四国
九州・沖縄

事務所概要

代表社員 税理士　上野竜太郎

上野税理士法人代表社員。日本介護経営株式会社代表取締役社長、歯科医療支援機構株式会社代表取締役社長。税理士。昭和51年生まれ。熊本県立濟々黌高等学校、法政大学経営学部卒。中小零細の事業者・経営者を支援することが、日本を元気にすることにつながる、との信念から各種経営支援やセミナー等を通じて地域貢献活動を行う。東京税理士会日本橋支部所属。

上野税理士法人
創　業：昭和40年
職員数：23名

〈東京事務所〉
代表：上野竜太郎
〒103-0028
東京都中央区八重洲1-5-15
荘栄建物ビル8階
TEL 03-6262-1485
FAX 03-6262-1486

〈熊本事務所〉
代表：上野敬尋
〒862-0972
熊本市中央区新大江1-17-20
TEL 096-366-5550
FAX 096-366-8766

栄支援を行うことを目的として、事業部門を設けております。

介護事業や医科・歯科事業支援部門などの設置により、業界の発展・啓発活動を通して、これらの業種の関与先様からは大変良い反響をいただいております。

キャッシュフローの重要性をお伝えすることと、現預金最大化の取り組み

経営が黒字でも、キャッシュが回らなければ事業はストップしてしまいます。また、逆に経営が赤字でも、キャッシュフローでカバーすることもできます。現預金最大化や資金調達の実践は経営を安心して行うために必要なことであり、このために自社のキャッシュの流れを経営の状態と併せて把握することがとても重要です。

事業展開の円滑化と、経営者の方に「あんしん」を提供するために、キャッシュフロー経営のお手伝いをさせていただいております。

弊社では各種機関とも連携を図り、関与先様の現預金最大化や資金調達にも力を入れて取り組んでおります。

各種専門家のネットワークで関与先様の事業発展をサポートします

「お客様、従業員、当社の三者が同じ方向に向かって前進し、共に成長していきたい」という想いのもと、税理士だけでなく、司法書士、社会保険労務士、行政書士、弁護士、ファイナンシャルプランナー等の各種専門家との連携を綿密に図り、より専門的で多角的な支援で関与先様の事業を様々な角度から応援できるよう、協力体制を整えております。また経理サポートやアウトソーシングなど、お客様の状況やニーズに応じて、関与形態についても柔軟に対応しています。

関与先様のご要望や事業への想いを共有し、ともに前進し成長していけるお付き合いを目指しています。

エクセライク会計事務所

2021年度版から2回連続選出

事務所の特徴

- 決算報酬ゼロ! 追加報酬なしの破格の税務顧問サービスを提供
- お客様が行うのはエクセル入力だけでとても簡単
- 超高速レスポンス。月次は10日以内に送信。メールも即レス
- 開業10年で1000社以上の実績
- 豊富な経験により税務調査に強い

Web・SNS

Webサイト https://tax.excelike.co.jp/

E-Mail info@tax.excelike.co.jp

決算報酬ゼロ 超破格の顧問サービスを全国に展開

私たちエクセライク会計事務所は、東京都東池袋に事務所を構える会計事務所です。

業界の常識にとらわれないスタイルの会計事務所であり、年間200社以上の新規契約を獲得しています。

弊社の一番の特徴は「決算報酬をゼロ」とした破格の顧問サービスです。

個人であれば年間総額12万円から、法人であれば年間総額18万円から受諾が可能となります。これは相場の半額以下の料金体系であり、全国でも屈指のコストパフォーマンスの高い会計事務所です。

このサービスは全国で展開しており、北は北海道、南は沖縄まで対応が可能です。

弊社の代表は、公認会計士・税理士の伊藤温志が務めています。「エクセライク会計」というクラウド会計の自社開発に成功し、税理士業界からも注目を集めるようになりました。毎年、弊社に興味を持たれた多数の税理士事務所が事務所見学に訪れるようになっています。

お客様は簡単なエクセル入力をするだけでOK

弊社が多くのお客様から受け入れられている理由として、お客様がすることを「とてもシンプルにした」ことが挙げられます。

お客様にしていただくことは、弊社所定のエクセルシートに簡単な入力をするだけです。それだけで相場の半額以下の税務顧問サービスを、決算報酬等の追加料金なしで受けられるのです。

特に法人のお客様は、自力で税務申告をするのは困難です。しかし、設立当初のお客様にとって、高額な税務顧問料は経済的に負担となります。弊社であれば、設立当初で税理士に依頼することが難しいお客様もサポートすることができます。

税理士対応を経営者自らが行えない場

スマートフォンからのお問い合わせはこちらから

事務所概要

公認会計士　税理士　伊藤温志

エクセライク会計事務所代表　エクセライク株式会社代表取締役CEO
エクセライク保険株式会社代表取締役
昭和52年生まれ。法政大学経営学部卒。平成23年エクセライク会計事務所を開業。平成27年エクセライク株式会社を設立、代表取締役CEOに就任。自社開発の「エクセライク会計」を用いて相場の半額以下の超低価格の税務顧問サービスを展開。東京税理士会豊島支部所属。

エクセライク会計事務所
創　業：平成23年
代表者：伊藤温志
職員数：20名（税理士2名）

所在地
〒170-0013
東京都豊島区東池袋4-21-1
OWL TOWER 3階
TEL 03-5928-0097　FAX 03-5928-0098

合も問題ありません。エクセルシートへの入力だけであれば、会計の知識の有無にかかわらず、誰でも十分に対応できるからです。このように非常に柔軟な運用ができるのも弊社サービスの特徴です。

尋常ではない高速レスポンス
月次報告は10日以内に返送

弊社は殆どのお客様の月次決算報告書を10日以内に返送するという、超高速レスポンスに対応しています。

月次決算の返送期間は1か月超かかるのが通常です。これは尋常ではない速度で即レスを行っていると自負しています。

また月次決算のみならず、経営相談等のメールにも即返信を心がけています。営業時間内にいただいたメールは直ぐにご返信いたしますので、お客様にとってストレスなく、迅速にお悩みを解決できる体制を整えております。

さらに必要に応じて対面での面談やZoomによるウェブ面談も実施可能です。弊社では回数制限を設けておりませんので、ご要望があれば何度でもご相談を受けることが可能です。

電子申告に完全対応
面倒な手続きは一切ありません

弊社は電子申告に完全対応しています。これにより、税務署に提出する書類の殆ど全てを、弊社がお客様に代わって電子で提出することが可能です。お客様が自ら税務署等に出向かれて行う作業が殆どなくなります。

会社の経営者は非常に多忙です。税務の手続きも大切ですが、会社を発展させ、維持継続していくためには、経営者本来の大切な仕事が沢山あるのではないでしょうか。

弊社では、税務会計の手続きにお客様に極力お手間をかけさせず、本来業務である経営にしっかり専念していただく。このような価値観のもと、弊社はお客様のサポートをさせていただきたいと思います。

NA税理士法人

初選出

事務所の特徴

税理士として、プロとして「どうしたら？」を考えます。
お客様と共に成長し続ける会計事務所でありたいと考えています。
お客様の成長のお手伝いをし、弊所も成長していくことを使命としています。
お客様の成長のお手伝いをするために、従業員に安心して働ける職場を提供します。
事務所として従業員を守ります。従業員は家族を守ります。
そんな事務所を目指します。

Web・SNS

Webサイト　https://na-tax.jp/
E-Mail　info@na-tax.jp
Facebook　@na.tax.f
Twitter　@na_tax_t

「出来ない」と言わない税理士事務所 全員の知識と経験でお困り事に寄り添います

品質こそ商品・サービスの命です。弊所では会計、税務の品質アップを最重要方針とします。

税務の専門的な知識は難しい言葉が多く、わかりにくいと思われているお客様も多いかもしれません。そんな税務のことを誰にでもわかりやすくお話しし、常にお客様の立場になってどこに問題を抱えていらっしゃるのか、どうしたら解決できるかをお客様と一緒に考え、お手伝いさせていただきます。

代表者は、税理士、行政書士、ファイナンシャルプランナーの荒井正巳。その他税理士9名、社会保険労務士2名、資格保有者2名の社会保険労務士法人を併設し、約60名の体制でお客様に対応しております。

NA税理士法人の強みは経営計画書

原理原則に則った正しい経営を実現するための計画書です。考え方の根底にあるのは、どうしたらその企業が本質的に良くなるのかという視点です。

例えば「長期計画書」。

会社がどのように成長していきたいかを数字として明らかにしているからこそ、具体的にやるべきことが見えてきます。

月次決算書・未来会計図表・社長の成績表 数字に強く事業が成長し続ける会社へ

売上や費用、利益だけを見るのではなく、それぞれの数値を視覚的に比較して見ます。予算やキャッシュフロー、粗利や固定費、人件費など、経営判断をするために数値を切り分けて見える化できるようにします。そのような工夫がなされているのが月次決算書になります。

月次決算書を活用することによって数字に強い経営者、幹部、社員になってもらいます。月次決算書を踏まえた上で、より精度の高い意思決定ができるようになります。

未来会計図表とは、どこに手を打てば利益が出るのかを洗い出せる図表です。NA

スマートフォンからのお問い合わせはこちらから

事務所概要

代表社員　税理士　荒井正巳

NA税理士法人代表社員。税理士。昭和39年生まれ。埼玉大学経済学部卒。平成9年、NA税理士法人の母体となる荒井税理士事務所を開業。平成26年、中森・荒井税理士法人を設立、代表社員に就任。法人の経営計画コンサルティングに取り組み、数字に強い経営者を育てる経営指導で中小企業に寄り添う。城北地域を中心に企業の発展に尽力している。東京税理士会豊島支部所属。

NA税理士法人
創　業：平成26年
代表者：荒井正巳
職員数：約60名（税理士10名、社会保険労務士2名）

池袋事務所
〒171-0021
東京都豊島区西池袋1-21-7
住友不動産池袋西口ビル8階
TEL：03-3971-2360

練馬事務所
〒176-0003
東京都練馬区羽沢2-4-1
TEL：03-3993-0411

税理士法人の月次決算書にはこの未来会計図表が盛り込まれ、社長と共に考える月次決算書になっています。

　未来会計図表を活用することで売上や費用、利益だけではなく、ポイントとなる数値を継続して比較することができます。予算やキャッシュフロー、粗利や固定費、人件費など、経営判断をするための数値をわかりやすく見える化できます。月次決算書や未来会計図表を活用することによって数字に強くなり、事業が成長し続けることができます。

　毎決算後に決算の評価として社長の成績表を作成します。

としま相続サポートセンターを内設

弊所内に「としま相続サポートセンター」を内設しております。相続のご相談は60分まで無料でご相談いただけます。相続に関するお困り事や疑問など、まずは専門家に相談することでお客様のご不安に感じていることが軽くなり、早めの対策をすることもできます。

弁護士、司法書士、行政書士とも連携し、ワンストップで対応しております。お電話でも、メールでも、お気軽にお問い合わせください。

社会保険労務士法人を併設しております

社会保険労務士が助成金の相談及び申請、労務相談、給与・賞与計算、社会保険・労働保険手続き、就業規則・社内規定の相談、作成等に対応いたします。

行政書士業務

建設業を営もうとする事業者は、軽微な建設工事を請け負う場合を除き、全て建設業許可が必要となります。行政書士資格も持つ代表の荒井と経験豊富な担当者が在籍しており、建設業許可の対応を致します。

　その他に医療法人の都県庁への手続きも対応しております。

大貫利一税理士事務所

株式会社プロフィット・ワン
相続手続支援センター町田有限責任事業組合
あずさ行政書士法人

2021年度版から2回連続選出

事務所の特徴

- 「三方よし」実践事務所。
- 資産税に関しては、30年の実績。
- 不動産業・建設業に豊富な実績あり。
- 他士業と連携し、どんな相談にもワンストップで対応。
- 相続対策等セミナーを定期的に開催。

Web・SNS

Webサイト　https://tax-info.jp/　　**E-Mail**　toto-info@tax-info.jp

「三方よし」の実践事務所

開業当時から近江商人のモットーである「三方よし」をスローガンに、お客様、従業員、地域社会の全体が良くなることを実践しています。

どうしてもお客様の会計事務所に対する目線としては、「敷居が高い、料金が分かりづらい、何をしてもらえるか分からない」など、多くの不安要素があります。当事務所は、誰でも、どんなことでも気楽に相談でき、お客様に元気・やる気を起こさせる事務所を目指しています。

経営者の良き相談相手として

経営者の方は、日々努力し、経営に注力していますが、相談相手となる方が限られています。会計事務所の役割は、日頃の気楽な相談相手となり、試算表から的確な判断材料を提供することにあると思います。

その中での資金繰りや経営効率の改善、設備投資に係る有利な税制の活用等、様々な面でのアドバイスを行っています。

資金繰りに関しては、金融機関等と連携し、素早く解決できるようにしております。

元気・やる気を起こさせる事務所

当事務所は、ベテラン職員を中心としてお客様に元気・やる気を起こさせます。

また、前職も会計事務所経験者のみならず、他業種で活躍していた職員ですので、知識も知恵も豊富にあり、お客様にとって相談しやすい環境となっています。

事務所内には笑いも在り、メリハリをもって業務に当たっているので、お客様も気楽に経営の話だけでなく、日頃の生活での困りごとにも相談に応じています。

「認定支援機関」として

当事務所は中小企業庁認定「経営革新等支援機関」として、補助金や助成金、保証料の減額などの優遇策を積極的に活用しております。

「書面添付制度」の活用

当事務所は「書面添付制度」を積極活用し、お客様の税務申告内容に対する信頼度アップを行っています。この「書面添付制度」を活用することにより、税務調査が実施される割合を減少させ、お客様にとって安心した制度を推進しております。

お客様第一の職員教育

常にお客様目線での良き相談相手となりうるよう、月1～2回職員研修を実施しています。

スマートフォンからのお問い合わせはこちらから

事務所概要

税理士　大貫利一

大貫利一税理士事務所所長。株式会社プロフィット・ワン代表取締役社長。
相続手続支援センター町田有限責任事業組合職務執行者。
税理士。昭和35年生まれ。資産税専門の大手事務所を経て、平成20年、大貫利一税理士事務所を開業。同年、株式会社プロフィット・ワンを設立、代表取締役社長に就任。平成25年、相続手続支援センター町田を開設。地域の法人や相続案件を多数手掛ける。東京税理士会町田支部所属。

大貫利一税理士事務所　株式会社プロフィット・ワン　他

創　業：平成20年
代表者：大貫利一
職員数：17名（税理士2名、税理士有資格者1名、行政書士2名）

所在地
〒194-0022　東京都町田市森野1-22-5
町田310五十子ビル3階
TEL 042-710-6160　FAX 042-729-5855

安心できる相続の相談体制

大貫利一は、資産税専門の大手事務所に約20年間勤務しており、資産税に関して豊富な知識と経験があり、開業してからも相続・贈与、譲渡関連の業務を行っております。

特に、困っている高齢者に手を差し伸べて上げることをモットーに、相続発生前の対策から相続発生時の名義変更等の手続き、遺産分割協議書の作成、税務申告等までスピーディーに一貫して行うことができます。

そのため、当事務所では、相続の専門部署を設け、相続専門スタッフが最後まで面倒を見させて頂いております。

なお、相続税申告に当たっては、相続税専門の税理士が全て行い、「書面添付制度」も１００％活用しており、税務調査も1%未満の実績を誇っております。

また、開業時から成年後見関連の業務も行っておりますが、正常な判断能力がある場合には、家族信託制度や遺言書の活用も行っております。

相続手続支援センターとして

当事務所では、相続が発生した際に、まず、相続手続支援センターの専門相談員が相談にのり、その段階でどのような手続が必要かを見極め、ご提案を行い、お見積りのご提示後、ご契約の段取りとなりますので、相談だけで料金が発生する等のご心配もなく安心して頂いております。

また、定期的に相続関連のセミナーも開催しておりますので、お気軽にご参加ください。

あずさ行政書士法人として

当法人は、行政書士業務全般を行っておりますが、特に、相続関連業務に特化し、遺言や遺産分割協議書の作成、任意後見契約から成年後見業務には定評があります。

コロナ禍での対応

コロナ禍でお客様の資金繰り対応や売上高が減少し、一定の要件に該当した場合の各種支援金、助成金等、毎月の会計資料から導き出される試算表から確認し、迅速に対応しています。

安心のサービス

企業法務や不動産関連法務に長けていて、訴訟に強い弁護士及び元国税ＯＢの税理士3名（法人担当2名、資産税担当1名）を顧問として連携を図っておりますので、ご安心してご相談ください。

OAG税理士法人（OAGグループ）

OAGコンサルティング　OAGビジコム　OAGアウトソーシング　OAG監査法人
OAG弁護士法人　OAG社会保険労務士法人　OAG行政書士法人　OAG司法書士法人
株式会社OAGライフサポート　株式会社FOODOAG
OAG相続コンシェルジュ　NAC・OAGグローバルソリューション

2007年度版から4回選出

事務所の特徴

- 安定成長を続け、創業からまもなく35周年
- グループ14法人で400人規模
- 北海道から沖縄まで全国7拠点のネットワーク
- 専門資格保有数は150以上
- 相続税申告件数は累計8,000件以上
- 税務顧問先500社以上

Web・SNS

OAG税理士法人
www.oag-tax.co.jp/
OAGグループ
www.oag-group.co.jp/
アセットキャンパスOAG
www.oag-tax.co.jp/asset-campus-oag/
OAGグループ（Twitter）
twitter.com/oag_group
アセットキャンパスOAG（Twitter）
twitter.com/asset_campusOAG
お問い合わせフォーム
www.oag-tax.co.jp/contact/

私たちはお客様の成長を支援し「カチあるもの」を創ります

OAGグループはお客様にとっての「カチ（家庭・きづな・ひと・価値観・お金など）を増やすことを支援する会社」です。

この経営理念には、「経営理念の実践こそがお客様の繁栄につながり、私たちの幸せを実現する」という想いが込められています。お客様の複雑化・多様化するニーズ・課題に対して、税務・労務・法務等の卓越した専門家が連携し、時代の変化に柔軟で高品質なプロフェッショナルサービスをご提供し、これらのサービスを通じて社会に貢献していきます。

また同時に、社員は生き生きと働きながら自らの成長を感じ、幸せを実現していくことを願っております。

経営理念

私たちはお客様の成長を支援し、“カチあるもの”を創ります

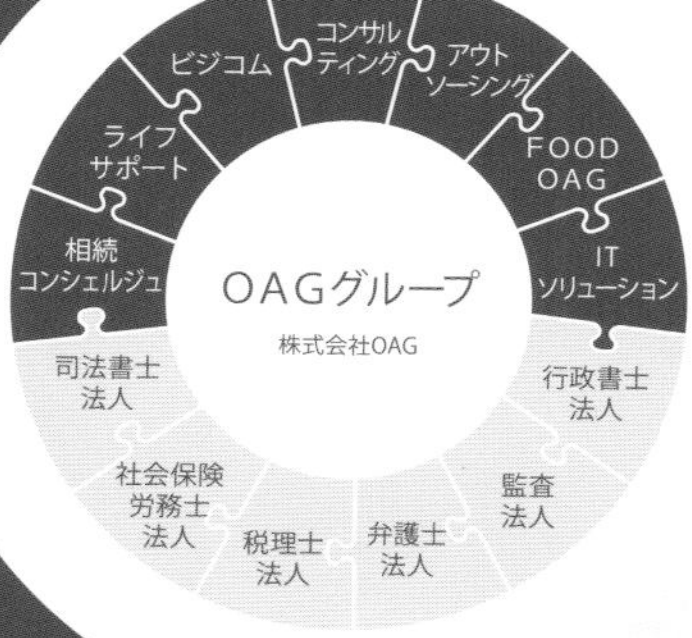

スマートフォンからのお問い合わせはこちらから

北海道
東北
東京
関東
東海
信越・北陸
近畿
中国
四国
九州・沖縄

事務所概要

OAG税理士法人 代表社員　太田 隆介

わたしたちは、「確かな信頼」と「最高の品質」を実現するため、常に研鑽し時代のニーズをキャッチし、明るく前向きに仕事に取り組むことをお約束します。お客様の総合情報プラットフォーマーとなるべく、会計・税務のみならず必要な情報を最適なタイミングとカタチでお届けしたいと考えています。時代は、われわれが考えている以上に流れが早く変化をしていきます。今まで会計事務所業界が果たしてきた機能では、お客様にとって本当に必要な情報を提供できません。OAG税理士法人は、常に信頼できるブレーンであり続けるためにお客様の“目線の先”をとらえ、最適な情報、最適な提案、そして最適な想いをお届けするために日々研鑽して参ります。10年先も20年先もお客様のブレーンであり続けるために、わたしたちは「チャレンジ」し続けます。　(所属：関東信越税理士会 東松山支部)

2010年：都内会計事務所 入社
2013年：OAG税理士法人 入社
2014年：税理士登録
　　　　OAG税理士法人 福岡支店長就任
2018年：OAG税理士法人 マネージャー就任
2019年：株式会社OAGアウトソーシング
　　　　代表取締役就任
2021年：OAG税理士法人 代表社員就任

年間1000件超（累計8000件超）の相続税申告件数、「チーム相続」がサポート

OAG税理士法人の相続専門チームの別名は「チーム相続」。このチームを中心として、税理士法人全体の相続税申告件数は年間1000件（累計8000件）を超えます。相続税・贈与税など資産に関わる業務に特化した専門部隊には、実績から生まれる多くのノウハウが蓄積されています。

また、申告から税務調査まで、全て税理士が対応します。そして、お客様のご状況や資産について丁寧にお話を伺い、亡くなられた方の遺志を継いだご提案を心がけています。

さらに、グループ全体として生前対策から遺産整理までトータルに対応できる体制があります。

ワンストップ・ソリューション

税理士法人は総合型の幅広い事業領域を持ち、連結、医療、事業承継、IPO、相続、公益法人、公会計などの専門部門を擁しております。

法人税部門はスタートアップから上場企業や特殊法人等、幅広く顧問業務を行っております。また、グループ内の14法人、各士業とも連携が可能で、ワンストップでお客様の経営課題に対応することが可能です。

OAGグループ
創　業：昭和63年（1988年）5月
代表者：太田 孝昭
職員数：434名
所在地：東京本店（東京都千代田区）
　　　　札幌（札幌市中央区）
　　　　埼玉（埼玉県東松山市）
　　　　東京ウエスト（東京都調布市）
　　　　名古屋（名古屋市中区）
　　　　大阪（大阪府吹田市）
　　　　福岡（福岡市中央区）
　　　　沖縄（沖縄県那覇市）
代表TEL：03-3237-7500

税理士法人オーケーパートナー

株式会社オーケーサポートトゥエンティワン
行政書士オーケーパートナー

2011年度版から3回選出

事務所の特徴

- 金融機関出身者が在籍し、金融機関対策にも定評あり！
- MAS監査サービスにより黒字化を実現します！
- 税務だけでなく経営に関わるどのような相談にもワンストップで対応。
- 通常の相続以外に国際相続、非居住者の確定申告件数が豊富。
- 昭和16年創業。相続のご相談も長い歴史に裏付けされた実績があります。

Web・SNS

Webサイト　https://okpartner.co.jp/
E-Mail　info@okpartner.co.jp
Facebook　税理士法人オーケーパートナー

経営理念「私たちは最高のパートナーであり続けます」

私たちは、税務・会計のプロフェッショナルです。

日々の仕事を通してお客様の圧倒的な情報を収集・分析し、税務・会計を支援しながら経営についても助言をしていきます。

また、お客様が心を開いて何でもOK（大丈夫）といってもらえる関係を築き、ときには専門家として厳しい助言をすることもあります。

私たちは、お客様と本音をぶつけ合える最高のパートナーであり続ける。

この決意を胸に、お客様に寄り添い共に成長し、社会的使命を果たしながら、世の中の発展に貢献します。

使命「一社一社にしっかりと時間を掛けます」

当社は、お客様の会社の状況を把握するために原則として毎月訪問します。そのため、一般的には担当者1人が受け持つお客様は20～30社といわれているなか、私たちは1人につき15社以内としております。

お客様との時間をしっかり取り、お客様の状況をよく聞かなければ最高のパートナーであり続けることはできません。お客様とじっくりお話しする時間を設け、様々な角度からいろいろな問題を検討していくこと。それは私たちの使命です。

役割「『先行管理』で『先見経営』を実現させます」

中小企業が健全に成長し続けるために必要不可欠なこと。それは先行管理

スマートフォンからのお問い合わせはこちらから

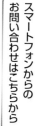

事務所概要

代表社員 税理士　大久保俊治

昭和47年生まれ。平成7年、明治大学商学部卒業後、株式会社千葉銀行入行。日銀考査・大蔵省検査・自己査定に携わる。平成10年、大久保会計事務所入所。平成11年、税理士登録。入所以来、銀行経験を生かした決算書指導・経営指導を行う。平成29年税理士法人化し税理士法人オーケーパートナー代表社員就任。「あんしん経営をサポートする会」代表幹事。
東京税理士会荒川支部

税理士法人オーケーパートナー／株式会社オーケーサポートトゥエンティワン／行政書士オーケーパートナー

創　業：昭和16年
代表者：大久保俊治
職員数：21名（税理士3名）

【町屋オフィス】〒116-0001
東京都荒川区町屋8-8-7
大久保ビル
TEL　03-3892-4426
FAX　03-3895-7330

【柏オフィス】〒277-0023
千葉県柏市中央1-4-16-2
大久保ビル3F
TEL　04-7192-7717
FAX　04-7192-7719

を踏まえたリスク計算だと考えます。私たちは中期5カ年計画→単年度計画によって、常にお客様の〝その先〟を共に考え、目標と実績との差から見えた課題をお客様の成長の糧にしていただきます。

この「MAS監査（Management Advisory Service）」を通じて先行管理を定着させ、先見経営で成長し続けていくことをサポートする。それは私たちの役割です。

願い「高いホスピタリティを持つスタッフをそろえています」

当社は、お客様である中小企業の経営者の立場で考えられるよう日々研鑽しています。私たちは、お客様企業の一番身近にいる第三者としてのあるべき姿とは何かを知っています。

数字の裏に隠れているものを浮き彫りにするプロとして何が必要なのかを察知し、また、パートナーシップを結ぶ多方面の専門家とのジョイントも駆使しながら、お客様にとって最善の環境を実現するための提案をしていくこと。それは私たちの願いです。

想い「お客様と共に成長してきた長い歴史があります」

当社は、昭和16年、現在の事務所ビルの近くにある創業者大久保彦治宅にて計理士業を開業したのが始まりです。おかげさまでお客様の温かなご協力をいただき、お客様と共に成長し歩み続けてまいりました。

戦後日本経済を支えてきた東京の下町。その下町・町屋を本拠地としてこれからもずっとお客様の最高のパートナーであり続けること。それが私たちの切なる想いです。

5

2015年度版から5回連続選出

黒永会計事務所

株式会社マックス・コンサルティング

事務所の特徴

- 独自のツール（特許取得）を使い、業界初の「経営」と「資金」を見える化しています。
- 難解な「経営分析」「キャッシュフロー計算書」のポイントが、やさしく浮かび上がってきます。
- 法人、個人の節税対策には 34 年間のノウハウを駆使し、自信をもって指導致します。
- 税務調査の対策には絶対の自信と実績があります（ほとんど申告是認を勝ち取っています）。
- 相続税対策は、「事業承継」「円満相続」「納税対策」をキーワードに、これからの「大増税時代」のサポートをいたします。
- 開業支援は、150 社以上の設立を手がけ、サポートには実績があります。
- 情報提供にも力を入れており、数多くのセミナーや出版の実績があります。

Web・SNS

Webサイト　https://kuronaga-ac.net/　　E-Mail　main@kuronaga-ac.net

インボイス制度コンサル業務

インボイス制度が令和5年10月にスタートします。一般的には免税業者の課税事業者への転換、登録番号の取得、電子インボイスが取り上げられていますが、実務上はインボイス対応していない飲食店や物品購入関係の領収書は世の中に沢山あります。

企業の営業経費に接待も含めてそのような領収書は消費税が経費（課税仕入れ）にならなくなり、消費税の納税が激増するリスクがあるのです。

簡易課税事業者はインボイス制度に関係ないと言われていますが、インボイス対応の領収書を発行しないと企業に利用されなくなり、売上が激減する危険性があります。

またインボイス制度には経過措置があり、会計ソフトの入力が相当複雑になります。入力ミスが直接、納税額のミスに直結します。

そこでこれからの会計事務所は「インボイス制度コンサル」が主要業務になると考えられます。当事務所は多数の「セミナー」を行っており、「インボイス制度コンサル」には実績があります。

経営・資金分析コンサルティング

当事務所の最大の特徴は経営分析と資金繰り分析コンサルティングです。経営者にとってとても身近なものですが、次のような疑問をお持ちの方は多いと思います。

- 冬のボーナスはいくら出せるのか
- 今の売上でいくらの経費（人件費）が適正か
- 今の状況で資金繰りは大丈夫か
- 今の規模で借入金が適正なのか
- あといくら借入できるのか

当事務所は経営と資金について、業界初の4つのオリジナルコンサルティングツール（特許取得済み）を使用して、分かりやすく説明しています。

①決算書比較図表
②図解キャッシュフロー計算書
③キャッシュ推移表（キャッシュベースの試算表）
④運転資金倍率表（月末のキャッシュが運転資金の何倍あるかを表す）

MAS監査

次に当事務所の特色はオリジナル経営計画ソフト「Kスマート未来計画」を活用し、B／S、P／L、キャッシュ、借入金、資産、予実比較表による5年間の事業計画書が、図表化して一目で分かります。

これによりMAS監査（予算実績比較）による経営改善計画を分かり易く指導致します。

法人税節税

開業当初から34年間、法人税の節税についてのセミナー等を行ってきました。特に、子会社を使った節税対策に精通し、これまで

スマートフォンからのお問い合わせはこちらから

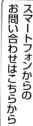

事務所概要

税理士　黒永哲至

昭和30年福岡生まれ。
平成元年黒永会計事務所を開設。
外資系生命保険会社の専属税務顧問、証券会社の税務顧問を歴任。
経営分析、節税、税務調査、保険税務、資産税に関するセミナーを日本経済新聞社、不動産会社等において多数開催。経営分析、法人税務経営コンサルティング、相続・不動産コンサルティングを中心とした業務を行い、現在に至る。東京税理士会新宿支部所属。

黒永会計事務所　株式会社マックス・コンサルティング

創　業：平成元年
代表者：黒永哲至
職員数：10名

所在地
〒160-0023　東京都新宿区西新宿7-21-21
西新宿成和ビル3F
TEL 03-3363-0118　FAX 03-3363-0366

150社以上の法人設立を行いました。船井総合研究所においても、8年間で1000社以上の法人を対象に「法人税の節税セミナー」を開催しました。

生命保険、損害保険についても、外資系生命保険会社の専属税務顧問を務めていた経験を生かし、法人税の節税対策、経営者の保障、相続税対策等のリスクマネジメント・コンサルティングにも力を入れています。また、生命保険、損害保険の代理店や、保険営業マン及びその顧客対象のセミナーの講師も数多く務めています。

相続税対策

相続税とは単なる財産の承継業務と思われがちですが、当事務所では「相続」を「心の承継業務」ととらえています。故人の心を円滑に承継できるようにすることこそが、「相続税対策」だと考えています。「争続」を避け「円満相続」をしていただくために、当事務所では長年の業務、多くのセミナーなどで構築した企業ネットワークを活用し、多くの選択肢から不動産、建築、生命保険等の相続税対策に不可欠な方策の提案をしております。

また、高齢化社会で相続税対策に並んで重要視されているのが「認知症対策」といえます。「認知症対策」には親の不動産や預貯金を子供が処理することができる「家族信託」が一番と言われています。当事務所では「家族信託」のコンサルティング及び実務上の指導を行っています。

独立開業支援

当事務所は開業以来、34年間で150件以上の法人の設立・開業の支援をし、その分野のセミナー、執筆活動も積極的に行ってきました。独立、開業、法人設立をお考えの方に、説明と指導及びコンサルティングを行っています。

また、節税対策のノウハウをまとめた「法人税　究極！節税のバイブル」「よく分かる図解　相続・贈与税のバイブル」（税務経理協会）を発刊しております。ぜひこちらもご覧ください。

ここがポイント

- オリジナルツールを使った「経営」と「資金」のコンサルティングをすべて〝見える化〟で行います。
- 「キャッシュフロー」（資金繰り）と「企業業績」との実感の差異を感じている経営者には最適の会計事務所です。
- 「節税」については、「法人税」「所得税」「相続税」等のすべてにおいて、数多くの経験に裏付けされたノウハウを提供できます。

さいとう税理士法人

サンガ行政書士法人　株式会社サンガアソシエイツ
株式会社ベネフィックスエフピー　さいとう経営センター株式会社

2009年度版から7回選出

事務所の特徴

～お客様と社員の真の心地よさを追求し、実現する～

1.お客様の喜びを追求し、感謝を創造します
2.仕事の創造性を発揮し、充実感あふれ、心豊かな人生を実現します
3.のびのびと明るく積極的で活気ある職場をつくります

Web・SNS

Webサイト　http://www.bene-sa.co.jp/
E-Mail　info-bene@bene-sa.co.jp
Facebook　さいとう税理士法人
LINE　サイトウアソシエイツ
Instagram　saito_associates

ACEのKIZUNA（絆）による経営

すべての会計事務所は、常に法律に基づいた正しい業務の遂行が求められています。同じ機能が提供されるならば、お客様は何を基準として、会計事務所と長いお付き合いをしようと思うのでしょうか？ 私たちはその要因を、「KIZUNA（絆）を構築すること」と考えております。そのために、私たちは3つの「KIZUNA（絆）」を大切にしています。

- Alliance
  ～地域・提携先とのKIZUNA～
- Customer
  ～お客様とのKIZUNA～
- Employee
  ～従業員とのKIZUNA～

各担当者がこれらのことを日々意識し、お客様との信頼関係構築を心掛けております。

クラウド会計の導入・経理業務のDX化を推進

クラウド会計の導入・経理業務のDX化までトータルサポートをすることにより、経理業務の効率化を提案しております。リアルタイムで経営状況を把握することにより、経営課題の改善に素早く着手することが可能になります。

お客様の事業の成長・効率化をお手伝いしていきます。

医科・歯科に特化

医科・歯科（個人・医療法人）に携わるお客様を合計で120件以上有し、各種ノウハウの蓄積を行っております。定期的に診療報酬データや収益データの収集・分析を行い、その結果をお客様にフィードバックすることにより、経営改善データとして提供させて頂いています。

スマートフォンからのお問い合わせはこちらから

事務所概要

代表社員　税理士
齊藤司享

1947年4月2日生まれ。
中央大学卒業、日本NCR㈱勤務、昭和54年9月に齊藤税務会計事務所を事業承継、平成23年1月にさいとう税理士法人設立、代表社員税理士に就任、現在に至る。
東京税理士会雪谷支部所属。

さいとう税理士法人
サンガ行政書士法人
株式会社サンガアソシエイツ
株式会社ベネフィックスエフピー
さいとう経営センター株式会社

創　業：昭和27年6月
代表者：齊藤司享
〈本社〉
〒145-8566
東京都大田区南雪谷2-20-3
TEL 03-3727-6111～6118
FAX 03-3720-3207
〈新横浜オフィス〉
〒222-0033
神奈川県横浜市港北区
新横浜3-19-11-903
TEL 045-624-8657
FAX 045-624-8658

相続対策・相続手続・相続税申告までをワンストップで

私たちはFP専門部署・相続専門部署・行政書士法人を設置し、生前対策からサポートを行っております。事業とプライベートの両方の夢を実現することがお客様の幸せになると考えており、ファイナンシャルプランナーが専用のライフプランの提案を進めております。

また相続が生じた際は、資料集めから申告までをそれぞれの専門部署が行っており、ワンストップでサポートを行っております。

当法人は田園調布の近くで2022年6月に創業70周年を迎えました。相続については、一つとして同じ事例はなく、ご相談者の不安や悩みも一様ではありません。ご相談者の負担を少しでも軽くし、ご理解・ご納得頂けるよう心掛けております。

創業支援

当グループでは、平成24年に「中小企業経営力強化支援法」が施行されると同時に、「経営革新等支援機関」の認定を受けました。この認定を受けることにより、融資を受ける際の基準金利の引き下げなど、優遇された条件でのサービスを提供できる体制を整えました。創業計画書の作成、融資交渉、補助金や助成金の申請と、必要に応じて各専門家と連携を取りながら、全面的なバックアップ体制を整えております。

さきがけ税理士法人

株式会社さきがけ　一般社団法人相続手続支援センター
さきがけ社会保険労務士法人　さきがけ行政書士事務所　さきがけ司法書士事務所

5
2015年度版から5回連続選出

事務所の特徴

- とことん親身な対応がお客様に好評な税理士法人です。
- 国税OB税理士7名の在籍により法人税、所得税、相続税、消費税の各ジャンルの税務問題の解決能力は地域ナンバーワンです。
- スタッフ平均年齢33歳、代表44歳の活気あるベンチャー企業のような税理士法人です。
- 銀行OBの在籍と地域金融機関とのパイプにより、資金繰り支援に強い税理士法人です。
- さきがけグループ内のワンストップサービスにより、どんなご相談にも対応できます。
- 税務調査経験が豊富な国税OB税理士のノウハウにより、税務調査に強い税理士法人です。2021年の税務調査相談依頼200件超。

Web・SNS

Webサイト　https://kurotax.jp/
E-mail　info@kurotax.jp
Blog　https://ameblo.jp/kurotax/

とことん親身な税理士事務所として

中小企業とお付き合いをする〝税理士〟には確固たる理念と覚悟が必要です。そこで、私、黒川自身が税理士を目指した理由を少しお話しできればと思います。

私の実家は曾祖父（ひいじいちゃん）の代から続く自営業でした。私が子供のころ、父が祖父から経営をバトンタッチされました。事業をどんどん拡大する父。そんな父を見て、私はカッコイイと思っていました。「将来は、自分が父の後を継ぐ」と、ずっと心に決めていました。

しかし、私が大学進学のため、18歳で北海道から東京に出てきた2カ月後の6月。突然、実家から電話がありました。「店が潰れた。お前のこれからの生活のことはこれから考える」と。

頭が真っ白になりました。何をどうしていいかわからない。家族はどうなるのか、自分の将来はどうなるのか……。

その後、私は実家に電話し、「こっちは気にしないで。自分で食べていけるように何とかやるから」と言いました。18歳の私は、急きょ、就職することになりました。

その後、本で税理士という職業に出会いました。私がひかれたのは「中小企業を支援する専門家」というフレーズ。

「中小企業の支援……もし自分が税理士だったら、実家にどんな手助けができていただろう？」と思いました。漠然としていましたが、何だか熱い想いが込み上げてきたこの瞬間。これが私と税理士という資格との出会いでした。

3年後、独学で簿記1級に合格。税理士事務所への勤務を始めました。少しでも、お客様の役に立てるよう、本当にたくさんのことを勉強しました。税務はもちろん、会計、法律、経営、金融、マーケティング……。それに加えて、税理士試験の勉強もしていましたので、20代のときはあまり寝ていません。

その後、無事税理士試験に合格し、独立して税理士事務所をやっています。下

スマートフォンからのお問い合わせはこちらから

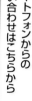

事務所概要

代表 税理士　黒川 明

東京都新宿と多摩市に事務所を構える地域最大規模の税理士法人。開業から15年で中小企業顧問は1,200社以上の実績を持つ。
趣味はお酒で仕事後のビールと日本酒を愛する。尿酸値は少し高め。
スポーツではパワーリフティングにハマり2018年東京都パワーリフティング選手権大会120kg超級で優勝。
漫画も好きで自宅の一室は約2,000冊の漫画ルームとなっている。あふれた漫画は事務所に置いてあるが、捨てられそうで焦っている。
2021年12月度「働きがい認定企業」に選出される。
東京税理士会四谷支部所属。

さきがけ税理士法人
創　業：平成20年1月21日
代表者：黒川 明
職員数：100名
〈本店所在地〉
〒206-0033
東京都多摩市落合1-15-2
多摩センタートーセイビル4階
0120-964-316
TEL　042-313-8364
〈新宿支店〉
〒160-0022
東京都新宿区新宿4-3-30
ランザンAYビルディング302
TEL　03-6384-1291

積み時代は死ぬほど大変でしたけど……、仕事は、充実感にあふれる毎日。一生懸命、中小企業をサポートし、早15年。今になって思うのは「実家の顧問税理士が、今の自分だったら潰れずに済んでいたかも……」ということ。

税理士は中小企業にとって最も身近な専門家です。ほんの少しのアドバイスの違いが、大きな結果の違いになるものだと実感しています。

だから私たちは、中小企業にとって、とことん親身な税理士でありたいのです。そのために、弊社の体制も中小企業支援にふさわしいものを整備しています。中小企業に重要な資金繰りや融資を支援するために、銀行ＯＢが在籍しています。

中小企業で起こる様々な問題に対応できるよう、社内には社会保険労務士や行政書士、司法書士などの各種の士業がおり、また、地域でのネットワークを築いています。税務調査を有利に進めるために、国税ＯＢ税理士が在籍しています。

そのような体制で、１００名のスタッフが一丸となってお客様の支援をしています。今では多摩地域ナンバーワン事務所と言われ、全国の税理士の見学をお受けしております。

お客様を支援するためには、自社も成長企業でなければならないという信念で、現在も成長中です。

ぜひ一度、お電話をいただくか、もしくはお越しいただければ弊社の活気とサービス精神を感じていただけると思います。どうぞよろしくお願いします。

サン共同税理士法人

サン共同社会保険労務士法人　サン共同行政書士法人　サン共同RPAコンサルティング㈱
サン共同財務支援コンサルティング㈱　サン共同補助金支援コンサルティング㈱
サン共同アセットマネジメント㈱　サン共同フードサービス㈱　サン共同M&A㈱
サン共同デジタルマーケティング㈱　サン共同グループホールディングス㈱　在宅経理㈱

2021年度版から2回連続選出

事務所の特徴

①起業支援（創業融資、助成金支援）
②企業税務（連結納税・IPO支援）
③国際税務（日本進出・海外進出）
④M&Aサービス（組織再編・DD・FA業務）
⑤資産税（相続・事業承継・不動産運用コンサル）
⑥経理DX支援（システム開発・クラウド・RPA・AI導入）
⑦経理人材支援（在宅に特化した経理人材紹介）
⑧会計事務所M&A支援

Web・SNS

コーポレートサイト　https://san-kyodo-tax.jp/
E-Mail　contact@san-kyodo.jp
Facebook　@ayumu.asakura
Twitter　@asakuraayumu

事務所紹介

サン共同税理士法人は2016年に大手税理士法人出身者メンバーが中心となって、それぞれのキャリア・得意分野を生かしてクライアントに貢献するための税理士法人として設立されました。

サン共同では、100年先も存続できる会計事務所を目指して、「IT×人材」の分野に力を入れています。設立後6年で6度の会計事務所の承継・統合と4カ所の支店開設を行っていますが、ほとんどがこの思考に共感した知人同士の事務所との統合・開設であり、それぞれの得意分野を融合させたシナジー効果のある統合・開設を実現しています。

私たちはお客様のあらゆるニーズに幅広く対応できる総合会計事務所として、日々成長を続けております。

「国際税務大手出身の税理士」による税務サービス

Big4出身の税理士による上場企業を顧客とした税務サービスを行っています。連結納税、国際税務、組織再編税制など、高度な税務サービスを提供できる税理士が多数所属しておりますので、成長した企業が直面する課題解決に貢献できる体制を構築しております。

「資産税専門の税理士」による資産税サービス

資産税専門の税理士による相続税対策・事業承継対策支援サービスを行っています。10拠点2000社のお客様の相続・事業承継問題に対して、資産税チームが全拠点を横断的に対応しています。資産税のみを扱う資産税チームにより、高品質で高付加価値なサービスを低価格で提供しています。

「金融機関出身者」による資金調達支援サービス

信金・地銀出身者からなる融資チームが資金調達支援サービスを行っています。特に創業時のお客様には、毎年100件以上の創業融資のご支援をしており、創業時の創業融資の必要性を伝えていくことが起業支援の大事な役割であり、弊社に与えられた使命であると考えています。

スマートフォンからのお問い合わせはこちらから

事務所概要

代表社員　税理士　朝倉 歩

サン共同税理士法人代表社員。税理士。昭和54年生まれ。武蔵大学経済学部卒業。平成16年より現デロイトトーマツ税理士法人勤務。平成28年サン共同税理士法人代表社員就任。設立後6年で6つの会計事務所の統合と4つの支店開設を行う。自社開発システムやRPA導入等最新のITを活用し会計事務所の業務効率化に注力。事業会社および会計事務所向けに経理DX支援・経理人材紹介支援を行っている。辻・本郷ITコンサルティング㈱取締役、会計事務所RPA研究会㈱執行役員。東京税理士会麻布支部所属。

サン共同税理士法人
創　業：2016年6月
代表者：朝倉 歩
職員数：105名（税理士19名、公認会計士1名、社会保険労務士2名、SE2名）

〈本社〉
〒107-0062
東京都港区南青山1-1-1
新青山ビル東館15階
TEL 03-3572-5831

〈東京事務所〉青山、日本橋、五反田、板橋、北千住、八王子
〈横浜事務所〉横浜
〈関西事務所〉西宮
〈九州事務所〉博多
〈沖縄事務所〉宜野湾

また、2020年に発生した新型コロナ禍により資金繰り不安のある全拠点のお客様に対し、融資チームがコロナ融資の支援を行っています。

「エンジニア出身の税理士」による経理DX支援サービス

SE経験がある税理士と税理士有資格者が複数名在籍し、ITチームとして経理業務の自動化支援を行っています。クラウド・RPA・AIと日々テクノロジーの変化が激しいIT業界ですが、経理業務において常にこれらの最新のテクノロジー知識を取り入れていくことが求められています。税制の変化も激しいですが、ITの変化が今後さらに激しくなっていくなかで、「IT×税務」の最大化を進めてまいります。

「ITを活用したサン共同独自ノウハウ」による経理人材紹介サービス

サン共同では拠点が多いこともあり、拠点間で仕事を効率的に行うためにもITを駆使した業務効率化を設立当初から進めております。①完全ペーパーレスによる電子調書、②VDI・DaaS（仮想デスクトップ）による仮想化環境、③クラウド・RPAを利用した自動化、④自社開発システム・Googleサービスによる業務効率化、を全てコロナ前から進めてきました。

コロナ禍においてもテレワークでの勤務環境が整っており、優秀なスタッフが在宅でも仕事ができるような環境を実現しています。

サン共同では在宅での会計スタッフを活用した業務フローに力を入れており、お客様や会計事務所向けにも、在宅スタッフを活用した経理業務体制の支援を行っております。在宅経理人材は年間1000人程度の登録がございますので、業務体制を整えることで、優秀な経理スタッフがいつでも業務に対応することが可能となります。

〈参考〉サン共同RPA体験&事務所見学会
https://tax-startup.jp/rpa-consulting/kengaku/

2003年度版から10回選出

自利利他の実践・当事者意識の貫徹・不撓不屈の精神で業務に取り組む

JPA総研経営参与グループ

当社グループのいいね！ポイント

1.お客様の将来が見通せる「経営計画」を立案・策定！

2.社員のヤル気と本気を引き出す「働きがい改革」を提案！

3.後継者の育成のみならず、M&Aも含めた「事業承継対策」を実践！

4.ハッピーエンディングノートによる「争いのない相続対策」を実践！

5.企業を取り巻く「経営リスク」を完全防衛！

Web・SNS

Webサイト　https://www.kijpa.co.jp

E-Mail　jpa@tkcnf.or.jp

①中小企業の守り手「寄り添い侍」業として

第二次安倍政権の発足以来、大企業、上場会社の活力が経済の活性化の牽引役にと期待をする一方、消費増税不況の到来（2年半延期されたが）、本格的不況感が我々の職域である全国中小企業を直撃しています。さらに、100年に一度の新型コロナウイルス感染症拡大‼ そして菅政権、岸田政権の発足など、社会の大変化の真っ只中といえます。

そこで、私たちJPA総研経営参与グループは、今こそ顧問先経営者に寄り添い、当事者意識をもち、TKC会計人が長年掲げてきたスローガン「職域防衛・運命打開」の本番として対応して参ります。

②総合法律経済関係事務所、ワンストップサービス体制の完備

当グループは、法務・税務・労務・行政については、社内に税理士20名、社会保険労務士7名、行政書士7名、経営管理士20名、スタッフ150名が活躍しており、法務に関しては5名の弁護士に顧問になって頂いています。その他、司法書士、不動産鑑定士、弁理士、不動産コンサルタント等、あらゆる分野の専門家と提携しており、顧問先の困りごとに対応しています。

また、高齢化社会のライフプラン、即ち道先案内業務を実践、弊社の専売特許である「ハッピーエンディングノート」作成の提案に税理士法人と行政書士法人が知恵を出し合い、また、遺言書の作成指導や相続対策の積極提案と受託に取り組んでいます。

さらに、社会保険労務士法人では、就業規則の作成と見直しに力を入れ、人事、労務改善積極提案をしています。

③中是優良企業誕生支援の徹底による黒字化指導の実践

TKCの王道を歩み続けて50年、当事者意識に基づき、TKC継続MASシステムにより、顧問先の社長及び経営幹部等とともに作成した予算と実績に基づいて、毎月の巡回監査時に予実分析及び問題・課題の把握を行ってその改善策を話し合い、顧問先全社の黒字化（80％）、中是優良企業の誕生支援業務として全力投球中です。

④業務品質日本一への挑戦 5大業務の開発と実現

TKC創設者飯塚毅法学博士の教え自利利他・利他の実践に自利を見る‼

スマートフォンからのお問い合わせはこちらから

北海道 東北 東京 関東 東海 信越・北陸 近畿 中国 四国 九州・沖縄

事務所概要

全国8拠点の総合法律経済関係事務所。我々は会計事務所改め経営参与事務所に脱皮した専門家経営参与集団の税理士、行政書士、社会保険労務士の信頼の集団であると確信しております!!

税理士
行政書士
社会保険労務士

JPA総研経営参与グループ
本社本部　〒101-0062　東京都千代田区神田駿河台4-3　新お茶の水ビル17F
TEL 03-3295-8477　FAX 03-3293-7944

顧問先全社において例外なく、税理士法33条の2の書面添付と電子申告、電子納税を推進し、業務品質日本一を目指し、挑戦し続けています。TKC全国会におけるオールTKC「申是優良企業誕生」のKFS作戦運動で、総合第一位を連続受賞しています。

また、当グループはJPA総研総合未来ビジョンを掲げ、国家資格者による5大業務の開発と実現に取り組んでいます。5大業務の詳細は左記のとおりです。

経営参与グループの国家資格者による5大業務

税理士法人	日本パートナー経営参与事務所	申是優良企業誕生支援（FX4クラウド会計）
行政書士法人	JPA財産クリニック社	ハッピーエンディング相続対策指導
社労士法人	パートナーバンク21社	人財採用、育成、派遣支援
経営管理士	JPA国際コンサルタンツ社	海外進出、投資及び事業承継、M&Aプロ指導
危機管理士	危機管理コンサルタンツ社	企業防衛、超リスクマネジメント支援

令和元年より、JPA総研グループは会計事務所から「経営参与事務所」へと脱皮し、JPA総研経営参与グループとして変身、成長、発展を目指し、力強くスタートしています。

⑤今こそ新型コロナショックを乗り切る決意を

現在、100年に一度の危機ともいわれる新型コロナ不況の打開に、全社員の力を合わせて取り組んでいます。これは、「顧問先を1社たりともつぶさない！　つぶさせない！」という、不退転の決意の表明でもあります。

私たちは既に、全社一丸となって国が推奨する新型コロナウイルス感染症融資資金の100%確保を目指し、他社に先駆けて実行しています（2023年1月現在80%）。

さらに今後は、事務所創業当時の心意気で、顧問先が困難な時代であっても生き残り、発展を目指せるように必死に支援していきます。具体的には、顧問先の社長が取り組んでいる販売や営業などの対外業務全般と、人事・労務業務を時代の変化に合わせて改革するために、「未来経営計画提案支援」の導入に全力投球で取り組んでいく覚悟であります。

2007年度版から8回選出

下川・木地税理士法人

事務所の特徴

①会社設立・創業融資支援サービスが無料で受けられる。
②医業・社会福祉法人支援に豊富な実績がある。
③相続対策・相続手続に豊富な実績がある。
④銀行融資・日本政策金融公庫等の融資に強い。
⑤豊富な経験により税務調査に強い。
⑥行政書士、ファイナンシャルプランナー、中小企業診断士等、各種有資格者が多い。

Web・SNS

Webサイト　https://shimokawa-kiji-and-co.jp/　　**E-mail**　yshimo@a1.mbn.or.jp

商業の中心地築地・日本橋・人形町の公認会計士・税理士・中小企業診断士が皆様をご支援

下川・木地税理士法人は、昭和59年に代表社員の下川芳史が新光監査法人（当時）を退職し、日本橋小伝馬町にあった父・下川秀寿税理士事務所に机一つ置かせていただいて、関与クライアント零で開業しました公認会計士・税理士下川芳史事務所が始まりです。

下川・木地税理士法人は開設以来、「Your success is our business.（あなたの成功のお手伝い）」をモットーに、大小の規模を問わず（但し風俗関係はＮＧ）、中小企業や社会福祉法人の経営者、医療法人の皆様方のご活躍を支援してまいりました。

代表者は中小企業支援、社会福祉法人支援、医業経営支援に多数の実績を持つ公認会計士・税理士・中小企業診断士の下川芳史。さらに、平成29年1月からは、監査法人トーマツを退職して入所した代表社員・公認会計士・税理士の木地健介をはじめとして、中小企業や保育園、医療法人の設立から毎年の会計・税務申告までを熟知したベテランから新進気鋭の若手まで、総勢13名の中堅の税理士法人であると自負しております。

全ての経営者を全面的にフルサポート

当法人は開業以来、中小企業、医業経営者、社会福祉等、ご支援する業界を拡大してまいりました。

当法人のコンセプトは「あなたの成功へのお手伝い」です。すぐには関与先の業績に貢献できなくとも、経営者のお役に立つことを地道に研究し続けていけば、必ず多くの人から感謝されるときが来るとの考えからです。中小企業の社長も社会福祉法人の理事長も、さらには医療法人の先生方も経営者であり、そのような方々の様々な経営上の最良のご相談相手になれるよう、事務所全員で対応させていただいています。

保育園、特別養護老人ホーム等、社会福祉法人の分野では、社会福祉法人の会計を理解するだけでなく、社会福祉法人を規制する各種の通知を理解することによって、社会福祉法人の皆様を支援しております。

さらに、平成29年度から一定規模以上の社会福祉法人には、公認会計士監査が法定化され、社会福祉法人、学校法人等の非営利法人のみを監査する京浜監査法人を公認会計士有志5名で立ち上げ、その後、監査法人彌榮会計社と合併し、監査法人彌榮会計社東京事務所として非営利法人のみを監査対象とする特色ある監査法人として現在に至っております。

医療の分野では、個人開業医の先生方に

スマートフォンからのお問い合わせはこちらから

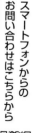

法人概要

代表社員　下川芳史

下川・木地税理士法人代表社員。監査法人彌榮会計社代表社員。公認会計士・税理士・中小企業診断士・行政書士。昭和23年生まれ。早稲田大学大学院商学研究科修了。昭和59年新光監査法人（当時）を退職し、公認会計士下川芳史事務所を開業。平成6年、株式会社下川経営研究所を設立、代表取締役社長に就任。事務所開業直後から企業支援のみならず医業経営支援・社会福祉法人支援・相続対策支援など多方面・多分野の発展に尽力している。東京税理士会京橋支部所属。

代表社員　木地健介

下川・木地税理士法人代表社員。監査法人彌榮会計社社員。公認会計士・税理士。昭和56年生まれ。立命館大学経済学部卒業。平成27年監査法人トーマツを退職し、下川・木地税理士法人（現在）に入所。創業支援、資金調達に強み。東京税理士会京橋支部所属。

医療法人化のメリット・デメリットをご説明して、納得の上での法人設立をお勧めしています。医療法人設立のメリットとして、資金調達の容易性、分院等による事業拡大、節税対策が容易、事業承継が容易である等を納得していただいております。その結果、当法人が関与した医院の先生方のほとんどが医療法人化されています。

　このように、特色のある業種のご指導をさせていただくときにも、単に会計・税務にとどまらず、その業界を研究した上で、経営全般のご相談に応じることが出来るよう、努めております。

経営者の良き相談相手
M&A、融資相談、事業承継

　また、司法書士、弁理士、社会保険労務士の先生を無料でご紹介させていただいています。

　事務所内では税理士以外にも、例えば中小企業診断士、行政書士、ファイナンシャルプランナーなど、事務所内での隣接する各種の資格取得を通じて、現在の職域の拡大に大いに役立っています。

　さらには、日本政策金融公庫や都市銀行、信用金庫等への融資相談もさせていただいております。当法人は経営革新等認定支援機関ですので、融資の金利面でも大変有利となっています。

　また、経営者の一番の悩み事は後継者問題です。当法人では事業承継支援にも積極的に取り組んでいます。親族に後継者がいない経営者には、専門会社とも連携して、M&Aの各種手法を駆使して、経営者の皆様にはハッピーリタイアメント、従業員の方には安定した雇用の継続を実現するご提案をいたしております。

　平成27年以降は相続税も改正され、東京都内では約45%の人が相続税の該当者との試算も行われ、当法人でも積極的に相続税対策に取り組んでおります。相続税対策の必要となる地主、資産家の皆様には、相続等が発生する前から、継続的なおつき合いができるように努めております。相続税申告、相続手続のことなら当法人にお任せください。

　私たち下川・木地税理士法人は、「Your success is our business.（あなたの成功のお手伝い）」をモットーに、皆様のより一層の業務の拡大とご活躍をご支援していきたいと考えております。

下川・木地税理士法人
創　業：昭和59年
代表者：下川芳史、木地健介
職員数：13名（税理士3名、
　公認会計士2名、
　中小企業診断士1名）
所在地：〒104-0044
東京都中央区明石町1-29
掖済会ビル2F
TEL　03-6264-3963
FAX　03-6264-3964

SKIP税理士法人

事務所の特徴

- 未来を考え、ともに夢を実現する
- 知識・経験豊富なスタッフ
- 経理・総務アウトソーシングが人気です
- 電帳法やインボイス制度に対応しています
- ペーパレス・クラウドが得意です

Web・SNS

Webサイト　https://www.skip.ne.jp/
E-Mail　info@skip.ne.jp

頼れる「スキップ」になりたい

私たちは「未来を考え、ともに夢を実現する」という理念のもと、お客様のよきパートナーとなることを目指しています。「スキップ」には「跳ねる・スキップする」のほかに「チームの主将」という意味があります。氷上のチェスといわれるカーリングでは、試合中に作戦を立て、指示を出すプレーヤーを「スキップ」といいます。

お客様との関係を考えたとき、経理財務・税務・経営の分野においてお客様を深く理解し、適切なアドバイスのできる・頼れる「スキップ」になりたいと思い、「ＳＫＩＰ税理士法人」と名付けました。

代表の曾我は野村證券やリクルートでの勤務経験があり、多様な視点でのアドバイスができると考えております。また、職員にも税理士５名・公認会計士４名・相続診断士１名・社会保険労務士１名・行政書士１名や、ＩＴに詳しいスタッフなどが在籍しており、お客様の幅広いニーズにお応えしています。

経験豊富なスタッフにお任せください

現在支援しているのは年齢も業種も多種多様なお客様です。ゆえにスタッフの知識や経験は豊富で、安心してご相談いただいております。創業支援から事業承継、組織再編、相続にいたるまで各種サービスを提供しています。

私たちが目指すのは杓子定規な専門家ではなく、経営や資産形成における最重要パートナーです。豊富な知識と経験からお客様にはリスクを含めて分かりやすい説明を心がけています。

「経理・総務アウトソーシング」が好評です

最近よくご依頼いただくのが「経

スマートフォンからのお問い合わせはこちらから

事務所概要

代表社員　税理士　公認会計士　曾我隆二

一橋大学商学部卒業。野村證券株式会社、株式会社リクルートを経て、公認会計士の世界へ。中央クーパース・アンド・ライブランド・アドバイザーズ株式会社（中央監査法人グループ）勤務を経て、平成15年6月公認会計士曾我事務所として独立開業。平成24年1月SKIP税理士法人に組織変更し、代表社員に就任。平成31年4月SKIP監査法人を設立。東京税理士会麹町支部所属。

SKIP税理士法人
創　業：平成15年
代表者：曾我隆二
職員数：27名(税理士5名、公認会計士4名、相続診断士1名、社会保険労務士1名、行政書士1名)

所在地
〒102-0084
東京都千代田区二番町12-13
セブネスビル2階・4階
TEL 03-5276-2072　FAX 03-5276-2074

理・総務アウトソーシング」です。記帳代行はもちろん、請求書発行や現金出納帳・売掛金・買掛金の管理も承っております。人手不足の昨今、経理担当者が急に辞めることも多く、また採用するのも難しいものです。

特に小規模の会社では社長が経理をしていることもよくあり、本業より経理に時間を割いてしまっているという話をよく耳にします。私たちに経理をお任せいただければ、社長本来の仕事に集中することができます。また、今まで見逃していた問題点に気づき、問題解決につながります。

さらに、前述したように幅広い層のお客様をサポートしておりますので、経理・税務以外のご相談にも対応しております。ただ、経理を任せるだけでなく、任せたことで会社が良くなるような、そんなアウトソーシングサービスを目指しています。

未来を考え、ともに夢を実現する

弊社の特徴として「社長サポート」というサービスがございます。社長をサポートしたいけれど、社長が必要としているものは何だろう、私たちに何ができるだろうと考え、このサービスが誕生しました。予実管理や会議支援、経営計画策定など、会社の規模や状況に合わせて柔軟に対応しております。

すぐに売上があがる、全社員の意識が変わるというものではありませんが、お客様とともに会社の未来を考え、ともに悩み、提案し、二人三脚で会社をサポートしていきたいと考えております。

私たちはこれからもお客様の頼れるパートナーとして、未来を考え、ともに夢を実現するために尽力いたします。

税理士法人スバル合同会計

C-MAS 介護事業経営研究会 東京千代田支部

2007年度版から9回連続選出

事務所の特徴

1. 12年連続300社以上の新規関与先が増えています。
2. 年間100社以上の新規立ち上げのお手伝いをしています。
3. 伸びる企業には伸びている会計事務所がピッタリです！

Web・SNS

Webサイト　https://subaru-tax.com

E-Mail　subaru@tax-adviser.gr.jp

オーダーメイドを目指します

お客様によって、会計事務所に求めるサービス内容は千差万別です。節税を求める方、資金繰りの安定を求める方、事業承継やコンサルティングを求める方、その他さまざまな要望を頂きます。

サービス内容や会計ソフトを指定する会計事務所も多い中、弊社では、そのすべてのオーダーに高品質なサービスでお応え出来るよう、スタッフ210名体制で常に研鑽を積み、お客様ごとに最適なものをご提供しております。

これらオーダーメイドの基礎となるのは月次訪問だと考え、毎月打ち合わせを行い綿密に情報共有することを大切にしております。

一期一会の精神を大切にし、顧客第一主義を貫いて、関与先企業一社一社のオーダーメイドにお応えすることを目標にしています。

ポストコロナにおける会計事務所の役割

2020年に端を発した新型コロナウイルスの感染拡大は世の中の状況を一変させ、会計事務所においても従来の働き方からの変化が必要不可欠となりました。

弊社では、会計や税務など基本業務のクラウド化を図り、オンライン会議を取り入れることで、お客様と今まで以上に内容の濃い打ち合わせを行っております。

コロナ禍において、会計事務所に求められるサービスは税務や会計にとどまらず、資金繰りのサポートや各種支援金の相談等、今まで以上に多岐にわたり、かつ、より迅速な対応へと変化してきました。

また、今後においても、低金利で借りた所謂コロナ融資の返済フォロー等、お客様にとって付加価値の高い経営全般における幅広いサービスの提供が求められます。

スバル合同会計では、伝統的に大切にしていることとして「現場主義」という考え方があります。これは、会計事務所の業務とは、なにも会計や税務といった狭小なフィールドのみでなく、よろず相談業であると考え、「全て解決はできなくても、最低限聞くことはできるはず。そして、少しでも社長の気持ちを楽にし、経営に専念して頂きたい」という思いからです。

よそ行きでなく現場だからこそ話せる本音、現場でしか感じることのできない大切なものが必ず存在するという信念のもとに、

スマートフォンからのお問い合わせはこちらから

事務所概要

代表社員　垣本栄一

昭和35年生まれ。平成5年、開業。平成14年、スバル合同会計を立ち上げる。平成18年、税理士法人スバル合同会計発足。

東京税理士会神田支部

税理士法人スバル合同会計
創　業：平成5年
代表者：垣本　栄一
職員数：210名（税理士26名、公認会計士2名、司法書士2名、社会保険労務士4名、行政書士4名）

〈東京事務所〉
〒101-0025
東京都千代田区神田佐久間町3-16
TEL 03-3862-0486
〈長岡事務所〉
TEL 0258-35-3666
〈群馬事務所〉
TEL 0276-84-1068
〈周南事務所〉
TEL 0834-33-4455
〈桑名事務所〉
TEL 0594-23-3155
〈仙台事務所〉
TEL 022-346-8559
〈福山事務所〉
TEL 084-925-1013
〈北九州事務所〉
TEL 093-541-1006
〈浜松事務所〉
TEL 053-411-0486
〈福岡事務所〉
TEL 092-260-1039
〈札幌事務所〉
TEL 011-596-0486
〈名古屋事務所〉
TEL 052-526-9270
〈関連会社〉
株式会社CAN
一般社団法人ワンストップ相続サポートセンター
スバル司法書士事務所
スバル社労士事務所
スバル行政書士事務所

現場への月次訪問を実施しております。

ポストコロナの時代、クラウドツールやオンライン会議といった新しい技術を用いることにより、月次訪問の「やり方」は変化しています。しかし、私たちの「在り方」は、今まで培ってきた「現場主義」となんら変わりのないものだと考え、日々の業務に取り組んでいます。

お客様が安心して未来に向かえるように、きめ細やかなサービスを徹底してまいります。

若さとフットワークを武器にスケールメリットを生かします！

スタッフの平均年齢は約38歳で、気力・体力・明るさはどこにも負けないと自負しております。

これからの時代、より高品質なサービスの提供が求められます。そして、そこにスピードを加えてこそのハイクオリティ。スバル合同会計の武器はフットワークの軽さです。

２１０名のスタッフと約４０００社の関与先、この人材と経験は必ず次のお客様にもフィードバックできると確信を持って業務に当たっています。

また、毎年３００社以上の新規顧問をさせて頂いているのは、おそらくコストパフォーマンスがお客様の納得を頂いていることを証明するものだと思います。今後もこのスケールメリットを最大限に生かし、更に発展させていく所存です。

お客様と共に成長を続けます

創業以来、長岡・群馬・周南・桑名・仙台・福山・北九州・浜松・福岡・札幌・名古屋と、各地に事務所を開設しております。今後も継続して全国のマーケットを視野に、展開を行っていく予定です。

また、２０２１年には本部である東京事務所の新社屋が秋葉原に完成しました。

お客様と税理士事務所とのお付き合いは、まさに二人三脚です。常にお客様の立場に立ち、お客様の発展を最高の喜びとし、お客様に安心して頂けるよう、私たちも成長を続けます。

１００年先もお客様から愛され続け、自社のスタッフが誇りにできる会社を目指してまいります。

hmr セブンセンスグループ

セブンセンス税理士法人　セブンセンス社会保険労務士法人
セブンセンス行政書士法人　セブンセンス株式会社
セブンセンスマーケティング株式会社　株式会社アイクス
セブンセンスR&D株式会社　セブンセンスHR株式会社

2007年度版から8回選出

事務所の特徴

①資金調達支援実績は全国でもトップクラス
②相続・贈与・事業承継など資産税業務に強い
③業界屈指の多言語対応力で外資系企業のサポート
④医科・歯科に特化した医業専門サービスの充実
⑤SSGハラスメントダイヤルの設置
⑥DX（デジタルトランスフォーメーション）を業界に先駆けて推進

Web・SNS

Web　https://seventh-sense.co.jp/（日本語）
https://seventhsensegroup.com/en/（英語）
https://seventhsensegroup.com/it/（伊語）
Twitter　@7_sense7
Facebook　日本語：セブンセンス税理士法人
英語：Seventh Sense Group
Instagram　seventh_7sense　　note　セブンセンスグループ

まずはセブンセンスへご相談ください!

全国に拠点を置き半世紀超の歴史を持つ会計事務所グループです。グループ内の税理士・公認会計士・社会保険労務士・行政書士などの士業資格者をはじめ、マーケティングやコンサルティング部門のエキスパートや、外部の専門家たちが強固に連携しています。

・全国10拠点が密接に連携
・グループ200名超のスタッフと外部専門家との強いつながり
・専門性を高めるために日々の研修・研鑽

互いの持ち味をフルに発揮し、自由な発想で「会計事務所業界の未来をリードするユニークなポジションを作る」ことをテーマに次世代型の会計事務所を創造していきます。

起業支援・融資支援に強い 助成金・補助金の実績多数

会社設立はお任せください。経理や会計、税金、労務面などのサポートを一貫して行います。融資では日本政策金融公庫や民間金融機関と密接なパイプを構築し、積極的な資金調達支援を行っています。また、助成金・補助金は各地域のオフィスで数多くの案件を取り扱っており、事業再構築補助金やものづくり補助金の支援は業界でもトップクラスの実績があります。

相続・贈与・事業承継など 資産税案件はお任せください

相続は複雑な案件が多く、担当税理士の知識や実績がとても重要だといわれます。しかし様々なケースに精通し、対応できる税理士はごく少数です。一方で、多額の遺産や揉め事もないシンプルな相続のお客様も大勢いらっしゃいます。そんな方々に対しては「ふつうの相続」というサービスを提供しており、様々なお客様のニーズに合わせて多彩なサービスを展開しております。

相続税申告、贈与税申告、各種名義変更手続、遺言書作成、家族信託、事業承継支援・対策は、「相続に強い税理士」にご相談ください。セブンセンスでは相続専門スタッフがお客様のご要望にお応えします。

グローバル企業や外国人への支援 9カ国語に対応可能です

外資系企業に特有の会計基準の相違や非居住者の源泉所得税の取り扱い、外国税額控除などの様々な課題で培った経験やノウハウを基に確実に対応します。

東京赤坂オフィスには、英・中・韓・仏・伊・独・勃・越・日の9カ国の言語に対応するバイリンガル、トリリンガルスタッフが多数在籍。面談・電話・Eメールをはじめ、日本での法人設立や支店設置、日本で働く外国人のサポート、会計ソフト入力や給与計算、海外本社へのレポ

スマートフォンからのお問い合わせはこちらから

事務所概要

グループ代表（代表取締役会長）
小長谷 康

1950年生まれ。金融機関、税理士事務所勤務を経て、1984年アイ経営指研を設立。その後マネージメントクリエイター、アイクス人事サポートセンターを設立。1995年にアイ経営指研 代表取締役に就任。2003年アイクスグループ代表に就任。2019年にセブンセンスグループを発足しグループ代表に就任。製販分離による生産性向上や、IT、デジタル技術を生かした業務の効率化の実現など、会計事務所における新しいモデルを次々に展開し、業界をリードしてきた実績を持つ。

グループ代表（代表取締役社長）
徐 瑛義（税理士・行政書士）

1976年生まれ。大手会計事務所、公認会計士事務所勤務を経て独立開業。2008年に税理士法人東京税経センターを設立し代表パートナーに就任。2019年にセブンセンスグループを発足しグループ代表に就任。外資系企業の税務・会計、医業の経営支援、資産税案件に多くの実績がある。現在は事業承継やM&A業務に関与する傍ら、セミナーや執筆など幅広く活動。「新決算書の見方に強くなる本」（金融ブックス）、「相続・遺言・成年後見100人の老後Q&A」（悠雲舎）など著書多数。東京税理士会上野支部所属。

セブンセンスグループ
代表者：小長谷 康　徐 瑛義
職員数：230名（税理士16名、公認会計士3名、社会保険労務士11名、行政書士5名、中小企業診断士3名、CFP/AFP7名、宅地建物取引士3名、事業再生アドバイザー 6名、MAS監査プランナー 5名、文書情報管理士1名 他）

東京赤坂オフィス（本部）
東京都港区赤坂2-12-10 HF溜池ビルディング7階
TEL　03-6426-5542（代表）
FAX　03-6426-5543
E-mail　info@seventh-sense.co.jp

東京上野オフィス	（東京都台東区）
東京銀座オフィス	（東京都中央区）
東京赤坂オフィスサテライト	（東京都港区）
千葉若葉オフィス	（千葉市若葉区）
静岡オフィス	（静岡市駿河区）
静岡沼津オフィス	（静岡県沼津市）
山陰オフィス	（鳥取県米子市）
石垣島オフィス	（沖縄県石垣市）
北海道釧路オフィス	（北海道釧路市）

ーティングなどの業務に多言語で対応しています。

医業専門部署を設置
あらゆる角度からサポート

セブンセンスはこれまで多くの医業クライアントに関わる機会をいただき、経営支援に力を入れてまいりました。新規開院や分院の設置、資金計画、人事・給与制度の構築、電子カルテの導入など、あらゆる角度からのサポートが可能です。

更に、医療法人化シミュレーションや合併・買収（M&A）、後継者対策やハッピーリタイヤメントのサポートなど、事業拡大や事業承継に関するご相談にも対応いたします。現在は250件を超える医科・歯科クライアントをサポートしています。

2022年4月パワハラ防止法の施行
ハラスメント窓口の代行サービスを開始

セブンセンスには社会保険労務士も大勢在籍しており、社会保険・雇用保険にまつわる労務に関する業務も行っています。その中でも今話題のパワハラ防止法ですが、2022年4月、中小企業にも職場のハラスメント対策が義務化されました。

そこで社内にハラスメント対策のノウハウのない中小企業様向けに特化して「SSGハラスメントダイヤル」を設置し、サービス提供開始。働きやすい環境づくりに力を入れている企業として、採用や人財の定着など企業価値向上に寄与します。

ITを駆使して5年先をいく
会計事務所を目指しています
DXの普及活動のサポート

昨今のコロナ禍によってますますDX化が進み、社会変化が見られます。セブンセンスでは他の会計事務所に先駆けて20年以上も前からIT専門部署を設置して、業務のデジタル化を積極的に推進し、質の高いサービスを提供することで、早くからDXを実現してきました。その先見性や知見を活かし、デジタル専任者が中心となって2019年7月に「中小企業DX推進研究会」を設立。日本全国の士業事務所やお客様に対するDX支援の本格稼働を行っています。

コロナ関連の補助金、助成金・
支援金申請などもお任せください
認定支援機関に登録があります

国や自治体から様々な支援策が出ていますが、お客様によって「利用できるもの」と「利用できないもの」、あるいは「要件が厳しくて実現が難しいもの」などがあり、内容は様々です。

セブンセンスは、コロナ支援策に関する新しい情報を常にグループ内で共有し、それぞれのお客様に合ったご提案を行えるよう、体制を整えています。どうぞお気軽にご相談ください。

5

2003年度版から5回選出

辻・本郷 税理士法人

辻・本郷 グループ

事務所の特徴

①顧問先数15,091件。豊富な経験と実績が強み。
②相続税申告件数（年間）3,086件。業界トップクラスの実績。
③全国81拠点。身近な存在として安心してご相談いただけます。
④辻・本郷 グループの各専門家と連携しワンストップサポート。
⑤国税出身税理士を中心とした「審理室」を構え、税務調査に強い。

Web・SNS

Webサイト https://www.ht-tax.or.jp/
Facebook @HTTAX
Twitter @HT_TAX

「安心のトップブランドカンパニー」豊富な経験と実績で皆様をご支援

辻・本郷 税理士法人は、東京新宿に本部を置き、日本国内に81拠点、海外に5拠点（2022年10月現在）をもつ国内最大規模の税理士法人です。

約1，800名のスタッフは税務コンサルティング、相続、事業承継、M&A、スタートアップ、医療、公益法人、移転価格、国際税務など各税務分野に専門特化したプロ集団。豊富な経験と長年の実績によるノウハウで、お客さまの多様なニーズにお応えしたサービスを提供しております。国税出身の税理士も多数在籍しており、「安心のトップブランドカンパニー」をVisionに掲げ、お客さまに高いクオリティと安心をお約束します。

また辻・本郷 グループ内の弁護士、司法書士、行政書士、FP、社会保険労務士などの専門家や、バックオフィスツールの導入支援、経営支援、補助金申請担当と連携し、大手ならではの組織力を活かした、ワンストップのサポートをいたします。あらゆる相談に窓口が一括で対応するため手間と時間を大幅に削減。ご要望に応じてオンラインを活用したリモート面談も実施しております。

全国に相続センターを併設

当法人は北海道から沖縄まで全国に拠点を構え、各事務所に相続センターを併設しています。生前の相続対策から相続税申告書の作成、相続した財産の管理など、あらゆるご相談に対応し、辻・本郷のネットワークでお客さまに余計な経費のご負担をかけることはありません。相続人の居住地から離れた場所に遺産がある方、地元の税理士に財産を知られるのを避けたい方も安心してご相談いただけます。

女性の専門スタッフも多く、プライベートな話題に及ぶこともある相続相談では女性の相続人さまにも「同性の女性スタッフには話しやすい」と大変好評です。相続税の年間申告数は3，086件（2020年10月～2021年9月）と業界トップクラスの実績です。

各事務所では個別相談会も行われてい

スマートフォンからのお問い合わせはこちらから

事務所概要

代表社員　公認会計士／税理士　徳田 孝司

辻・本郷 税理士法人理事長。昭和55年、監査法人朝日会計社（現あずさ監査法人）に入社。昭和61年、本郷公認会計士事務所に入所。平成14年4月、辻・本郷 税理士法人設立、副理事長に就任し、平成28年1月より現職。東京税理士会四谷支部所属。

辻・本郷 税理士法人／辻・本郷 グループ

設　立：2002年4月1日
代表者：徳田 孝司
従業員数：1,811名（税理士274名、公認会計士56名）

本部所在地
〒160-0022
東京都新宿区新宿4-1-6　JR新宿ミライナタワー 28階
TEL 03-5323-3301(代表)　FAX 03-5323-3302
フリーダイヤル 0120-730-706

ますので、お気軽にご相談ください。

多種多様なセミナー、旬の情報を発信！

ビジネスのヒントとなる経営セミナーや相続セミナー、実務で役立つ税務・会計セミナーなど様々なテーマのウェブセミナーを開催しています。インボイスや電子帳簿保存法に関するセミナーは好評につき再配信を行うなど、人気のテーマです。

経営者・後継者のための人材育成プログラムも毎月開講。経営講座や著名な経営者をお迎えしての対談講座、情報交換会など、経営者育成支援に取り組んでいます。

コーポレートサイトではセミナー情報や、税に関するお困りごとを解説するYouTubeチャンネル、税務コラム等、旬の情報を発信していますので、ぜひご覧ください。

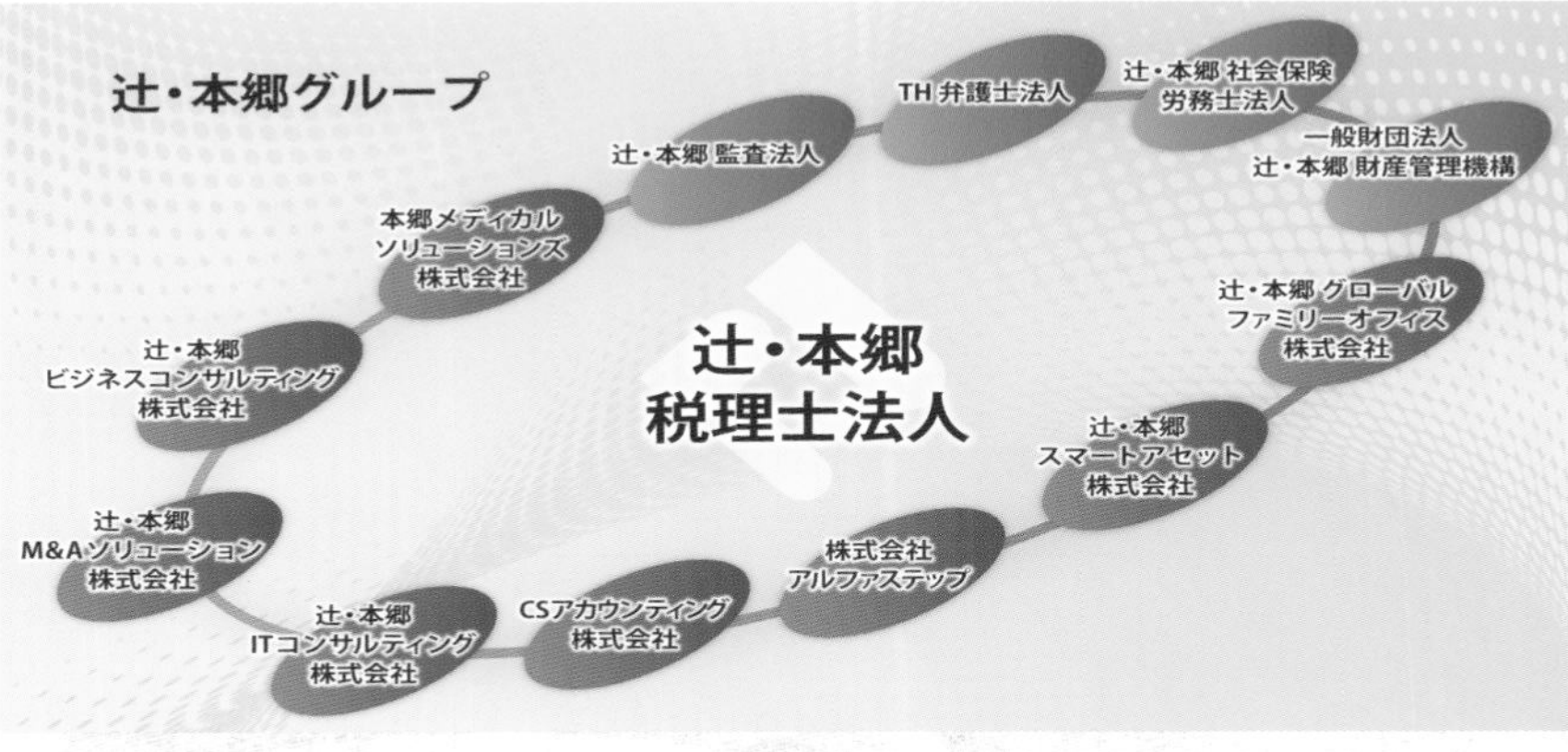

らいふ経営グループ

税理士法人西川会計

認定経営革新等支援機関

10

2004年度版から10回連続選出

事務所の特徴

社会保険労務士法人を併設しているのが強み。税理士法人が儲けるための仕組みづくりをご支援し、社会保険労務士法人がそれを実現させる組織づくりをご支援する。人とお金を一体となってサポートするのが、らいふ経営グループの特徴です。
私たちが皆さんに提供している価値は、「断面的な問題解決」と「継続的な相談役」です。

Web・SNS

Webサイト　https://www.nishikawa-kaikei.co.jp
E-Mail　lifeman@nishikawa-kaikei.co.jp
Facebook　税理士法人西川会計（東京都北区の会計事務所）

お客様を守る5つの視点

私たちは、「税務会計」「人的防衛」「財産防衛」「企業防衛」「経営支援」の5つの視点で会社の状態を「見える化」し、そのお客様ごとに改善提案を行っています。

「税務会計」という視点で会計で儲ける力を会社に根付かせ、「人的防衛（人事・労務）」の視点で会社が存続し続けることができる組織づくりをご支援します。「財産防衛」と「企業防衛」の2つの視点は経営者のライフプランを支援する土台（両足）となるサービス。そして、それらすべてをコントロールする経営者の視点。経営者の相談役として経営者の脳内整理を行い、コーディネーターとしてその想いの実現を後押ししていくことが私たちの仕事だと思っています。

　税理士法人西川会計を中心とするらいふ経営グループは、この5つの視点を実践してお客様を力強く支援するための専門家グループです。監査担当者とその上司、税理士、社会保険労務士、CFP、金融アドバイザーなど、それぞれの専門家が「チーム」として複眼的なトータルサポートをいたします。

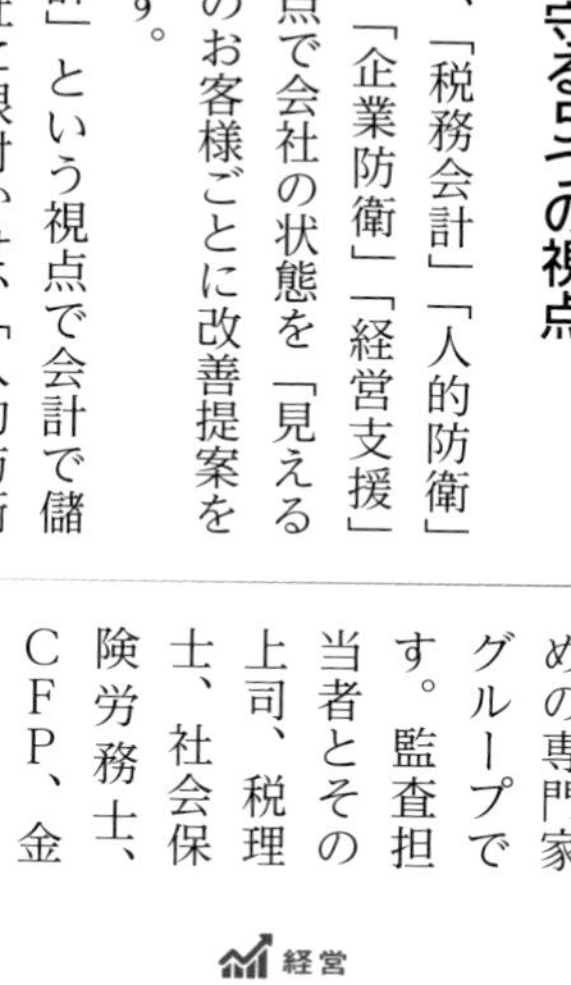

社長は本業に専念してください

担当させていただく監査担当者が、税務・会計の専門知識を有したトータルコーディネーターとなり、社長様が抱えている問題課題を一緒に整理し、優先順位をつけ、スケジュール化することで、ひとつずつ一緒に課題を乗り越えていきます。社長様は安心して社長業（売上を上げること、会社の未来を考えること、社員を教育すること）

スマートフォンからのお問い合わせはこちらから

事務所概要

代表社員税理士　西川 豪康

らいふ経営グループ代表。税理士。昭和47年生まれ。専修大学法学部卒。東京税理士会王子支部所属。
平成16年に税理士法人西川会計の代表社員税理士に就任。顧客の40%が理美容業という美容業に特化した会計事務所として、理美容室の創業から出店支援、労務問題など幅広くサロン経営を支援している。また自身の2代目としての経験を活かし、顧問先の事業継承の支援を行っている。

《らいふ経営グループ》
・株式会社ライフ経営（各種コンサルティング）
・社会保険労務士法人らいふ社労士事務所（社会保険業務、就業規則作成、各種助成金申請）
・行政書士法人らいふ行政書士事務所（遺言相続書類作成、経審等各種許認可）
・株式会社らいふ保険サポート（生命保険及び損害保険代理店）
・有限会社アイ・ネットサービス（経理代行・給与代行）
・各種サムライネットワーク（弁護士、公認会計士、司法書士、不動産鑑定士等）

に取り組んでください。

美容室経営を支援する専門部門があります

理美容室の創業支援から出店計画、資金計画、給与制度の構築など、幅広くサロン経営をサポートする部門があり、サロン業界ならではの問題を着実に解決していきます。多店舗展開されているサロンには、経理の合理化や、FC化などのグループ経営の組織づくりを、会計・労務の両側面からご支援いたします。

理美容版戦略マネジメントゲームも開催しており、サロン経営の疑似体験を通して経営の全体像を理解し、決算書の基礎知識も学べます。スタッフの教育プログラムとしても最適な研修です。また、業界内での講演・執筆も行っております。

お客様と共に

税理士法人西川会計は、今年創業56年を数えました。「お客様に寄り添いお客様を守る」。どんなに時代が変わっても創業の精神であるこの思いを大切にずっと守ってまいります。

☆「一日企業ドック」「次世代経営者勉強会」「税制改正セミナー」「インボイス対応セミナー」「労務改正セミナー」「経理合理化セミナー」「後継者塾」「理美容版戦略マネジメントゲーム」など、各種セミナーも随時開催しています。

らいふ経営グループ
税理士法人西川会計
認定経営革新等支援機関
〒115-0044
東京都北区赤羽南2-4-15
TEL　03-3902-1200
FAX　03-3901-5600
総社員数　85名

税理士法人早川・平会計

たいら公認会計士事務所　平行政書士事務所

事務所の特徴

- 相続税贈与税申告全般　取扱件数年間 50 件
- 相続対策、節税対策　取扱件数年間 50 件
- 遺言書作成サポート　取扱件数年間 20 件
- 相続税セカンドオピニオン　取扱件数年間 10 件
- 法人、個人税務顧問　顧問先数 400 件

Web・SNS

Webサイト　www.ht-souzoku.com　　Facebook　@ht.consulting

E-Mail　support@ht-tax.com

2021年度版から2回連続選出

相続の専門家であり調整役 相続人みんなの幸せを目指す

創業から30年以上、神田に事務所を置く当事務所は、相続に関する案件を年間130件以上担当しています。私共の特徴は、すでに税理士が着手した案件もセカンドオピニオンとして精査することです。その結果、節税や資産確保ができたお客様がたくさんいらっしゃいます。

ていねいなヒアリングで 相続人の声に耳を傾ける

「節税と低料金が最優先の方はご遠慮ください」とはっきり申し上げております。私たちは相続人の幸せを如何に実現するかを考えます。相続税を減らすことは重要ですが、例えば一次相続の場合、二次相続の場合を考慮せずにいると、二次相続時に支払えないほどの相続税が課せられる例もあります。どのような対策を取るにしても、もちろん推定相続人、相続人の合意が必要です。そのため当事務所では、ていねいなヒアリングを行い、相続人全員が不自由なく事業や生活を営める対策を考えています。

例えば、同族会社の経営者の男性（被相続人）がなくなり、90歳の奥様が8000万円の現金を相続し、配偶者控除を使うこととなった事例。担当した税理士へ依頼したのは、実質的同族会社の経営者である長女夫婦でした。この税理士は、名ばかりの役員である次女に5000万円の役員貸付金を相続させるという提案をしていました。名前だけの役員なのに貸付金を相続し、相続税を支払わなければならなくなった次女の方が、本当にこの分割提案が適切なのか、疑問に思って当事務所にセカンドオピニオンを求めて来所されました。

確認や納得のための セカンドオピニオン

当事務所の特徴の一つが「セカンドオピニオン」です。税理士の提案が最善なのか、これが相続人にとって一番の選択

スマートフォンからのお問い合わせはこちらから

事務所概要

代表社員　公認会計士・税理士・行政書士　平 善昭

1963年生まれ。1986年明治大学商学部卒業。同年サンワ・等松青木監査法人（現、有限責任監査法人トーマツ）入所。1995年同社を退社。たいら公認会計士事務所設立。2002年税理士法人早川・平会計を設立し代表社員就任。上場会社から中小企業の税務顧問として、組織再編や連結納税を得意分野とする。近年、事業承継、相続などの分野を拡充している。東京税理士会神田支部所属。

税理士法人早川・平会計／たいら公認会計士事務所／平行政書士事務所

創　業：1983年
代表者：平 善昭
職員数：16名（税理士8名、公認会計士2名、行政書士2名）

所在地
〒101-0048　東京都千代田区神田司町2- 10
安和司町ビル2階
TEL 03-3254-2171　FAX 03-3254-2174

なのか、疑問に思うことがあった場合、一般の方が自らの手で確認するのは困難です。当事務所では、当初担当した税理士に迷惑をかけることなく、申告書や資料を精査し、あらたな提案を行います。

前段の例では、当事務所で精査した結果、前税理士の計算間違いを発見いたしました。さらに相続人それぞれの状況と、二次相続を考えて、役員貸付金はお母様が相続、子どもたちが現金を相続という形に落ち着き、全員にご納得いただきました。

相続税申告期限は、被相続人死亡から10ヶ月以内。相続人が依頼していた税理士があと3ヶ月という段階で提案してきた遺産分割案に疑問を持ち、当事務所に駆け込んでくることもあります。このような締め切り間際でも、分割案に対してのコメントを出してご納得いただいた例もあります。

相談しやすいシステム 初回は無料、電話も可

もちろんファーストオピニオンとしての相続前、相続発生後の相談にも対応します。相談しやすさを考え、初回の相談は無料となっています。当事務所では、初回にかなり深掘りしてお話を伺います。ご相談にいらした方はピンポイントで聞きたいことがあるかもしれませんが、相続人皆様の幸せを考えるには、詳細な情報が必要となるからです。

ていねいなヒアリングが、皆様の幸せな相続の実現に必ずお役に立てると思うからこそ、皆様から信頼され、多数のご依頼を受けております。

相続専門の税理士がお話を伺います。電話での相談も受け付けておりますので、お気軽にご連絡していただければと思います。

5

2015年度版から5回連続選出

ファイブグッド税理士法人

ファイブグッド株式会社

事務所の特徴

代表の税理士が事業経営の経歴を持っており、経営者目線でのサービスと提案を行っております。また、あらゆる人脈を有し、事業経営のアドバイスを行っており、お客様に好評な事務所です。
弁護士、社会保険労務士、司法書士、行政書士などの士業ネットワークによりワンストップで中小企業における色々なご相談に対応できます。
元銀行員の融資担当者が数名在籍しているので、事業計画作成などのサポートをし、資金調達に強い事務所です。
国税ＯＢ税理士が事務所に在籍しているので、法人税、相続税、消費税、所得税の各ジャンルの税務問題対応に定評があります。
スタッフ平均年齢35歳で他業種経験がある若いスタッフが多い活気のある事務所です。
交渉に強い代表税理士と税務調査経験が豊富な国税ＯＢ税理士のノウハウにより、税務調査に強い事務所です。

Web・SNS

Webサイト　https://faccount.jp/
E-Mail　info@faccount.jp
Facebook　ファイブグッド税理士法人

中小企業モデルを目指しています

私たちの事務所は平均年齢35歳という若手の会計事務所で、私たちの事務所自体も成長企業となります。持続的に皆様の見本となれるよう色々な活動に積極的に取り組み理想的な中小企業モデルを目指しております。

私は、スタッフみんなが人として成長できる環境を整備し、積極的に働き方改革に取り組んでおります。スタッフ一人一人が物心ともに満足できる職場環境を作るために共に考え、最高の職場環境にするために日々努力しております。テレワーク導入、退職金制度導入、産休や育児休暇などを導入致しました。今後も時流に見合った働き方に取り組んでいきます。

私たちのスタッフの元気がなく、職場に満足していなければお客様へ素晴らしいサービスをすることはできません。挨拶、礼儀、身だしなみ、整理整頓、清掃など社会人として当たり前のことをしっかり行うことに重点を置いております。

朝礼前に私も含め全員で掃除をし、朝礼では挨拶の練習、身だしなみチェック、経営理念と行動指針、その日の業務内容を共有し、仕事を始めております。また、スタッフみんなのコミュニケーション能力を向上させ、お客様との意思疎通を正確かつスピーディに行うために日々精進しております。

職場で仕事をするだけでなく、人間性を高められる場を目指しております。

『五方よし』精神を心掛けてのサービス

私たちの事務所名ファイブグッド税理士法人は『五方よし』から名付けられました。私たちは『お客様の力となるために、最善のアドバイスを提供できる最良のパートナーを追求し続けます』をテーマに、お客様の立場に立ってサービスすることを心掛けております。お客様からは業務量に応じた適正金額を頂き、最高のサービスをし、お客様、会社、従業員とその家族、社会、未来の五者が満足できる『五方よし』の精神を大切に、関わる全ての人たちが幸せになることを目指しております。

ファイブグッド5つの行動指針 Good Relationships Good Solutions

- 【共感力】
お客様の立場や気持ちに立って、共に悩み、解決へ導きます。お互いにとって良好な関係を築きます。
- 【専門性】
税務、会計の専門家集団として、経験で培った技術と知識を研ぎ澄まし、能力を最大限に引き出します。
- 【提案力】
お客様と歩調を合わせ、分かりやすくお伝えすることを心掛け、期待を上回る提案をします。
- 【対応力】
常にお客様を思いやることはもちろん、満足感を感じていただけるスピードで対応します。
- 【ネットワーク】
お客様のあらゆる期待・要望に応えるため、社内に限らず、さまざまな人と繋がり、情報を取り入れ、最適な解決へ導きます。

スマートフォンからのお問い合わせはこちらから

事務所概要

代表税理士
古屋佳男

ファイブグッド税理士法人代表税理士。行政書士。昭和48年生まれ。平成19年、税理士事務所を開業。平成24年、行政書士事務所を立川市に開業。令和3年9月に古屋総合事務所からファイブグッド税理士法人となり、八王子市に支店設立。

【関わる全ての人たちを元気にし、感謝される会社にする】を経営理念とし、中小企業の事業の成長・拡大を全力でバックアップするため活動しております。売上高数百万円から数百億円以上の会社まで様々なお客様を支援しております。東京税理士会四谷支部・八王子支部所属。

ファイブグッド税理士法人
ファイブグッド株式会社

創　業：平成19年6月26日
法人設立：令和3年9月1日
代表者：古屋佳男
職員数：26名（グループ会社含）
2022年4月現在
社員税理士：1名　提携税理士：2名
〈新宿事務所〉〒160-0022
東京都新宿区新宿4-3-17
FORECAST新宿SOUTH3階
CROSSCOOP内307
〈八王子事務所〉〒192-0084
東京都八王子市三崎町5-8
KIN-RINビル1・2階
〈ファイブグッド行政書士事務所〉
〒190-0002　東京都立川市幸町1-36-11
0120-588-268　FAX 03-6457-7366

経営者目線で事業の成長、拡大を全力でバックアップ

経営者の皆様が本業に専念できるように、記帳代行をはじめ給与計算、売掛金チェック、請求書代理発行などのあらゆる経理サポートや経理事務の合理化をサポートさせて頂いております。経営者の皆様は、日々の本業業務に追われて会計を後回しにする場合があります。経営者の皆様に会計、経理の重要性を理解して頂き、数字に強い経営者になって頂きたいと考えております。経理、会計の環境整備ができた後は単なる税務や会計などの代行業務を行うだけではなく、経営者の皆様と数字から読み解く情報を共有し、今後の課題について説明させて頂きます。経営者の皆様の所得を最大化することについても重要視しております。

中小企業に重要な資金繰り、融資をサポートする体制はもちろん、経営上のあらゆる課題を解決するために、弁護士、司法書士、社会保険労務士、行政書士などネットワークを構築しております。

どこに相談したらいいかわからないことはまずは私たちへご相談ください。

新規創業者の支援

私たちは、新規創業者の支援には特別に力を入れています。創業のお客様の場合、最初は安定するまでに時間を要する方も多いので、価格はとても抑えて設定しています。創業時にはわからないことばかりで不安を感じている方も多いのですが、私たちが、必要な手続きや将来的な備えのこと、そして、今後のリスクについて丁寧に解説し、提案していくようにしています。

創業者の事業プランをお聞きするときは、本当に心が躍りますし、私たちもつい力が入ってしまいます。多くのお客様と、夢を語りあって、そしてその夢を形にしていくお手伝いをしたいと心より願っています。

課題の解決は事業計画から

私たちは、経営者の悩みをお聞きしたときに、その問題を解決するため、計画の作成からご提案することにしています。現状の業績や問題点を分析し、経営者の頭の中にある「どうなりたいのか」「どうあるべきなのか」をヒアリングしていきます。そして、漠然としたイメージを、具体的な数字や行動に落とし込み、「事業計画」にまとめ上げます。これによって、課題と、それを解決するために何をすべきかが明確になるのです。

次に、このやるべきことを着実に「行動」に移していく、そして結果を検証して、計画や行動を修正していくという仕組みが必要になってきます。私たちは、その仕組みが会社の中で構築できるようにサポートしていきます。

この一連の流れによって、経営者の悩みが解決され、健全な経営体質が実現されていくのです。皆様が健全、堅実な経営を実行するために、そして皆様の夢・目標を実現するために、まず、事業計画から始めましょう。

ベリーベスト税理士事務所

税理士法人ベリーベスト VERYBEST税理士法人
株式会社ベリーベストサポートオフィス

初選出

事務所の特徴

①弁護士、司法書士などと連携した総合士業事務所としてワンストップサービスをご提供
②法人、資産税、国際など幅広い税務分野でワンストップサービスをご提供
③MBA、税務訴訟補佐人、M&Aコンサルなどのスタッフにより、経営課題もワンストップで対応
④ベリーベストグループは全国61拠点、オンラインシステムの対応もあり、場所を問わずサービスをご提供

Web・SNS

Webサイト　https://www.vbest-tax.jp/
E-Mail　info-zeirishi@vbest.jp
Twitter　ベリーベスト税理士事務所
YouTube　ベリーベスト税理士事務所_税務情報発信チャンネル

専門家集団ベリーベストとして、ワンストップ対応

グループ法人であるベリーベスト法律事務所の弁護士および社会保険労務士法人の社労士、その他グループ内の司法書士、弁理士と連携し、ワンストップであらゆるご相談に対応が可能です。

グループ内で全ての手続きが完結するため、複雑なやり取りに苦労することがありません。

21名の税理士＋約３５０名の弁護士＋社会保険労務士＋司法書士＋弁理士の専門家集団が、お客様のお悩みを多方面から全力でサポートいたします。

税務のあらゆる分野においてワンストップサービスをご提供

ベリーベスト税理士事務所は、法人部門、資産税部門、国際税部門、ＦＡＳ部門、監査部門から構成されており、お客様のあらゆる税務課題について解決することが可能な体制を整えています。

特に事業承継や相続については、弁護士、司法書士との連携により、充実したサービスの提供が可能となっています。

また、税務訴訟補佐人と弁護士の連携により、複雑化した税務調査案件についても対応することが可能です。

経営に関するサポートについてワンストップサービスをご提供

ベリーベストには、ＭＢＡ、Ｍ＆Ａシニアエキスパート、税務訴訟補佐人、国税庁出身、他業種出身など、さまざまなバックボーンを持つ税理士が在籍しております。

税務という限られた視野だけではなく、さまざまな複眼的な視野からのアドバイスをご提供しています。

特にＭ＆Ａに欠かせないデューデリジェンスにおいては、税務・財務の視点からだけでなく、法務、労務、ビジネスの観点からアドバイスすることが可能であり、お客様からご好評をいただいています。

スマートフォンからのお問い合わせはこちらから

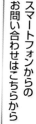

事務所概要

代表税理士　岸 健一

ベリーベスト税理士事務所代表税理士。
税理士、行政書士、MBA。2012年にベリーベスト税理士事務所を設立し、代表税理士に就任。企業経理の合理化支援、企業再編、財務を中心としたコンサルティングに強みを持ち、経営者にとっての頼れるパートナーを目指し、尽力している。東京税理士会神田支部所属。

ベリーベスト税理士事務所
創　業：2012年12月1日
代表者：岸 健一
職員数：95名（税理士21名、行政書士1名、社会保険労務士1名）

所在地（本店）
〒106-0032
東京都港区六本木一丁目8番7号
MFPR六本木麻布台ビル11階
TEL 03-3288-0511　FAX 03-5215-5811

またIT活用による経理合理化やバックオフィスの再構築支援などにも強みを持ち、中堅企業における組織再編のパートナーとしても選ばれています。

場所を問わずサービスをご提供

遠方のお客様の場合、電話やパソコンによるオンラインシステムでもご相談が可能です。

ご状況に応じて、担当税理士がお客様のもとに、お伺いいたします。

また、ベリーベストグループは、全国61拠点と海外2拠点を展開しております。

インターネットを通じた情報提供

ベリーベストは契約いただいているお客様や登録いただいているお客様に対して、隔週での税務、法務、労務などに関するメルマガを配信。

また、YouTubeやTwitterからも最新の税務情報の発信を行っております。

お客様に常に最新の情報をお伝えしながら、経験豊富な税理士などの専門家がお客様の状況に合わせたアドバイスをご提供しております。

会計事務センターによる業務の効率化

グループ会社の株式会社ベリーベストサポートオフィスにおいて、50名前後のスタッフを雇用し、さまざまな事務処理に対して迅速に対応できるように仕組み化しています。

今後の展開について

2022年より、ベリーベスト税理士事務所は全国展開をスタートいたしました。

今後も、より多くのお客様をサポートできるよう歩みを進めていきます。

ベンチャーサポート税理士法人

6

2013年度版から6回連続選出

事務所の特徴

弊社は「ベンチャーサポート」の社名が表すとおり、会社設立の支援に始まり、今からビジネスを伸ばしていこうとする起業家のサポートを得意としています。
起業直後だからこそ、経理や税金、融資や雇用など法律の絡むややこしい悩みも何でも気軽に話せる、友人のようなパートナーとしての税理士事務所を目指しております。

Web・SNS

Webサイト　https://vs-group.jp/tax/
E-Mail　vs@venture-support.jp
Facebook　ベンチャーサポート税理士法人
Twitter　ベンチャーサポート税理士法人／公式アカウント

低料金なのに手厚いサービス！起業家支援に特化した税理士

税理士業界では、安い月額費用であればサービスもそれなりで連絡も途切れ途切れ、高い月額費用を払ってようやく税理士がきっちり相談に乗ってくれるというのが当たり前と思われてきました。

しかし、ベンチャーサポートでは、

- 社内業務の徹底したIT化
- データ取り込みによる記帳代行の効率化
- お客様に選んでいただく料金プラン

など、従来の会計事務所とは根本から業務への取り組み方を変え、作業を効率化した分、よりお客様の疑問や不安に向き合うというサービスを、低料金のままで実現することを可能にしました。

作業屋としてではなく、経営に関する法律の相談相手としての長いお付き合いを目指します。

起業家やベンチャー企業の社長に本当に必要なサービスを提供！

ベンチャーサポートがほかの税理士事務所と違う最大の特徴は、社名が表す通り、「ベンチャー企業のサポートを得意とする」点です。

起業をして10年以内の若い会社に、会計や税金だけでなく、許認可や融資・助成金、さらには人材採用や契約書等の法律面まで、全てワンストップで対応できるという点がベンチャーサポートの強みです。

「経営のことで困ったら、どんなことでもまずベンチャーサポートに連絡」。そうお考えいただければ幸いです。

最近は、税理士事務所にも病院と同じく、専門分野があります。そのなかでいかに自社に合った税理士事務所と付き合うかは、経営をするうえで非常に重要な選択です。

起業したての方や、先代から代替わりをした方など、税理士事務所と一緒に成

スマートフォンからのお問い合わせはこちらから

長をお考えの方は、是非ベンチャーサポートへ。お待ちしています！

月額顧問料9，600円～、会社設立は手数料無料の実費のみでサポート！

ベンチャーサポートの料金体系は、お客様の年商規模や、選んでいただくコース内容によって、多様なラインアップとなっております。コストを抑えたいという方には月額9，600円からの顧問サービスもあり、好評を頂いております。

また会社設立は手数料を頂かず、実費のみで設立のお手伝いをしております（司法書士手数料を弊社が負担！）。詳しくは弊社ホームページをご覧ください！

「ベンチャーサポート」で検索していただきますと便利です。

税理士って、堅くて小難しいイメージありませんか？

実際に税理士を選ぶときは、料金だけでなく「話しやすいかどうか」が非常に重要です。難しい専門用語を使ったり、偉そうな話し方をする税理士には本音で相談できないものです。ベンチャーサポートは、とにかく何でも相談できる話しやすい税理士事務所です。

社員の採用は「コミュニケーション能力」を最重要視しており、明るく楽しい雰囲気でお付き合いさせていただいています。「経営者と友人のようにお付き合いをする」が、ベンチャーサポートの理念です。「こんなことを相談していいのかな？」と悩むことなく、どんなことでもご相談ください！

事務所概要

代表社員 税理士　中村真一郎

昭和50年生まれ、愛媛県出身。
26歳のときに税理士登録後、多くの企業の会社設立、会計業務立ち上げを経験し、独立の大変さを肌で感じ、税理士の使命は中小企業経営者のよき理解者となり、共に発展していくことだと強く認識する。平成15年8月ベンチャーサポート総合会計事務所を設立。現在も変わらず「起業家を全面的にサポートする」ことを人生最大の使命と考えている。
東京税理士会京橋支部

ベンチャーサポート税理士法人
職員数：1080

〈渋谷本社〉
東京都渋谷区渋谷1-15-21-8F
TEL 03-5468-0823

〈横浜事務所〉
神奈川県横浜市西区北幸1-11-15-1F
TEL 045-620-0217

〈大阪事務所〉
大阪市北区梅田1-1-3-25F
TEL 06-4797-0101

〈その他、東京（新宿・日本橋・池袋・銀座・恵比寿）、大阪（梅田・難波）、名古屋、福岡、仙台にも事務所があります〉

MIKATA
ミカタ税理士法人
MIKATAグループ

2007年度版から9回連続選出

事務所の特徴

①創業28年、お客様数4,800件以上
②従業員数317名（グループ連結）
③法務・税務・労務業務におけるワンストップ体制の提案力
④200以上のソリューションを自動判定できる独自システム
⑤ミカタ独自の「ビジネス＆ライフ・コンサルティング」

Web・SNS

Webサイト　https://mikata-c.co.jp/　　E-Mail　contact-form@mikata-c.co.jp

企業の黒字化、更なる永続繁栄をご支援経営と人生の味方に

企業の事業環境は、新型コロナ感染症に加え、国際紛争を起点とする資源の流通難、資源価格・物価上昇、日本の為替変動など、これまで遭遇したことの無い変化が生じております。高齢化・少子化等の構造的な課題に加え、見定め切れない様々な環境変化への備えの必要性が高まっており、企業の皆様におかれては、激動の時代に直面している、といえるのではないでしょうか。

弊社は従来、中小企業の黒字化を支えることを使命に、中小企業オーナー様の手取りの最大化に当たって参りました。則ち、利益を出して納税しても会社に資金が留保され、それを原資に変化への投資や対応を図る、そのような正の循環を通じ、結果として強い会社となって頂くことを目指しています。

また、国税庁発表の「令和二事務年度法人税等の申告（課税）事績」によれば、税務申告をした法人のうち、黒字申告は35・0％とのことで、7割ちかくが赤字の中、弊社のお客様は黒字申告が55％という現状となっており、バランスのとれた「適切な節税」と「黒字化」を以て、法人・個人を一体と考えた強い財務基盤を持つ会社創りを支えていきたいと考えています。

ソリューションメニューをシステム化潜在的なお客様の変化の需要を支援

強い財務基盤を、法人・個人一体で築く上で必要となることは、適切な方策を適時に行うこと、それを支えるために、ミカタ税理士法人では、それぞれの担当がお客様へのコミュニケーションをチャットやオンライン、オフライン面談などお客様の状況に応じて丁寧に対応できるように工夫しています。

また、お客様の複雑な経営課題や財務課題など、様々な問題に全方位的に対応していくため、ミカタ税理士法人では、

スマートフォンからのお問い合わせはこちらから

事務所概要

MIKATAグループ総代表　柴田 昇

MIKATAグループ（ミカタ税理士法人、ミカタコンサルティング株式会社、ミカタ司法書士法人、ミカタ社会保険労務士法人、ミカタ行政書士法人 他）総代表。税理士。1964年生まれ。1994年、ミカタ税理士法人の前身となる柴田会計事務所を設立。経営者・資産家の財産を守るコンサルティング（ひ孫の代まで見据えた相続・事業承継対策）を強みに「社員満足度日本一」を目指し、日々、人財の育成に取り組んでいる。近畿税理士会北支部所属。

ミカタ税理士法人
創　業：平成6年　　代表者：柴田昇
職員数：317名〔税理士（試験合格者含む）34名、税理士試験科目合格者38名、公認会計士1名、行政書士10名、社会保険労務士9名、宅地建物取引士11名〕
所在地：〈東京本社〉〒100-0005　東京都千代田区丸の内2丁目2-1　岸本ビルヂング8F
TEL 03-6256-0100

製販分離を行い現場の提案時間の確保ができる体制を構築し、また専門機能（ソリューションや相続、事業承継など）を配置し、横串で機能できるような組織体制を整え顧客ニーズに合った提案を行っております。

スタートアップからひ孫世代まで ビジネス&ライフ・コンサルティング

２０２２年９月に旧ＳＢＣグループはクリエイティブディレクター佐藤可士和氏、クリエイティブディレクター・コピーライター斉藤賢司氏を起用し、ＳＢＣグループからＭＩＫＡＴＡグループに社名を変更しました。

それに伴い、ミカタ税理士法人では、「事業を育てる（会社経営）」「人生を豊かにする（資産形成）」「志をつなげる（事業承継）」の３つの大きなメニューを掲げ、中小企業オーナー様の事業フェーズに沿った提案を法務・税務・労務での最高レベルのソリューションを起点に、多彩な専門家とのアライアンスによる全てのサービスをワンストップで迅速に提供できるようにサービスラインも改めて再定義しました。

赤字会社を黒字に。黒字会社をもっと黒字に。

ミカタ税理士法人は、今回の社名変更、リブランディングに伴い、さらなるグループの強みを活かし、グループ横串でのソリューション機能を高めていくと共に、事業承継や相続対策などの専門チームとのシナジーを生み出し、全国のお客様に向けたコンサルティングサービスを展開して参ります。

赤字会社を黒字に、黒字会社をもっと黒字にし、ひ孫の世代まで永続繁栄していける伴走をし、日本中の企業を元氣にすることでそこに関わる全ての人がより豊かな人生を送れる未来を創っていく味方となれるように邁進していきます。

税理士法人矢崎会計事務所

事務所の特徴

- 練馬で70年の実績と伝統
- 弁護士だけでも10名から選べる！ 100社以上の専門家／提携先が実現する総合経営サポート
- ITを駆使した効率的かつ効果的な経営／売上UP支援
- コロナ禍でも新規のお客様が絶えない!? 的確な補助金／助成金の提案／情報力
- 相続税申告件数300件以上の実績
- 事業承継支援
- 金融機関との連携による融資交渉（創業融資含む）
- 飲食店オーナー支援、IPO支援、M＆A支援
- WEB（非対面）面談も可能

Web・SNS

Webサイト https://yazaki-kaikei.com/
E-Mail info@yazaki-kaikei.com
Facebook yazaki.kaikei
Twitter @gaiking2013

練馬区で70年の実績 コロナ禍でも多くのお客様からお問い合わせ頂いております

当事務所は、70年以上練馬区で地域の皆様のご支援をさせて頂いております。会計業界の中ではいち早くＩＴやクラウドサービスを用いて、お客様の経営や売上ＵＰ支援にも尽力してまいりました。

また、コロナ禍で多くの中小企業様が尽力している中、１００社以上ある提携先と連携して、最新の補助金や助成金、融資等の情報を即座に提案、申請補助をすることで、多くの顧問先が現在も経営を存続させることができております。

お客様の悩みを根こそぎ解決する体制

当事務所の理念は「笑顔を結ぶ幸せの懸け橋」になることです。そして、幸せの懸け橋となるためには、お客様の全ての悩みを解決できなければならないと考えております。しかし、全ての問題を税理士単独で解決するのは不可能です。なので、当事務所では１００社以上の専門家と連携することで、常に変化する環境や法律に対応し、お客様へ最善の策を提案できるようにしております。士業連携はもちろんのこと、経費削減支援、保険提案、不動産有効活用、人材紹介、補助金・助成金獲得支援、事業再生支援、Ｍ＆Ａ支援、ＩＰＯ支援、販路拡大支援等、他にも幅広いネットワークを持つ当事務所なら、迅速に、的確に問題を解決できます。

円満な相続を実現するために

練馬区には地主様が多く、相続税の申告案件も３００を超える件数を行ってまいりました。申告はもとより、遺産分割手続き、納税資金の確保、二次相続対策支援、不動産の売却支援、アパート空室改善支援等をワンストップで対応します。

なお、相続の本来の目的は、相続税を節税することではなく、遺された方が明るく円満に幸せに暮らすことだと考えております。そのためには、財産を譲り渡す方から譲り受ける方へ想いもしっかり

スマートフォンからのお問い合わせはこちらから

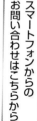

事務所概要

名誉会長 税理士　矢﨑一郎

昭和21年生まれ。明治大学商学部卒。北條恒一事務所を経て矢崎会計事務所へ入所。地域に密着したサービスを行ってきた。東京税理士会練馬東支部所属。

代表社員 所長 公認会計士 税理士
矢﨑誠一

昭和57年生まれ。平成18年公認会計士試験合格後、監査法人トーマツを経て平成25年税理士法人矢崎会計事務所を設立し、代表社員に就任。幅広い人脈を持ち、あらゆる分野の問題に対処できる体制を整えている。自らが3代目経営者として、業績をV字回復させてきた実績と後継者の悩みがわかる税理士として企業の発展に貢献している。東京税理士会練馬東支部所属。

税理士法人矢崎会計事務所
創業：昭和23年
代表者：矢﨑一郎　矢﨑誠一
職員数：26名
- 公認会計士4名（試験合格者2名含む）
- 税理士4名
- 顧問税理士2名

所在地：
〒176-0005
東京都練馬区旭丘1-67-2
YAZAKIビル1階
TEL 03-3951-5456
FAX 03-3951-5450

相続させることで、円満な相続が実現できるのだと思っています。そのような相続が実現できるように、日々お客様とのコミュニケーションをしっかりととり、相続というテーマをきっかけに、財産を譲り渡す方、譲り受ける方のお互いの想いを理解し合える場を提供することを心がけております。

事業承継サポート

代表の矢﨑誠一が3代目経営者として事業承継を経験し、低迷していた業績をV字回復させてきました。ここで、事業承継支援というと節税対策を中心としたテクニカルな面のコンサルが多く取り上げられていますが、事業承継に直面されるお客様は、儲かる仕組みや企業文化、先代と後継者並びに周辺の親族との感情面の調整等、ソフト面の課題を多く抱えています。このような事業承継に関してのソフト面の苦しみの経験を元に、同じ事業承継で悩まれている経営者をサポートし100年続く企業作りを実現します。

資金調達相談士による預金最大化サポート

多くの経営者は、資金繰りや資金調達等の財務の悩みを抱えていらっしゃいます。お客様の財務の悩みを解決するために、資金調達相談士として財務の勉強を定期的に行い、融資や資金繰りのサポートを積極的に行っております。また、公庫、信用金庫、地銀など豊富な提携先を有することで幅広い資金調達のサポートにより経営者の預金を最大化させる支援を行っております。

飲食店の繁盛サポート

当事務所は、①飲食店に特化した儲かる仕組みづくり、②売上・利益UPを実現するためのメニュー表、チラシ、ポスター、各種ショップツールの企画から作成、③共同購買による材料費削減、④各業者との交渉による経費削減等により、飲食店を繁盛させるサポートを致します。

山下康親税理士事務所

有限会社ゆ～かり計算センター

10

2003年度版から10回選出

事務所の特徴

①経営計画を徹底指導。
②相続・資産税に強い。
③新設法人の経営を徹底サポート。
④資金繰り・資金調達を徹底指導。
⑤医療経営指導に強い。

Web・SNS

Webサイト　https://www.office-y-y.com
E-Mail　info@office-y-y.com

社外ブレーン事務所の構築

当事務所は、お客様の社外にいる専門スタッフとしていつでもお声を掛けていただける「社外ブレーン」という位置付けをしています。

そのため、「大病院型」経営でなく、「訪問介護型診療所」経営のスタイルにこだわり、お客様へ直接訪問し、お客様を含めた全ての従業員・その家族・そのご友人に至るまで、悩みを相談できる雰囲気造りを心がけ、訪問の際にはお客様の元氣と健康にも注意を払っております。

①お客様の社外にいる専門スタッフであるために、税務研究会、資産税対策、税務調査、医業コンサル、インターネット改善などのプロジェクトチームを設置し、お客様のために勉強を実施し、情報を共有しています。

②お客様へ当事務所のサービスをよりリーズナブルに提供できるよう、各種応援団パックをご用意いたしました。例えば、

・**法人設立応援団パック**は法人設立までの登記、届出書類作成提出まで一切お任せ
・**新規開業応援団パック**は、会社を立ち上げたばかりのお客様への月次監査や決算申告のお手伝い
・**医療法人設立応援団パック**は医療法人の許可申請、開設届などセット料金で大変お得に
・**相続・事業承継応援団パック**は弁護士や司法書士等と連携しワンストップサービスをご提供

スマートフォンからのお問い合わせはこちらから

主力三商品

当事務所の主力商品は、決算診断提案書、月次決算報告書、TAXシミュレーション報告書の三大商品です。

①決算診断提案書は、決算書を点数評価し、わかりにくい決算書を会社の強み弱みが手に取るように理解でき、現状分析することで、次期以降の経営のお役に立てていただくものです。

事務所概要

税理士　山下康親

昭和26年熊本生まれ。昭和58年、税理士登録と共に「右山昌一郎税理士事務所」に入所。昭和60年、税理士として勤務した「右山税理士事務所」を退所し、新宿区四谷にて独立開業。昭和63年、相続対策のお客様獲得のために「積水ハウス」の門をたたき、新宿西支店を始めとして各支店の顧問となる。
平成10年、不動産の税金よろず帳（税務研究会出版局）発刊。
東京税理士会中野支部所属。

山下康親税理士事務所／有限会社ゆ～かり計算センター

創　業：昭和60年
職員数：21名（うちパート5名）
　　　　女性10名、男性11名

所在地　〒164-0012
東京都中野区本町3丁目30番14号
コアシティ中野坂上406号、201号
TEL 03-5351-0800　FAX 03-5351-0801

②月次決算報告書は、毎月の経営状況を把握するためのA4ワンシート帳票で、お客様に直にわかりやすくご説明いたします。これは監査翌月にご報告させていただき、内部的に二重のチェックを経た後、お客様の手元に届きます。

③TAXシミュレーション報告書は、期首から6ヶ月及び9ヶ月目に節税対策、納税資金対策をご説明するための帳票で、わが事務所では、節税対策のプロであることは最低条件であります。

ゆーかり倶楽部（異業種交流会）

お客様同士で活発に商取引をしていただき、相互発展を願っております。お客様との対話から、「こういう話なら、あの会社に相談してみよう」といった、積極的関係構築を心がけております。ゆーかり倶楽部は別名「有加利倶楽部」と書き、お客様に利益を加えていただこうという趣旨のもと発足したもので、2ヶ月に1回のペースで外部講師または事務所職員による研修会と懇親会を実施しております。

経営計画の発表

毎年1月初旬に当事務所の経営計画発表会にお客様をご招待して実施しております。この発表会では、当事務所の現状のご報告と、今後どのような方針でお客様のお役立ちになっていくかを明確にしています。これは、経営計画は当事務所を含め中小企業には必要不可欠であるものとして自ら実践垂範しているものです。

経営計画は社長の頭の中にある目標や経営理念を従業員に周知徹底することができ、目標（利益）を明確にすること、ビジョン（夢）を文章で語ることで、企業が一丸となって目標に向かって邁進していくことができます。

税理士法人横溝会計パートナーズ

行政書士法人結い　株式会社プラスファ　株式会社ケイリズム
株式会社結いごと

5
2011年度版から5回選出

事務所の特徴

- 経理代行とコンサルティングを組み合わせた、経営者フルサポートサービス「となりのブレイン」
- 代表が金融機関出身だから融資に強い
- 創業30年超の豊富な経験と実績
- 介護・医療系サポートに強い

Web・SNS

Webサイト　https://www.yokomizo-kaikei.com/
E-Mail　info@yokomizo-kaikei.com
Facebook　税理士法人 横溝会計パートナーズ

多摩地域の未来に貢献する会計事務所

私たち税理士法人横溝会計パートナーズは、東京都国分寺市に本社を置く創業30年を超える歴史ある会計事務所です。

一方、展開している事業を見てみると、会計事務所業界には珍しいほどのベンチャー気質を有し、「社会的意義のある事業を展開する」をポリシーに、会計税務にとどまらず全く新しい付加価値業務に力を入れています。

代表者の横溝大門は42歳。30年の歴史に裏付けされた経験とノウハウと同時に、中小企業の支援と相続対策のための新しい風を業界に吹き込みます。

未来を創る中小企業の礎を創る

「未来を創る事業者に対して、価値を創出する環境と体制を提供することを通じて、新しい世の中を創造することに貢献する」ことが私たちの経営ビジョンです。

そのビジョンを具現化したサービスが2021年から開始した新サービス「となりのブレイン」です。起業した孤独な経営者に対して、社内のCFO（ブレイン）のような存在となり、社内バックオフィス業務のアウトソーシングから、事業計画策定の支援、人事評価や人材教育までサポートする人事コンサルティング、金融機関からの融資やクラウドファンディングをサポートする資金調達コンサルティング、など経営者の「不安」をフルサポートする体制を敷く業界随一のサービスです。

起業家が一人で始めた事業であっても、社内に経理部長、人事部長、法務部長たちがいるかのようにサポートするという意味で「となりのブレイン」と名付けました。

ウィズコロナの時代となり、これからますます先が読めなくなってくる中で、

となりのブレイン

スマートフォンからのお問い合わせはこちらから

事務所概要

代表社員　公認会計士・税理士　横溝大門

税理士法人横溝会計パートナーズ代表社員。公認会計士、税理士。昭和55年生まれ。明治大学法学部卒。大学卒業後、多摩信用金庫に入社し営業係として勤務した後、脱サラし公認会計士試験に専念。公認会計士資格取得後、有限責任監査法人トーマツ、税理士法人レガシィを経て、現在の税理士法人横溝会計パートナーズの代表社員に就任。東京税理士会立川支部所属。

税理士法人横溝会計パートナーズ　行政書士法人結い　株式会社プラスファ　株式会社ケイリズム　株式会社結いごと

創　業：昭和63年
代表者：横溝大門
職員数：30名（税理士5名、公認会計士1名、行政書士4名、社会保険労務士1名）

所在地
〒185-0012　東京都国分寺市本町2-12-2
大樹生命国分寺ビル7F
TEL042-321-9583

起業する社長も減ってくるでしょう。そんな中で孤独な経営者を支え、共に闘うブレインとして、経営が良好な時もピンチの時も、重要な決定をする時には常に隣にいて、事業を盛り立てていく。その先にある、日本の未来の礎を築いていくお手伝いをしていきたいと考えています。

全ての相続の場面から不安を取り除く

「相続の場面から、不安を取り除き、感謝の心を添えることを通じて、全ての人生を充実させることに貢献する」ことが当社の相続グループの経営ビジョンです。

同様にこのビジョンを具現化したサービスが２０２０年から開始した「結《ゆ》いごと」です。結いごとは、遺言とともに大切な方に贈る動画メッセージを、アプリを使って簡単に撮れるサービスです。ご本人の相続の際に、遺言と一緒に家族へのメッセージ動画が手渡されることにより、争続の防止にもつながることを期待します。「遺す財産はなくとも、家族に伝えたいメッセージはあるはず」という想いのもと、愛に満ち溢れたサービスに仕上がっております。

得意な業種は介護事業

４００を超える法人のお客様がいる中で、力を入れている業種が介護事業です。50社を超える介護事業者のご支援を承っております。訪問介護やデイサービスが多いですが、特別養護老人ホームやグループホームなどの施設系サービスにも対応しており、特に社会福祉法人のご支援に力を入れております。難解な社会福祉法人会計は税理士であれば誰でも対応できるわけではなく、経験と知識を要します。

リッチフィールド税理士法人

2007年度版から9回連続選出

事務所の特徴

お客様の問題解決やお客様の成長支援（利益の出る体質づくり）に全力で取り組みます。

◆月次決算を経営課題の早期発見に役立てるためには、早さが求められます。
月次決算は規模の大小を問わず、早いところで翌月3~5営業日、遅くても翌月25日過ぎには全顧客の9割以上完了しています。

◆節税のみならず、経営全般を視野に入れたスタンスで対応いたします。
他の専門家（弁護士、司法書士、社会保険労務士、M&A専業コンサルタント、不動産鑑定士etc）とチームを組んで顧客の経営課題を解決します。

Web・SNS

Webサイト https://rich-field.or.jp　**E-Mail** office@rich-field.or.jp

もっと飛躍したいと考えている企業経営者の方へ

1. 部門別管理が必要な年商5億~50億円規模の会社に対して、1カ月以上かかっていた月次決算を翌月早期に報告できるように支援した事例が数多くあります。システム化と周辺の業務改善をご提案し、実行をサポートいたします。

2. 経営結果の早期分析→早めの対策→将来の予測→事前の対策→経営成果のアップという好循環に、経理を有効に役立てるのです。

3. 売上、原価、経費を早期に把握するためには、コンピュータシステムの導入が必須です。中小企業ではどこでも人材不足です。経理・給与計算・原価集計・資金繰り等、システム導入のお手伝いをいたします。経理、パソコンに不慣れな従業員を教育いたします。また、アウトソーシングも積極的にお受けいたします。

4. お客様と当事務所はクラウド上の会計・給与データを共有しているので、タイムリーな処理と同じデータを共有した質疑応答が活発です。

5. 経営者の方と一緒に、決算日1~2カ月前に決算検討会を行っています。今期の予測損益計算書・予測税額計算書を作成し、どんな決算にしたいか、決算日までにどのような対策がとれるかを共に考えます。

6. 中期経営計画・単年度経営計画の立案及び達成管理サポートをいたします。漠然とした思いを具体的な数字や行動計画に置き換えることにより、経営の最適な意思決定を支援いたします。

医療・福祉経営者の方へ(診療所、病院、介護施設、社会福祉法人等)

1. 新規開業や移転等新築時の事業計画の作成・資金調達の紹介をいたします。

2. 日々の経営（給与計算、社会保険の手続き等も含む）をバックアップいたします。すべての医療・介護・福祉のお客様に対し、会社と同じような月次決算のご報告をすることに加え、医療独自の収入分析（診療単価と患者数ｅｔｃ）を月次

スマートフォンからのお問い合わせはこちらから

事務所概要

代表　多田美佐子

1955年、埼玉生まれ。

1981年、公認会計士登録。

1983年、税理士登録。

1985年、外資系監査法人・コンサルティング会社を経て、独立開業し、多田公認会計士・税理士事務所を設立。

2002年、リッチフィールド税理士法人へ組織変更。

〒102-0074
東京都千代田区九段南4-2-11
アビスタ市ヶ谷ビル6F
TEL 03-3262-8511
FAX 03-3262-8515
職員数：16名（公認会計士1名、税理士5名、M&Aシニアエキスパート4名、情報処理技術者2名）
◆MMPG理事会員
(http://www.mmpg.gr.jp/)
◆日本M&Aセンター理事会員
(https://www.nihon-ma.co.jp/)
◆ビジネス会計人クラブ会員
(http://www.bac.gr.jp/)
◆東京税理士会麴町支部
◆経営革新等支援機関

推移、前年比、グラフで表示し、原因分析のきっかけをご提供いたします。

3. 医療法人化の相談・実行

4. 医療施設のM&A
引退を考えているが後継者がいない方、ご相談ください。ハッピーリタイアのお手伝いをいたします。

5. 社会福祉法人の月次決算の早期化と各種計算書類の作成を支援します。
事業区分別、拠点別の月次決算を翌月の早い時期に報告できる体制を確立するための日常業務の改善やシステム化の提案をいたします。

相続・事業承継で悩んでいる方へ

1. 当事務所では、お元気なうちに、事前に相続対策をある程度実行したり、計画を立てておくという考え方を推奨しています。対策の目的は以下の4点に凝縮されます。
①遺産争いの防止
②納税資金の確保
③節税
④円滑な事業承継

事前に準備をし、相続税の額を予測することにより、どのような方法があるのかが分かるだけでも、人は安心できるはずです。

相続対策は、時間をかけるほど良い結果が出る傾向にあります。

2. 不幸にして、相続がもう間近に迫っているか、相続が発生してしまっている方も是非ご相談ください。
①人間関係の調整と、節税を意図した遺産分割のご提案・シミュレーションを何回でも行います。
②離婚、再婚、子供がいない、相続人が遠隔地に住んでいるなどの理由で人間関係が複雑な相続もお任せください。円満な解決と節税を図る数多くの実績・ノウハウがあります。
③相続税の税務調査の負担を軽減する「書面添付」を実施しています。

100年企業の創生をお手伝いする
日本M&A協会

日本M&A協会

M&Aに関する情報、
M&A支援に関するナレッジ・ノウハウ・ツール等

今、会計事務所が中小企業を変える時

現在、日本全国、多くの経営者が岐路に立たされています。

バブル絶頂期に始まった平成時代。早々にバブルが崩壊し、銀行が破綻する事態にまでなり、日本は長期経済低迷期へ突入。また、日本では消費税が3%からスタート。一方で、インターネットの普及により多くのIT企業が生まれ、突如ITバブル時代へ。多くの若手経営者が生まれたが、こちらもほどなくして、ITバブルが崩壊。M&Aのイメージも「のっとり」「ハゲタカ」などの印象に。

その他、アジア通貨危機、リーマンショック、欧州債務危機などの世界的な経済危機連鎖により、多くの経営者が翻弄されながらも乗り越えてきた。そんな中、日本は少子高齢化が進み、中小企業は経済危機を乗り越えても、後継者難という問題を抱える企業が顕在化し、対応に迫られ始めた。

令和に入った現在は、猛威を振るう新型コロナウイルスの流行、ウクライナ危機、世界的な高インフレ、物価上昇……。

多くの経営者の方が、予想も出来ず、そして逃げることも出来ない困難と重圧に日々立ち向かい、孤独に戦われています。

「孤独な戦いに、救済はないのか?」「我々に出来ることは、ないのか?」

日本M&A協会の設立は、今から10年前（2012年10月）。「M&A業務を通じて企業の『存続と発展』に貢献する」という、30年前から掲げている日本M&Aセンターの理念は、今も変わらず多くの方々に共感をいただいています。

経営者の方々に救いの手を差し伸べられるのは、会計事務所の皆様です。

孤独な戦いへ終止符を、そして多くの中小企業の存続と発展を願って、本日も会計事務所様と共に活動しています。

スマホでアクセス!

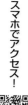

100年企業の創生をお手伝いする
日本M&A協会
OUR VISION
日本M&A協会のビジョン
私たちは、2026年までに志を同じくする会計事務所様と共に
年間500社の企業をM&Aで救う体制を構築します。
そして地域の文化・豊かさを守ると共に、
会計事務所及び業界の価値向上に寄与します。
唯一無二の
イベント
簡易企業評価
システム利用
学べるツール
最新情報インプット
豊富な
パートナー人材

日本M&A協会は、株式会社日本M&Aセンターと提携する会計事務所様と日本M&Aセンター社員からなる任意団体です。日本M&A協会では、会計事務所が企業向けにM&Aの提案、情報提供、アドバイス等を行う上で必要な、情報・ノウハウ・ツールなどの提供やプラットフォームの運用などを行っております。

プロ集団だからこそできる事を行い、社会的役割を果たして参ります。

会社情報

日本M&A協会

住所　〒100-0005
東京都千代田区丸の内1-8-2
鉄鋼ビルディング24階
株式会社日本M&Aセンター内
TEL 03-5220-4937　FAX 03-5220-5455
WEB　https://ma-association.com/
Mail　riji-info@nihon-ma.co.jp

税理士法人アイ・パートナーズ

4
2007年度版から4回選出

事務所の特徴

- 意思決定会計（社長の意思決定を手助けする会計情報）を提供
- バックオフィス業務をあれこれ連携させて、経理担当者を事務作業から解放します
- 図表やグラフの会計報告で直感的に経営状況がわかります
- クラウド経理システムとオンライン面談で全国展開中

Web・SNS

Webサイト　https://www.aip-f.com/

E-Mail　info@aip-f.com

目指すのは「中小企業に特化したコンサルティング会社」

これは私たちが掲げる目標です。経営者が思い描くビジョンを具現化できるよう、数値をもとにサポートすることが使命だと考えています。経営は決断の連続です。

そのためにも、私たちは、経営者の思いをしっかりとお聴きし、それを受け止め軸となるものを理解するよう努めます。経営者の意思決定に必要な会計情報を提供し、かつ、軸がぶれていないかを確認することで、経営者の思いの詰まった経営計画を共有させて頂くのです。

意思決定会計の導入ではハードルを低くすべし

経営計画を持たずに経営をすることは、大海原を羅針盤なしで航海するようなもの

経営計画は必要だと思うけれど、顧問先様が自社で会計データを入力し、財務諸表を作成する「自計化」がネックとなり、これまでに作成をあきらめたことはありませんか？　しかし、顧問先様の多くは中小・零細企業。経営者が営業やサービス提供、もしかしたら経理まで一人で何役もこなし、これ以上の余力がないことも珍しくありません。

そうなると、経営計画を作りたくても時間的制約や人的制約がハードルとなって、なかなか手が出せない。必要性を感じながらも躊躇しているのであれば、まずはその原因を取り除くことが先決です。

まずは時間の確保　経営者を事務作業から解放

一般に総務課が担うような事務作業（バックオフィス業務）。ここをあれこれ連携させることで、経営者を経理事務作業から解放します。

具体的には、会計入力、給与計算、勤怠管理、経費精算、請求業務、債権の回収などの業務フローを整理し、可能な限りデジタル化。それを相互連携で一元化することで省力化・効率化を図ります。

スマートフォンからのお問い合わせはこちらから

事務所概要

代表社員　税理士　石渡哲哉

1961年生まれ。2014年に創業者の石渡宏道の後継として代表に就任。グループ企業には、社内ベンチャー発のアイ・パートナーズ社会保険労務士事務所、開業及び経営を支援する㈱アイ・ブレーン、資産税対策の㈱アイ・サポート、行政書士事務所などがある。常に人と人とのつながりを大切にし、先進的な取組みにチャレンジすることで会計事務所の新たな可能性を切り拓いている。東京地方税理士会鶴見支部所属。

税理士法人アイ・パートナーズ

創　業：1980年
代表者：石渡哲哉
所在地：〒230-0051
神奈川県横浜市鶴見区鶴見中央2-13-18
職員数：グループ総数46名（税理士：10名、行政書士：2名、社会保険労務士：2名、医業経営コンサルタント：2名、創造経営コンサルタント：2名、M&Aシニアエキスパート：1名）

会計帳簿であれば、領収書類をスキャンしてデジタル化。ネットバンキングやwebカード明細等のデータと共にクラウド会計ソフトに流し込むだけ。安価で手間いらず、時間もかからないため、最速で翌日には会計帳簿が作成可能。こうして経営者に「時間」をプレゼントします。

財務諸表を読み解く

経営者だからといって必ずしも財務諸表を読みこなせるわけではありません。むしろ苦手意識がある、確認するのは売上や利益の増減だけ、ということもあるのではないでしょうか。

そこで、私たちは、図表やグラフで経営者が直感的に経営状況やキャッシュフローがわかるようにしています。クラウドで共有すれば、経営者は時と場所を選ばずに確認できます。また、過去の数値をベースに、予定や見込みの数値を加味して加工することで簡単に数値計画が作成できます。更には、今後どこをどう増減させればキャッシュがまわるかを経営者自らがシミュレーションすることも可能です。

私たちは、経営者が図表と試算を通じて財務諸表の大事なポイントを理解し、経営計画を作成したくなる環境を提供しています。

コロナ禍で後押し　現在、全国展開中です

コロナ禍でも、コロナ禍だからこそ、経営者のニーズに応えるためにオンライン面談をいち早く導入しました。同時に紙データのデジタル化を推進してきたことで、これまで首都圏を中心に提供してきたサービスも全国展開しています。

経営計画の必要性は感じているけれどまだ着手できていない経営者の皆さん、全国どちらでもサポートさせて頂きます。私たちにご相談ください。

「人にいきいき　経営に体力」

浅沼みらい税理士法人

浅沼経営センターグループ

2003年度版から11回連続選出

事務所の特徴

浅沼経営センターグループは、毎年、顧問先法人全社に決算診断を実施し、「会社の健康診断」を行い「経営課題」を社長と共に考え、さらに事業計画作成を全社において実施し、多くの社長から感謝され、地域経済活性化にも影響を与えている。

Web・SNS

Webサイト　https://www.asanuma-keiei.jp/　　**社長の四季**　https://www.shiki21.com/

地域のワンストップ総合事務所

浅沼経営センターグループは、昭和35年の開業以来、栃木・群馬・埼玉・茨城の北関東圏を中心とし、会計・税務のみならず、社労士・保険など、地域のワンストップ総合会計事務所として、経営者の皆様へのお役立ちのため、活動しております。

当グループでは、「月次型・訪問型・対話型」の会計事務所として、お客様を毎月訪問し、「その場で会計」にて月次決算を行い、分かりやすい説明で経営者のサポートをしています。

また、「決算書の見方・活かし方」の勉強会や後継社長育成塾、経営者セミナー・経理塾、創業支援勉強会など、顧問先のお客様や一般のお客様を対象としたセミナーを定期的に開催し、大変喜ばれております。

さらに、「あさぬまかわら版」「活力経営」などの情報誌や、経営者のお役に立つFAXサービス「あさぬま」を発行し、お客様のみならず多くの経営者の方々に、経営トピックスや、税務・労務等の解説をお届けしております。

病医院経営サポートにも専門特化

また、当グループは、一般の企業だけでなく、病医院経営のサポートにも専門特化しております。

医療を取り巻く環境は年々厳しさを増しています。そんな中、病医院の先生方は、「医師」であると同時に「経営者」でもあることが強く求められてきています。そのような先生方が医療に専念できる環境を整えるため、経理・税務・労務などさまざまな視点からサポートさせていただいております。

毎月の訪問で、月々の業績や患者数推移を把握し、次の一手がいち早く打てるようサポートするのみならず、医療法人成りや新規開業のご支援、「医業経営塾」など、連携企業とのネットワークで対応しております。

経営者の『みらい』をサポート

会社を創ることは、会社法施行により

スマートフォンからのお問い合わせはこちらから

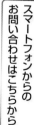

事務所概要

浅沼経営センターグループ 会長　浅沼邦夫

栃木県足利市生まれ。弱冠24歳で税務会計事務所を創業し、60年を経て発展させた、浅沼経営センターグループの会長です。「企業は人なり」「会計事務所は人が中心」、クオリティの高い人財育成が、顧客対応の急務でした。そのため「決算診断などの会計MAS」に力を入れ、平成26年8月「国家資格を超える民間資格」を目指して、「決算診断士」を商標登録することができました。「顧客満足と社員満足」の実践です。同グループ株式会社プロスの決算診断システム「社長の四季」は全国1600超の会計事務所に導入実績。関東信越税理士会栃木県足利支部

足利本社
〒326-0808
栃木県足利市本城2-1901-8
TEL 0284-41-1365
FAX 0284-41-1340

群馬本社
〒373-0851
群馬県太田市飯田町1060
TEL 0276-48-9511
FAX 0276-48-9513

埼玉支社
〒346-0005
埼玉県久喜市本町1-9-3
TEL 0480-29-3231
FAX 0480-29-3232

誰でも簡単にできるようになりました。

しかし、会社を「伸ばすこと」は容易ではありません。「上り坂・下り坂・まさか」の３つの坂を乗り越え、トップの大きな責任と、重い決断に支えられ「盤石な会社」に成長していきます。

「事業計画」もその一つ。目標売上計画等を作成し、経営者の今とこれからを一緒にサポートし会社の成長に貢献しています。

また、創業者から創業の精神を盤石に受け継ぎ、「１００年企業」にしていくため後継者の方々に「後継社長育成塾」と題し、社長力を名実とも強化するきっかけをご提供しています。

さらに、複雑化する事業承継関連税制に対応するため専門事業部を設け、合併・分割やM&Aなどの組織再編税制のみならず、相続対策のため節税対策をはじめ、家族事業への想いなどの承継を中心とした遺言書作成のサポートも行い、経営者の『みらい』をご一緒に創造しています。

経営改善3つのストーリー

経営者の方々は、誰しも業績をアップさせたいと思っていることでしょう。

そのために、まず「決算診断」により、強み・弱みを把握します。業績アップには資金も必要です。そして、強みを活かし、弱みを克服していき、「資金繰り改善」（資金を確保）していく過程を見える化したものが「事業計画」です。

〈決算診断は当グループの最大の売り物です〉

決算書は会社のすべてを物語るものです。一年間のドラマがあるのです。しかし、経営者にとって決算書は、専門用語と数字の羅列にすぎず、「よく分からない」との声を多く聞きます。その決算書を分かりやすくしたものが、「決算診断提案書」です。「決算診断提案書」は、最近の決算についての概要と推移が分かり、百点満点で経営バランスを総合診断し、金融機関が見る重要ポイント、資金の調達とその使途及び、利益と資金の差、来期の必要売上高が分かります。

岩岡克徳税理士事務所

グロースサポート株式会社

2021年度版から2回連続選出

事務所の特徴

①毎月お客様のところへ訪問します！
②徹底した財務・経営指導を行い黒字化を支援します！
③書面添付制度を活用し、税務調査リスクを減らします！
④紹介可能金融機関多数！
⑤他士業と連携し、どんな相談にもワンストップで対応可能！

Web・SNS

Webサイト　https://www.iwaoka-kaikei.com/

丁寧な経営助言でお客様の発展に寄与致します

岩岡克徳税理士事務所は、神奈川県相模原市を拠点に、首都圏のお客様を支援している会計事務所です。私どもは、「利他の精神で法令遵守に徹し、お客様に適切な経営助言を行う」ことを理念に掲げています。会計はあくまで経営助言を行うためのツールです。私どもは、税理士業務の完璧な履行は当然のことと考え、その上でお客様に寄り添いどのような貢献ができるかを考える姿勢が大切だと考えています。一歩先を見すえた経営助言を丁寧にお伝えすることで、お客様の発展に寄与させて頂いています。

確かな知識と経験、行動力をお客様の支援に活かしています

所長の岩岡克徳は、中堅税理士法人や一般企業にて創業支援等の経験を積んだ後に、平成30年に独立開業致しました。まだ比較的若い税理士事務所ではありますが、特徴として幅広い経験を積んだ所長のもと、会計事務所で10年以上実績を積んでいる経験豊富な職員が揃っています。一方で、女性職員の割合が多く、きめ細かなサービスをご提供できることも好評を頂いています。

付加価値の高い経営助言を実現するため、多方面から取り組みを実践しています

①毎月巡回させて頂く「月次巡回監査」

「月次巡回監査」とは、毎月定期的にお客様の会社を訪問して会計データの確認と共に、直接お客様とお話をすることで会社の状況を把握させて頂くことです。精度の高い財務情報をタイムリーにご提供することで、お客様が経営判断を的確に行うことが可能になります。

また、私どもにとりましても、お客様の生の声を聞き、雰囲気を肌で感じることで、実情の正確な把握が可能となります。お客様が一人で悩みを抱えることがないように、常に身近な相談相手としてお役に立つ点でも、「月次巡回監査」は私どもの主要な取り組みとして注力して

スマートフォンからのお問い合わせはこちらから

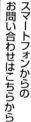

事務所概要

税理士　岩岡 克徳

岩岡克徳税理士事務所　所長。グロースサポート株式会社　代表取締役。1980年生まれ。日本大学大学院法学研究科修了後、中堅税理士法人にて決算業務等に従事。2015年8月、税理士登録、所属税理士として従事。2018年11月、岩岡克徳税理士事務所を開業。2020年8月、グロースサポート株式会社を設立、代表取締役に就任。利他・法令遵守を経営理念に掲げ、首都圏のお客様の発展・成長に尽力している。東京地方税理士会相模原支部所属。

岩岡克徳税理士事務所
創　業：2018年
代表者：岩岡 克徳
職員数：10名

グロースサポート株式会社
設　立：2020年
代表取締役：岩岡 克徳
業務内容：セミナー開催
　　　　　セミナー講師
　　　　　コンサルティング　等

所在地
〒252-0143
神奈川県相模原市緑区橋本
3-4-15　M-6・101号
TEL 042-703-7521

います。

②書面添付制度の積極的な推進

書面添付制度は、税理士法で規定されている制度で、税務署は書面添付制度を利用している場合、納税者に対して税務調査を通知する前に、添付書面の記載事項について税理士に意見を述べる機会を与えなければならない、と定められています。そして、税務署は税理士に対する意見聴取によって納税者に特段問題がないと判断した場合には、税務調査について省略することになります。

月次巡回監査を実施している法人であれば、書面添付制度を活用するメリットは大きいと考えております。実際に、私どもの意見聴取を経て税務調査が省略された実績もあり、全国平均では書面添付率は10％程度といわれていますが、私どもの事務所ではお客様に丁寧にご説明を続けた結果、書面添付率は50％を超えるようになりました。

③金融機関や他士業事務所との連携を構築

現在、多くの中小企業のお客様が資金繰りに悩んでいます。私どもは、まさにこの状況において会計事務所の真価が問われていると考えています。お客様から借入のご相談があった際に、「ご紹介できる金融機関をいくつ持っているか」が会計事務所の価値の一つであるからです。私どもは開業時からそのような意識をもって金融機関との信頼関係・連携構築に努めて参りました。電話一本で対応して頂ける金融機関や、既に借入があるかないかにかかわらず相談に乗ってくださる金融機関が多数あります。

また、他士業（弁護士・社労士・司法書士・行政書士等）の方々とも常日頃から信頼関係構築に努めており、お客様がまずは私どもにご相談頂くことで、ワンストップで的確な対応をご提供できる体制を整えております。

最後に

私ども岩岡克徳税理士事務所は、お客様の健全な企業経営の継続のために使命感をもって支援させて頂きます。どうぞお気軽にお問い合せください。

税理士法人エナリ

江成健一社会保険労務士事務所

株式会社ブレイン・スタッフ　株式会社ミッションリーダー社

2003年度版から6回選出

事務所の特徴

①税務申告は三段階監査による高い品質保証！
②相続・資産税・医業・介護・人事・マネジメントに専門特化した部門での専門家対応。
③他士業と連携し、どんな相談にもワンストップで対応。
④マネジメントスクール開催：経営成熟度アップ、事業承継支援、後継者育成をしています。職員は無料受講できます。
⑤マネジメント、バランス・スコア・カード、ポーターの競争戦略に基づくエナリシステムによる経営戦略策定。

Web・SNS

税理士法人エナリ　https://www.enari-brain.com/　**E-Mail**　info@enari-brain.com

相続専門サイト　https://www.odawara-souzoku.jp/

200年企業を目指して

一、会社の寿命は、30年と言われるが、この言葉の真意は、商品のライフサイクルと会社の寿命が同じ位の期間ということで、商品の信頼性があってのこと、実際は10年、20年で倒産、廃業する企業が圧倒的に多い。

二、継続企業となるにはマネジメントを学び、家訓、経営理念、ミッション、ビジョンが必須である。

継続企業となるには、どのような思いで創業すればよいのでしょうか（経営理念）。社会にニーズとしてあるものの、未だ誰も事業としていないものがあれば、それを事業化することにより、社会に貢献できるもの（ミッション）であれば、創業するのです。

創業にあたり、先ず家訓を設定する

「家訓」は、公家の時代、武家の時代、商家の時代それぞれに設けられています。家訓は、経営理念、ミッション、ビジョンと違い、ファミリー企業が存続する為のものと言えます。

第一の要素は「法律は守る」（御法度は守る）。そうでなければ、お家断絶となってしまうでしょう。

次に企業をどう存続発展させるかは、マネジメントを基本とする

マネジメントはマネジメントの父といわれるドラッカー・マネジメントを学び、理解、実践します。企業の存続発展の基幹です。企業の経営となると、競合企業に対して、どう競争優位を確立すればよいのでしょうか。ポーターが教えてくれる戦略として、「独特な事業活動」をし、「差別化した経営」をすることが挙げられます。

何故企業を存続させるのか

今日社会に貢献しない企業はありません。価値創造による社会貢献をしない企業は、組織社会から退出を求められるでしょう。倒産です。

社会に貢献する企業群の存続は健全なマネジメントによる社会の創造です。

スマートフォンからのお問い合わせはこちらから

事務所概要

社員税理士　江成健一

税理士法人エナリ社員税理士。株式会社ブレイン・スタッフ代表取締役。中小企業診断士。社会保険労務士。昭和14年神奈川県足柄下郡湯河原町に生まれる。明治大学商学部商学科卒業。筑波大学大学院ビジネス科学研究科企業法学専攻修了。法学修士。著書として平成元年「消費税：課税・不課税・非課税の論理」、平成8年「中小企業 次期社長のライセンス」、平成30年「200年企業を目指して」を出版。ドラッカー理論、ポーター競争戦略、キャプラン・ノートンBSC経営戦略論に基づく経営計画発表会、経営戦略会議方式による経営指導により経営成熟度アップ。マネジメントスクール開催によりマネジメントの普及及び企業の倒産・廃業をストップすることが地域の成長と発展・豊かな社会の創造・日本の成長と発展と考え、200年企業を目指し、日々マネジメントの普及活動の実践を行っている。
東京地方税理士会小田原支部所属。

税理士法人エナリ
支社：扇町事務所　横浜事務所
江成健一社会保険労務士事務所
株式会社ブレイン・スタッフ
株式会社ミッションリーダー社
代表社員税理士：髙田喜一
社員税理士：江成健一、江成結己
所属税理士：小網寛治、上久保正通、上田拓矢
公認会計士：江成結己、上田拓矢
社会保険労務士：江成健一
中小企業診断士：江成健一
職員数：39名（税理士6名、公認会計士2名、社会保険労務士1名、中小企業診断士1名）
【本社】　〒250-0045
神奈川県小田原市城山3-25-23
TEL 0465-24-3311　FAX 0465-22-9880
【扇町支社】　〒250-0001
神奈川県小田原市扇町3-5-8
マザー西丸ビル3階
TEL 0465-35-5101　FAX 0465-35-4483
【横浜支社】　〒220-0012
横浜市西区みなとみらい3丁目7-1
オーシャンゲートみなとみらい8階 Wework内
TEL 045-900-6833

「学習する組織」として激変する社会に存続発展する

次に内部におけるサービス品質の向上は、「学習する組織」を目指しています。ここでの学習は、チーム学習です。ピーター・センゲの主張する「学習する組織」を何故採用しているのかというと、彼が主張するように激変する経営環境の中で生き残れる企業は「学習する組織」であるとしているからです。その通りだと共感しています。

また、実務研修は税賠事例、譲渡所得研究会、確定申告直前研修、夏季二泊三日、冬季一日研修を実施しています。

相続税試算の推奨

一、文字通り相続税の見込額が判る。
二、その結果納税資金の必要額が推計できる。
三、納税資金として、退職金非課税枠、生保非課税枠の設計ができる。
四、相続税の課税構造が判ることによる限界税率が判り、効果的贈与額が推計できる。
五、相続財産の何を贈与できるかの推定ができる。贈与が必要かどうか判る。
六、遺留分の推計が判るので対策が打てる。

黒字化経営支援

当社はお客様の黒字化経営支援を行っております。経営戦略会議を毎月、経営者及び幹部に行っております。

後継者、管理職の育成

当社では、後継者や管理職の育成支援を行っております。医者に医学があるように経営者には経営学が必要です。経営学を学び、実践する為、毎月第2火曜日にマネジメントスクールを開催しております。

すべては、クライアントへの価値提供とスタッフの成長

事務所が創業68年を迎えた今、地域の皆様に支えられていることで存続発展できていると感謝しております。

税理士法人　江本&パートナーズ

株式会社　江本コンサルティング

初選出

事務所の特徴

①老舗企業から新規開業、株式会社から医療法人まであらゆる法人形態に対応可能。
②深い研究に基づく未来予測を含めたタックスコンサルティングの提供。
③高い専門知識と豊富な経験に基づく相続税対策と事業承継対策。
④ベテラン税理士と国税OB税理士による安心の税務調査対応。

Web・SNS

Webサイト　http://www.emoto-partners.jp　**E-mail**　info@emoto-partners.jp

広告不要の税理士法人であり続ける

税理士法人江本＆パートナーズは従来から積極的な広告活動はしておりません。今回このような機会を頂き、当社の活動の一端を紹介させて頂くことになりましたが今後もその姿勢は変わりません。ホームページ等はご紹介頂いたお客様のご参考として作成しています。それでも選ばれる税理士法人であり続けることが当社のレーゾンデートルだと確信しています。

本質を追求して未来を予測

税理士法人江本＆パートナーズの代表江本尚浩の信念は、「プロがプロたるゆえんは、一生に一回も使わないかもしれない知識をどれだけ持っているか」です。そのために必要なことは、日常の勉強と研究を怠ることなく継続することです。

税制改正の研修は当然のことですが、税の基礎研究を続け、本質を追求し、将来の姿を考えること、これなくして本物のタックスコンサルティングはありません。

継続企業である法人はもちろん、相続や事業承継については中長期の時間を要し、その間には幾度もの税制改正が予想されます。近年の税法は、隣接学問である財政学や租税政策学を知ることだけでなく、G７やOECDの潮流を研究し続けることが不可欠です。

不断の努力を続け未来を予測することで、付け焼刃やその場しのぎでなく、クライアントが長期にわたり安心できるサービスを提供することが、当社が選ばれ続けてきた理由だと思っています。

顧客が200％満足するサービスを

当社は税理士法人の仕事にオーバースペックという言葉はないと思っています。

税理士法人江本＆パートナーズは社員35名中10名が税理士、2名が税理士有資格者、さらに顧問として2名の法人税・資産税の国税OBがいます。近年の租税に関する裁判や裁決を考えると、高度な税の判断には少なからずリスクが内包されています。

専門性の高いスタッフによる妥協のない高品質の業務遂行こそ、長年にわたり当社が支持されてきた理由だと考えています。

スマートフォンからのお問い合わせはこちらから

事務所概要

代表社員　税理士
江本　尚浩

1964年生まれ。1986年中央大学商学部卒業。翌年、税理士試験合格。大原簿記学校相続税法科講師、文京学院大学非常勤講師を経て、税理士法人江本&パートナーズを設立。クライアントへのタックスサービスの提供にとどまらず、相続税や贈与税、事業承継に関し全国で税理士向けの講演活動を行っている。現在、東京国際大学非常勤講師、日本税理士会連合会常務理事兼国際部長、国際税務情報研究会委員。関東信越税理士会大宮支部所属。

税理士法人　江本&パートナーズ
株式会社　江本コンサルティング

創　業：平成2年　法人設立：平成17年
代表者：江本　尚浩
職員数：35名（税理士10名、有資格者2名、顧問税理士2名）
〈大宮本店〉〒330-0801
さいたま市大宮区土手町3-124-10
TEL 048-641-1114　FAX 048-657-2202
〈浦和支店〉〒330-0063
さいたま市浦和区高砂2-6-11-302
TEL 048-762-8000　FAX 048-762-8025
〈川越支店〉〒350-1123
川越市脇田本町13-5　第一生命ビル4階
TEL 049-293-3960　FAX 049-293-3964
〈大宮西支店（田中明事務所）〉〒330-0855
さいたま市大宮区上小町441
TEL 048-643-0550　FAX 048-644-2717

企業の発展を支援

当社のクライアントにはいわゆる１００年企業様が多くいらっしゃいます。その継続と発展に当社が寄与できたことは大きな喜びであるとともに、今後も責任あるアドバイザーとしてクライアントのニーズ・ウオンツに応えるよう、たゆまぬ努力を心がけてまいります。

３００社を超える法人関与先は株式会社や医療法人、宗教法人や公益財団法人まで、あらゆる法人組織に対応しています。また銀行出身社員２名による金融支援も得意とするところです。

相続税申告・相続税対策

近年多くの税理士が相続税申告を注視しています。そのため当社代表の江本尚浩は相続税等に関し、税理士向けの専門書を９冊、また税理士向けの専門誌に定期的に論文を執筆するとともに、全国で税理士向けの相続税研修会の講師活動を行い、税理士業界の質の向上に尽力しています。また、当社においては現在年間１００件前後の相続税の申告をしています。

事業承継を全力でサポート

中小企業のイグジットにはＩＰＯ、Ｍ&Ａ、そして事業承継の３つがあります。近年事業承継税制が大きく取り上げられていますが、それ以外にも事業承継の局面では、非上場株式の売買や自己株式の買取など、高度の税知識が要求される場面が多くあります。当社では、法人税の顧問税理士とは別に、資産税や事業承継の顧問業務のご依頼も多くなりました。

富裕層への取り組み

現在ＢＥＰＳをはじめ、富裕層を取り巻く納税環境は世界的に大きく変化しています。また国境を越え資産を持つなど、富裕層特有の相続・贈与問題には注意が必要です。当社では、富裕層の方々の税問題に、これからも積極的に取り組んでまいります。

小野瀬・木下税理士法人

小野瀬公認会計士事務所

8

2009年度版から8回連続選出

事務所の特徴

小野瀬・木下税理士法人は、茨城県水戸市とひたちなか市に事務所を構え、職員62名を擁する税理士法人。企業の税務・会計・経営相談に加えて、事業承継や相続の相談、診療所開業や承継、社会福祉法人監査など医業・介護・福祉の支援業務といった、様々な分野について満足度の高いサービスを提供します。

水戸オフィス

ひたちなかオフィス

Web・SNS

Webサイト　https://onosecpa.jp/

E-Mail　info@onosecpa.co.jp

相続問題や事業承継にも親切に対応
地域の幅広い事業者を全力サポート

小野瀬・木下税理士法人は、１９８５年開業の小野瀬公認会計士事務所（現水戸オフィス）と、１９６９年開業の木下会計事務所（現ひたちなかオフィス）が、２００９年に合併して生まれた税理士法人です。水戸オフィスでは一般業種の他、特に医業・介護・福祉、ひたちなかオフィスでは製造業や建設業、そして全国の９割以上が茨城県で生産され、その中でもひたちなか市が最も生産量が多い「ほしいも」の農家など、幅広い事業者の経営をサポートします。

代表の小野瀬益夫、代表社員の小野瀬貴久、ひたちなかオフィス所長の大川雅弘を含む６名の税理士がおり、総勢62名の職員とともに、長いお付き合いのお客様に対して、経営面のみならず、相続や事業承継の相談にも親切に対応しています。両オフィスとも地域に貢献する会計事務所として発展し続けます。

税務・会計面だけに限らず
医業・介護・福祉も
支援スペシャリスト

スマートフォンからのお問い合わせはこちらから

中小企業などの税務・会計・記帳代行や、経営計画、事業承継、企業再編、事業再生などの策定・支援を中核業務に据えていますが、医業・介護・福祉分野の経営支援にも力を注いでいます。

小野瀬代表は県内でも数少ない「認定登録医業経営コンサルタント」の有資格者。診療所の開業および承継、ならびに医療法人設立の相談、診療圏の調査、増患・増収に向けての計画立案、財産運用管理、相続税対策など、医業・介護・福祉事業の経営をトータルサポートします。

中小企業の税務のみならず、医業・介護・福祉業務の経営支援に携わり、同分野の発展に長きに亘り大きく寄与してきました。

都市部・地方部関係なく超高齢化社会が急速に進展するなか、更にニーズが高まることが予想されますが、今後も税務・医業関係支援のスペシャリストとして、その確かな手腕が注目されるところ

事務所概要

代表　小野瀬益夫

公認会計士・税理士・不動産鑑定士・行政書士・認定登録医業経営コンサルタント。1957年茨城県生まれ。1980年、慶應義塾大学法学部卒業。1985年、小野瀬公認会計士事務所を設立。関東信越税理士会水戸支部

代表社員　小野瀬貴久

公認会計士・税理士。1987年茨城県生まれ。2010年、慶應義塾大学総合政策学部卒業。大手監査法人を経て2017年、小野瀬・木下税理士法人代表社員就任。関東信越税理士会水戸支部

小野瀬・木下税理士法人
小野瀬公認会計士事務所
創　業：1985年
代表者：小野瀬益夫
職員数：62名
(1)水戸オフィス45名
(うち税理士3名)
(2)ひたちなかオフィス17名
(うち税理士3名)
〈水戸オフィス〉〒310-0911
茨城県水戸市見和1-299-1
TEL　029-257-6222
FAX　029-257-6333
〈ひたちなかオフィス〉〒312-0018
茨城県ひたちなか市笹野町1-3-20
TEL　029-273-3511
FAX　029-273-8074

です。

相続案件も豊富なノウハウで ワンストップのサービス提供

相続と一口に言っても、遺産分割や事業承継対策にはじまり、納税資金や相続税軽減対策などご相談は多岐に亘ります。その解決には高度な知識と経験が求められることから、創業時から地域の不動産や建設業者、士業事務所などとの情報交換や連携に力を入れており、民事信託など新しいサービスの研究も欠かしません。

これまでに取り扱った相続案件は900件を超えており、現在も年間30件以上の相続税の申告を扱っています。なかでも、相続財産に不動産の占める割合が多い農家のお客様などに対して、地域の事情に即したきめ細かな対応を専門の担当者が行います。

蓄積された豊富なノウハウで、お客様の相続・事業承継の事前対策から申告業務まで、幅広くワンストップでのサービス提供に取り組んでいます。

お客様への感謝の心が活動の原点 信頼と期待に応えて正しく奉仕

経営理念は「私たちの事務所は、お客様への感謝の心を活動の原点とし、お客様の信頼と期待に応えて正しく奉仕することを目標といたします。」。

第一に、全ての職員がお客様との「フェイスtoフェイス」を重視し、挨拶、笑顔、相手の方を安心させる話し方を心掛けています。

そして、優秀な税理士が集まり、色々な問題が絡み合う複雑な案件にも個々の強みを発揮して対応・解決する税理士法人として、まずはお客様の立場や気持ちになって考え、必要とされているサービスを提供することで、顧客満足度の向上を目指しています。

自信があればはっきりと回答し、分からなければ十分に調べてから回答することを心掛け、安心・納得のサービスを提供しています。

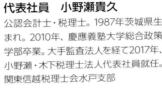

1
初選出

Crux税理士法人

CRUX TAX Co.
その未来の道しるべに。

事務所の特徴

PHILOSOPHY
―― 理念

いつでも、
いちばんの味方に。

Web・SNS

Webサイト https://crux.family/
E-Mail info@crux.family

その未来の道しるべに。

新大陸を目指した大航海時代の船乗りたちが、旅の道しるべにしたと言われる「Crux‐クルックス」。

南十字星とも呼ばれる、わたしたちの名前の由来です。

めまぐるしく変化し、誰もが先行きを見通しづらい時代。

夜空を見上げれば、いつでも変わらず輝く星のように、あなたを明るい未来へと導ける存在でありたい。

そのために、豊富な経験と幅広いネットワークを活かした、未来会計や自計化支援で経営の健全化をサポート。

未来への道しるべとして、あなたとともに歩み続けます。

VISION
―― ビジョン

『会計のちからで、未来を星のように照らそう。』

どんな規模の企業も、きちんと黒字を出し、きもちよく納税する。

それが、子どもたちの未来や、社会の豊かさに活かされていく。

そんな健全なサイクルを生み出すことが、わたしたちのミッション。

ひとつのちいさな星も、あつまれば夜空を明るく美しく照らすように。

想いをともにする仲間たちのネットワークを星座のように広げながら、会計のちからで、日本の明るい未来をつくっていきます。


スマートフォンからのお問い合わせはこちらから

事務所概要

代表　星　公信

Crux税理士法人　代表社員税理士。
平成25年税理士登録。令和元年12月、
Crux税理士法人を☆T（スタート）！
東京地方税理士会小田原支部所属。

Crux税理士法人
創　業：令和元年12月
代表者：星　公信
職員数：15名

所在地
〈CRUX TAX CO.〉
〒250-0011
神奈川県小田原市栄町1-3-10 天野ビル2F
Tel：0465-46-9609　Fax：0465-46-9670

〈YAMATO〉
〒242-0024
神奈川県大和市福田5521-6
大栄ビル2F
Tel：046-269-2144
Fax：046-269-5645

〈MACHIDA〉
〒194-0012
東京都町田市金森1-3-1
浜野屋ビル3F
Tel：042-722-4770
Fax：042-728-9819

CRUX'S FIVE STARS
――価値・強み

すべての基本は家族のように想う気持ち。わたしたちが、未来の道しるべになれる5つの理由。

α　歴史と土地に根ざす。
1959年に小田原南町に開業した事務所をルーツに、土地と人を大切にした仕事を心がけます。

β　誰より親身に向き合う。
お客さまのどんなご相談やお困りごとにもじっくりと耳を傾け、誰よりも親身に向き合います。

γ　全力で取り組む。
豊富な経験と知識、幅広い分野のネットワークを駆使して、課題解決へ全力で取り組みます。

θ　いつまでも寄り添う。
自計化やPDCAサイクルの構築を支え、困ったときはいつでもご相談いただけるよう見守ります。

ω　その先の未来を見据える。
未来を生きる子どもたちのためにも、企業の経営健全化によるより良い社会づくりに貢献します。

CRUX'S COMPASS
――行動指針

どんな時でも、誰にでも。
「家族なら」がわたしたちの羅針盤。
家族なら、ためらわずにオープンになろう。
家族なら、温かく思いやり受け入れ合おう。
家族なら、こうならいいなを自由に語ろう。
家族なら、常識にとらわれず柔軟にいこう。

税理士法人児島会計

株式会社ケーヨー総研

3
2019年度版から3回連続選出

事務所の特徴

- 医業・介護の分野に個人・法人を問わず豊富な実績あり。
- 事業拡大を目指す農業クライアントを支援します。
- 中小企業クライアントの存続と発展を支援します。
- 資産家クライアントのお悩み解決を支援します。

Web・SNS

Webサイト　https://www.kojimakaikei.co.jp/

E-Mail　admin@kojimakaikei.co.jp

児島会計について

税理士法人児島会計は、千葉県を中心に、東京・埼玉・神奈川・茨城の一都四県にわたるクライアントの皆様に、課題の発見と解決策の提案を行っています。

代表は、医業・介護の経営支援に多数の実績を持つ公認会計士・税理士の児島修。前身である児島会計事務所の創業以来50年以上にわたり蓄積されたノウハウを元に、ご満足いただける解決策を提示させていただきます。

医業・介護事業のお客様への支援

日本の人口ピラミッドの歪みに伴う少子高齢化の進展により、医業・介護事業は国外からの参入ができない成長産業という恵まれた位置にあります。この成長産業を支えるのが会計事務所の現在の大事なミッションだと考えています。

児島会計は、医業・介護事業のクライアントの皆様に開業支援や法人化支援を始めとするサービスを提供し、高いご満足を頂いております。

医業や介護事業特有の諸課題についても、最新の情報の収集と提供に努めております。医業経営コンサルタントの資格を有するスタッフ8名を中心に、お忙しいクライアントの皆様の手を煩わせることなく、経営判断に必要な情報を提供しております。

成長する農業クライアントへの支援

農地解放に始まった戦後日本の農業政策は、食糧管理制度や減反政策と大きくぶれながら現在に至りますが、人口ピラミッドの歪みに伴う少子高齢化に端を発し、限界集落どころか限界自治体の発生が目前に迫る中で、大きく方向転換をせざるをえない時期が近づいています。集約による大規模化こそが適切な政策上の解決策と思われますが、今の日本の選挙制度の中でそれを訴えられる政治家はまだいません。

時代の変化は経営者にとってチャンス

スマートフォンからのお問い合わせはこちらから

事務所概要

代表社員　公認会計士・税理士　児島 修

税理士法人児島会計代表社員。公認会計士・税理士。昭和41年生まれ。東京大学工学部卒。平成3年、大手重工メーカーに就職。平成19年、公認会計士論文試験合格、都内の準大手監査法人に勤務。平成28年、父である児島敏和から児島会計を引き継ぎ、医療介護、農業、中小企業、資産家のクライアントの問題発見と解決に尽力している。千葉県税理士会船橋支部所属。

税理士法人児島会計／株式会社ケーヨー総研
創　業：昭和45年
代表者：児島 修
職員数：56名（グループ法人含む、税理士6名、公認会計士1名、社会保険労務士1名、行政書士1名）

所在地
〒273-0865
千葉県船橋市夏見2-14-1
TEL 047-424-1988　FAX 047-424-1978

でもあります。いずれ来る時代の変化を見据えて、事業の拡大を指向する農業クライアントの皆様の成長を支援するのが我々の今後の大事なミッションだと考えています。４名の農業経営アドバイザーと共に皆様の問い合わせをお待ちしております。

中小企業クライアントへの支援

コロナ禍とそれに伴う緊急事態宣言などにより、中小企業の経営はかつてないリスクに直面しています。経営者の高齢化が進む中、親族や第三者への事業承継を考えておられる経営者も増加しています。

一口に事業承継と言っても、承継する経営者が、営業だけでなく労務・経理・資金管理などを急に渡されて途方に暮れることになる例もあります。我々は会計事務所として経理・資金管理面での支援だけでなく、グループの社労士法人により、労務や給与計算などの業務をトータルで支援することが可能です。承継する経営者に伴走する意味では、代表自身も二代目経営者としてクライアントの皆様の悩みに共感し、解決策を提案することが地域における大事なミッションだと考えています。

資産家クライアントへの支援

コロナ禍で税務調査の件数が減少しているため、富裕層に対する税務調査が重点的に行われており、当局の目が厳しくなっています。安直な節税は調査における否認のリスクを高め、相続人の方々に余計な負担を負わせることになりかねません。

我々は事前に被相続人となる方のお考えを伺い、それに基づくシミュレーションを行うことで、被相続人の意に適うような分割実現のお手伝いをさせていただきます。資産家の方々に「争続」になる不安から解放された充実した人生を送っていただくのが、我々の大事なミッションだと考えています。是非、お問い合わせください。

税理士法人小林会計事務所

2003年度版から11回連続選出

事務所の特徴

①創業時の事業計画、資金計画など、経営計画の策定を軸に多方面からの支援
②常時800社を超える中小・零細企業に関与しているので実績経験が豊富
③経営承継、株式対策、M&Aなど幅広いコンサルティングサービスを提供
④不動産有効活用、相続対策など経験豊富
⑤弁護士、司法書士などの士業ネットワークによりどんな相談にも対応

Web・SNS

オフィシャルサイト
https://www.kobayashi-jp.com/
会社設立専門サイト
https://www.esta-support.com/
相続専門サイト
https://www.souzoku-yokohama.com/
クリニック専門サイト
https://www.kobayashi-dzeimu.com/
E-mail kaikei@kobayashi-jp.com

経営計画の策定指導で将来のイメージを具体的に

「経営計画」というはっきりした形がなくても、企業の社長は将来のイメージ、経営方針を頭に描いているものです。それを引き出し、まとめていくための作業を経営者との二人三脚で行います。そして、「経営計画とはどういうものか」をしっかりと説明し、十分な判断材料を提供したうえで、経営者に意思決定を行っていただきます。

コンサルティング業務を会計業務の延長ととらえ、経営者の持つ考え方や目標を基本にお手伝いをしていくのが、当事務所のスタンスです。

経営計画というと、ある程度の規模の会社が行うというイメージをお持ちの経営者がいらっしゃいますが、規模の大小にかかわらず、事業計画や資金繰り計画、利益の採算を考えて計画を立てることは、大切な社長の仕事です。

次世代への引き継ぎ「経営承継」を支援

創業期、発展期、そして成熟期において、さまざまな悩みを抱えてきた社長の最後の悩み事が経営承継の問題です。

後継者が不在である、組織的経営ができていないために経営を任せられる人材がいないなどの理由で、会社を閉鎖せざるを得ない場合も増えています。

このように、一代で築いた会社、また、先代より承継した大切な会社を存続させる手段として、M&Aの提案も積極的に行っています。

創業時より長年共にしてきた役員や、後継者として育ってきたご子息に経営を任せていきたいが、株式を譲る有効な手段を考えたい——、このようなニーズに対しても、株価対策からご提案いたします。

スマートフォンからのお問い合わせはこちらから

事務所概要

代表の小林 清氏（右）と、
副所長の小林弘清氏（左）

代表 税理士　小林 清

昭和24年2月18日生まれ。神奈川県出身。
昭和53年12月、税理士試験合格。
昭和54年1月、税理士登録。
昭和54年4月、独立開業（六角橋）。
平成7年6月、新横浜に移転。
平成23年11月25日、税理士法人小林会計事務所に組織変更。

〈保有資格〉税理士、行政書士、公的資金プランナー、株式公開コンサルタント

東京地方税理士会　神奈川支部

税理士法人小林会計事務所

創　業：昭和54年
代表者：小林　清
職員数：70名（税理士4名、公認会計士1名、行政書士1名、社会保険労務士2名、中小企業診断士2名、CFP多数）

所在地：〒222-0033
神奈川県横浜市港北区新横浜2-6-13
新横浜ステーションビル1F
TEL：045-475-3677
FAX：045-475-3678

不動産の有効活用

資産家さんのお悩みには、相続の問題と不動産の有効活用があります。

毎年、税金の支払いと借入の返済に追われて現金が足りない、相続が発生したら相続税がいくらになるか不安だなど、外からは余裕があるように見えても、現実のキャッシュフローには余裕がない資産家さんが大勢いらっしゃいます。

そこで、遊休不動産を有効活用することや用途の変更をすることで、新たな価値を生み出し、キャッシュフローを効果的に改善し、納税や返済を楽にするためのコンサルティングを行っています。

また、借入金の返済方法や法人税・所得税の税率の仕組み、相続については長期にわたる事前対策を有効に行うことで資金繰りは改善される例が多々あります。

借入の返済期間とキャッシュフロー関係のチェック、個人所有が良いか法人所有が良いかの不動産物件ごとの所有形態のチェックを行い、また、今まで守り続けてきた財産や、築き上げてきた財産を相続によって失うことなく子孫に承継していく方法をご提案させていただいています。

2011年度版から7回連続選出

さいたま新都心税理士法人

河合公認会計士事務所

事務所の特徴

- 人と人との繋がりを大事にしておりますので、ご紹介のみとさせていただいております。
- お客様の会社の売上に貢献することをスタッフに義務付けており、スタッフ評価の指標にしています。このことから、弊事務所との顧問契約は売上アップに繋がります。
- 国税OBの顧問税理士を税目ごとに抱え、安心して税務調査を受けられるようにしております。

Web・SNS

Webサイト　http://saitama-shintoshin.or.jp　**Facebook**　さいたま新都心税理士法人
E-Mail　fujii@kawai-cpa-office.com

一番大事なことは事業の成功です

会計事務所として一番大事なことは、現状を正しく把握して将来の対策を立て、事業を成功させるとともに、将来的な税負担を軽減することです。目先の節税にはあまり意味がないと思っています。

お客様の夢を一緒にかなえていくことが私たちの喜びです。ともに成長し、10年後、20年後に、「あの頃は……」と笑ってお話しできる、そんな関係を作っていきましょう！

厳しいことも申し上げます

代表の河合明弘は、東証スタンダード上場会社（株式会社安楽亭）の社外取締役も務めています。社外取締役は、社内の人間が遠慮して経営者に言いにくいことを敢えて言うのが最大の務めです。経営陣に遠慮せず、会社のためになることを言い続けます。

税務調査はお任せください

税目ごとに、国税ＯＢ税理士の顧問がおります。経験豊富な国税ＯＢ税理士が税務調査に立ち会うことで、お客様に少しでも有利な結果になるようにしております。現在は、法人税専門ＯＢ税理士、相続税専門ＯＢ税理士、所得税専門ＯＢ税理士が1名ずつ在籍しております。

弁護士相談は無料です

弊事務所が弁護士事務所と契約

スマートフォンからのお問い合わせはこちらから

事務所概要

公認会計士・税理士　河合明弘

昭和43年埼玉県生まれ。中央大学卒。平成7年公認会計士第2次試験合格。監査法人勤務等を経て、平成15年独立開業。株式会社安楽亭（東証スタンダード上場）社外取締役、公益社団法人全国競輪施行者協議会監事、公益社団法人埼玉県不動産鑑定士協会監事。公益社団法人浦和法人会理事。関東信越税理士会浦和支部所属。

公認会計士・税理士　河合あゆみ

昭和45年三重県生まれ。上智大学卒。平成11年公認会計士第2次試験合格。監査法人勤務を経て、平成18年河合公認会計士事務所に合流。元埼玉県公益法人認定等審議会委員（女性初）、一般社団法人さいたまスポーツコミッション監事。東京税理士会日本橋支部所属。

さいたま新都心税理士法人
河合公認会計士事務所
〈さいたま事務所〉
〒330-0081
さいたま市中央区新都心4-3
ウェルクビル5階
TEL：048-600-2851
〈東京日本橋事務所〉
〒103-0024
東京都中央区日本橋小舟町8-6
H1O日本橋小舟町8階
TEL：03-6268-0960

しておりますので、弊事務所のお客様は無料で提携弁護士へ相談ができます。

海外進出を支援いたします

海外の20ヵ国以上の会計事務所（日本人が経営）と提携しております。海外事務所と随時Ｚｏｏｍ会議なども行えるようになっております。

ご紹介者をお知らせください

基本的にご紹介者のいらっしゃらないお客様とは契約しておりません。弊事務所のお客様や金融機関等のご紹介で、ご面談をお申し込みください。必ず、代表の河合がご面談させていただきます。

さいたま新都心税理士法人
松波事務所
銀行借入ドットコム

9
2004年度版から9回選出

事務所の特徴

- お客様の手元資金をサポート前の最大17倍（平均3倍）、金利は1/2以下とした目からウロコの手法をもって、お客様に税理士が直接アドバイスいたします
- 年商1億円以上50億円未満の企業様に最適な事務所です

Web・SNS

Webサイト https://www.saitamasintos.in
E-Mail info@saitamasintos.in
Facebook 銀行借入ドットコム
Twitter @maznami

「勝ち組企業は利益が出ているから金を持ってるんだ」と思っていませんか?

銀行取引について質問します。

□金利が2%を超えている
□保証協会付きの融資しか勧められたことがない
□担当者も呼ばなければ来てくれない
□決算書のあら探しをされ、無理難題を吹っかけられる

どれかひとつでも当てはまった方は、必ず続きをお読みください。当社と顧問契約を結ぶことで、これまでとは全く違った経営ができる可能性があります。

例えば、次のような経営ができたらいかがでしょうか?

✓「次回借りられなかったらどうしよう」という不安から解放されます。
✓資金繰りが楽になり、事業に前向きに取り組むことができるようになります。
✓潤沢な資金を元に利益を上げることが可能になります。
✓銀行に支払う金利を減らせます。

銀行から融資を受けること、金利を引き下げることを経営における最重要ポイントと位置づけているわけではありません。最重要ポイントは「手元資金」を増やすことです。なぜなら、資金があるから利益が出るのです。利益の結果で資金が増えるわけではありません。

交渉を制したものがビジネスを制します。そして、交渉は選択肢が多いものが勝つ。これは絶対です。手元資金は「選択肢」と「可能性」を増やす手段です。頭の中に選択肢や可能性があっても手元資金がなければ、それを実現することはできません。ですから、資金があるから利益が出るということになります。

そして、利益が出るから、銀行が金を出す。さらに増えた資金で、より利益を出す。実は勝ち組企業はこのことを知っているだけなのです。

本当に今の財務戦略のままでいいのですか?

会計事務所業界に30年弱、税理士資格取得後独立し20年になりましたが、私も初めからこのような財務戦略を身につけていたわけではありません。お恥ずかしい話ですが、初めは私もそれまでに学んだ財務戦略で中小企業に貢献したいなどという思い上がりがありました。

きっかけは資金繰りに悩んだ一人の経営者を救えずに失ったことです。私はこのことに大変なショックを受け、それまでの机上の勉強が全く役に立たないことを痛感しました。そして、膨大なコストと時間を費やし、延べ500社以

スマートフォンからのお問い合わせはこちらから

事務所概要

代表社員 税理士　松波竜太

会計事務所業界に28年、税理士資格取得後独立し20年となる。500社以上の中小企業に関与し、特に資金繰りと銀行交渉については300社以上をサポート。具体的な「次の一手」をアドバイスし、中小企業経営者から絶大な信用を得ている。税理士会・商工会議所などの公的機関でのセミナーに加え、企業コンサルタントとして全国で活躍している。『その節税が会社を殺す』（すばる舎、2018年）、『借入は減らすな!』（あさ出版、2013年）、「税理」「税務弘報」等の専門誌への寄稿も多数。税理士。神奈川大学経済学部経済学科卒。さいたま新都心税理士法人 代表社員。関東信越税理士会浦和支部所属、総務部長。

さいたま新都心税理士法人 松波事務所／銀行借入ドットコム
所在地：〒330-0081
さいたま市中央区新都心4-3 ウェルクビル5階
TEL 048-600-2900　FAX 048-600-2909

上の中小企業に関与し、特に資金繰りと銀行交渉については３００社以上の融資申込から借換・返済・返済猶予といった銀行との折衝をサポートしました。

その結果、ある法則に気づき、今ではお客様の手元資金をサポート前の最大17倍（平均3倍）、金利は2分の1以下にすることができるようになりました。お客様の中小企業経営者からは、「今までこんなに会社の資金繰りが楽だったことはない」「先生と出会わなかったら、今ごろ会社がどうなっていたかわからない」という評価を頂いています。

その節税が会社を殺す／借入は減らすな！

このノウハウを誰にでもできるように、書籍『その節税が会社を殺す』（すばる舎、２０１８年）、『借入は減らすな！』（あさ出版、２０１３年）にまとめました。本書を読んで、この手順で手を打てば、誰でも銀行にお願いしなくても「うちから借りてもらえませんか？」と言われるようになります。

・中小企業が手を出してはいけない節税とは
・銀行から融資を受けるのに必要な利益とは
・順序を間違えると泥沼に！　担保・保証人の付け方・外し方
・銀行の対応が劇的に良くなる交渉テクニック
・銀行員の評価が一瞬で変わる決算書の見せ方・作り方
・銀行員はここを見る！　決算書減点ポイント
・赤字になった時の対応のポイントとは

しかし、知識だけあっても、どのタイミングで使えばよいのかをご存じなければ、かえって逆効果を招いてしまう可能性があります。

当社では、経験豊富な税理士が適切なタイミングで打ち手をアドバイスいたします。もちろん、貴社にぴったり合った節税もしっかりサポートいたします。

現在は、税務顧問に加えて全国の税理士会、商工会議所など公的機関でのセミナーを行っており、「税理」「税務弘報」等の専門誌への寄稿も多数しています。

無料セミナーも多数開催

いきなり顧問契約というのも不安があると思います。ですから、まずは当社の銀行対策セミナーに参加してみてください。無料で参加いただけるセミナーを商工会議所などで行っております。

今すぐホームページでセミナーの日程をご確認いただきたいと思います。

税理士法人湘南

株式会社湘南ビジネスパートナー

2021年度版から2回連続選出

事務所の特徴

- 「理念経営」実践のための原理原則をお伝えします。
- 経営者と一緒に次の一手を考えます。
- 他士業との連携による、ワンストップの相談体制。
- 事業承継、資本政策、組織再編のスキーム提案。
- 経営者、経営幹部を対象とした勉強会の開催。

本気で未来を豊かにする。
湘南会計グループ
SHONAN KAIKEI GROUP

税理士法人湘南
有限会社　湘南会計センター
株式会社　湘南ビジネスパートナー
湘南行政書士事務所
湘南社会保険労務士事務所

Web・SNS

Webサイト　https://shounan-kaikei.com/

E-Mail　info@shounankaikei.com

Facebook　湘南会計グループ

会計事務所のイメージを変える一歩先の提案を。

私たち税理士法人湘南は、総合士業コンサルタントファームである『湘南会計グループ』の中核を担う会計事務所です。当グループは、会計事務所、社会保険労務士事務所、行政書士事務所、コンサルタント会社を擁し、また、弁護士、司法書士等と連携し、グループの経営理念である『本気で未来を豊かにする。』の旗印のもと、中小企業経営者が抱える様々な問題・課題に対して士業グループとして、ワンストップで解決のお手伝いを日々実践しています。

経営理念は「本気で未来を豊かにする。」

〝本気〟について

人が簡単に真似できないと思うようなことこそが「本気」であり、その「本気」が集まることで、同業他社には真似のできない湘南会計グループならではの強みが生まれると考えています。

士業のプロフェッショナルとして、一人ひとりが「本気」で仕事に取り組み、互いのスタンスを理解しながら協力しあうことで、私たちの強みが磨かれていきます。

〝未来を豊かにする〟

会計業務や経営支援など、湘南会計グループが提供するすべてのサービスは〝未来を豊かにする〟ためのものです。

「豊か」には、お客さまの経済的な安定や業績向上といった業務と直結するものと同時に、精神的な豊かさも含みます。

経営者の伴走者として。

新型コロナウイルスにより経営環境は激変し、従来の経験則は文字通り過去のものとなりました。利益創出、資金繰りといった目先の問題から、人事評価や設備投資、事業計画や事業承継といった中・長期的な課題まで、解決すべき事柄は多岐にわたります。経営者は常に判断に迷い、下した決断に躊躇しています。私たちはそれら一つひとつの課題を経営者と共に考え、同じ目線で最適なご提案ができるよう日夜研鑽しています。

私たちは、高い専門性に加え、従来の会計業務以外の商品・サービスを提供しようとトライし続けています。

スマートフォンからのお問い合わせはこちらから

事務所概要

代表社員　税理士　近藤多賀志

税理士法人湘南代表社員。株式会社湘南ビジネスパートナー取締役。税理士。昭和39年生まれ。立教大学経済学部卒。平成9年、近藤多賀志税理士事務所を開業。平成25年に税理士法人湘南を設立、当初よりMAS監査による未来会計に取り組み、平成26年コンサルタント業務に特化した㈱湘南ビジネスパートナーを設立。東京地方税理士会平塚支部所属。

湘南会計グループ／税理士法人湘南／有限会社 湘南会計センター／株式会社 湘南ビジネスパートナー
湘南行政書士事務所／湘南社会保険労務士事務所

創　業：平成9年
代表者：近藤多賀志
職員数：16名（税理士４名、社会保険労務士1名、行政書士1名）

所在地
〒254-0043　神奈川県平塚市紅谷町2-14
一剣浜大門ビル4階
TEL 0463-20-6061　FAX 0463-20-6062

数字の報告ではなく数字を学ぶ場を。

百戦錬磨の経営者でさえも、5年先の経営を予測することは難しいでしょう。しかし、こんな時代だからこそ、私たちがお伝えしたいのは経営の『原理原則』です。経営者の責務は、社員とその家族を守るために利益を出し、資金を貯めることです。また、その手法は経験や勘ではなく、戦略的な行動の実践を繰り返すことだと私たちは考えています。その実践を学ぶ場として、次のサービスを提供しています。

月次決算
毎月の利益と資金を検証し、経営者が次に打つ手を一緒に考えます。

財務分解
金融機関の格付けや、財務上の弱点や課題を洗い出し、財務体質の改善に向けたアドバイスをします。

湘南式経営計画策定教室
経営者の「理念」実現のための戦略・戦術をまとめた経営計画書の作成をお手伝いいたします。

MAS監査
M(anagement)A(dvisory)S(ervice)監査とは、私たちが経営会議のファシリテーターとして、組織が抱える課題を解決しながら、経営計画の進捗管理を通して強固な財務体質の構築を実現するものです。

湘南経営塾
今年12期目を迎える、主に事業承継予定者や経営幹部を対象とした勉強会です。1講座（全6回）を半年間かけて「経営者とは何か」「経営者しかできないこととは何か」を少人数で討議します。

経営者にワクワク感を。

私たちが提供するのは、未来の経営に役立つ「生きた数字」です。
決算書の数字は企業の経済活動の結実です。しかしこの数字は過去のもので、経営者の知りたい未来のそれではありません。私たちは、経営の原理原則をお伝えし、経営者に『自ら考え』、『行動し』、未来の数字を予測できる手法をご指導させていただきます。経営は困難なことが多いけれど、それ以上にワクワクできるものであることを知っていただきたいのです。私たちは、一会計事務所の枠にとらわれないコンサルタントファームとして中小企業の皆さまと共に成長していきたいと考えています。

税理士法人新日本経営

新日本経営コンサルティンググループ

事務所の特徴

【企業の「経営パートナー」としてライフステージに合わせて「いい会社」を創るお手伝いをします】
税理士法人では、会計・税務は勿論のこと、顧問先の「黒字化支援」と「資金繰り・銀行対策」等の経営問題に積極的に取り組んでいます。
コンサルティング部門では、経営コンサルタントが、より専門性が必要とされる経営問題に対して、社外の専門家および商工会議所等の公的経営支援機関等と連携して問題解決を図っております。

Web・SNS

総合Webサイト https://shinnihon-keiei.com/
サービスWebサイト
①埼玉あんしん相続相談室 https://www.sozoku-saitama.com/
②大宮・浦和経理お悩み相談室 https://keiri-urawa.com/
③埼玉 創業融資サポートセンター https://saitama-yushi.com/
④銀行融資サポートセンター https://ginko-yushi.com/
E-mail info@shinnihon-keiei.com **Facebook** 税理士法人新日本経営

6
2013年度版から6回連続選出

中堅・中小企業の経営を徹底的にご支援

新日本経営コンサルティンググループは、税理士法人と経営コンサルティング会社が一体となり、中堅・中小企業のライフステージに合わせて成長と発展を支援しています。

税理士法人では、会計・税務は勿論のこと、顧問先の「黒字化支援」と「資金繰り・銀行対策」等の経営問題に積極的に取り組んでいます。

コンサルティング会社では、経営コンサルタントが、より専門性が必要とされる経営問題に対して、社外の専門家および商工会議所等の公的経営支援機関等と連携して問題解決を図っております。

私たちの考える「相談税理士」「コンサル税理士」としてのサポート

税理士事務所は4つに分けられます。
①申告だけおこなっている「申告税理士」
②毎月帳簿だけチェックしている「帳簿税理士」
③会社の数字を分かりやすく説明してくれて相談にも乗ってくれる「相談税理士」
④融資や経営の問題が起きたとき支援してくれる「コンサル税理士」

私たち新日本経営が目指しているサービスは「相談税理士」「コンサル税理士」です。

「相談税理士」として月次報告を大切にします

毎月の月次決算により会社の現状を数値で把握し、必要な指導をおこないます。売上や費用、利益だけではなく、キャッシュフロー、粗利、部門別損益などの数値を見える化することで経営判断を促進することができます。また、社長とともに決算分析をおこない、来期に備えたアドバイスもおこないます。

また、経理部門の見直しのために、クラウド会計の導入やインターネットバンキングなど会計のIT導入化サポートをはじめ、部門別試算表や資金繰り予定表の作成を推進しています。

「コンサル税理士」として融資・資金繰りなど幅広くご支援

社長が早期に毎月正しい数値を把握し、管理できるようになると、最適な融資を受ける環境ができあがります。

そこで当グループでは、顧問先の状況に合わせて最適な融資制度・商品の提案だけ

スマートフォンからのお問い合わせはこちらから

事務所概要

代表社員　税理士
竹内武泰

税理士法人新日本経営及び新日本経営コンサルティンググループ代表。税理士、行政書士。昭和40年生まれ。獨協大学外国語学部卒業。会計事務所及び事業再生コンサルティング会社に所属した後、平成19年、新日本経営会計事務所開設。産業振興公社、中小企業活性化協議会（旧再生支援協議会）、信用保証協会等の公的機関財務専門家も務める。現在、グループを挙げて顧問先の「黒字化」「融資・資金繰り支援」に取り組んでいる。関東信越税理士会浦和支部所属。経済産業省認定経営革新等支援機関。

税理士法人新日本経営
新日本経営コンサルティンググループ
創　業：平成19年
代表者：竹内武泰
職員数：15名（税理士2名、行政書士1名、税理士科目合格者4名）
所在地
本店
〒330-0062
さいたま市浦和区仲町1-11-12
さくらビル浦和I-3階
TEL 048-814-2030
FAX 048-814-2031
浦和西口事務所
〈相続ラウンジ～埼玉あんしん相続相談室〉
〒330-0062
埼玉県さいたま市浦和区仲町2-5-1
ロイヤルパインズホテル浦和1階
TEL 0120-814-340

でなく、地域金融機関のご紹介、融資申込資料の作成サポート、銀行・信金への同行等も対応致しますので、資金調達や資金繰りの悩みから解放され、社長はより一層本業に取り組むことができます。

経営支援の「専門医」である経営コンサルタントが経営をサポート

税理士が会社の「かかりつけ医」なら、経営コンサルタントは経営支援の「専門医」です。

コンサルティング会社では管理力だけでは解決できない問題を解決するために、財務改善や組織再編など抜本的に企業の改革をお手伝いします。例えば借入の返済猶予（リスケ）や経営計画などの悩みや、もっと会社を成長させたいという課題だけでなく、事業再生・再編、事業承継やM&A、廃業といったお悩みに対して社内の経営コンサルタントは勿論、場合によっては社外の専門家と連携し、経営支援の「専門医」としてサポート致します。

CFO代行・経理部門代行としてサポート

業績の良い会社の社長は、8割の時間を前向きな時間、いわゆる売上・利益を上げる時間に使っているそうです。しかし、現実的には、銀行対応、資金繰り・損益の把握、クレーム・社内問題対応等で、社長は時間がいくらあっても足りません。私どもは、社長に何とか前向きな時間を作っていただき、成長の次のステップを目指してほしいと考えております。そのため、グループではCFO代行、経理代行として企業の経営管理を支援しております。

相続のお悩みも対応「相続ラウンジ」開設でより相談しやすい空間を提供

人生で何度も経験することのない相続に「分かりやすく丁寧に」「細かな気配り」をモットーにお客様に寄り添って10年。さらにたくさんの方の相続についてのお悩みを解決したい、気軽に相談できる場所を提供したいという想いからロイヤルパインズホテル浦和に「相続ラウンジ」をオープン致しました。

相続のお悩みをどこに相談したら良いか？と迷われずに、「相続ラウンジ」へお越しください。

税理士法人TOTAL

司法書士事務所TOTAL　社会保険労務士法人TOTAL　行政書士法人TOTAL
株式会社TOTALソリューション　株式会社TOTALマネジメント

初選出

事務所の特徴

～あなたと共に歩み、あなたと共に成長したい～
①会社設立数 日本一　累計32000社超
②税理士、公認会計士、司法書士、社会保険労務士、行政書士がグループ内に多数在籍。TOTALにワンストップでサービス
③クリニック開業支援、医療法人設立、事業承継
④相続税申告、遺言作成・家族信託等の生前対策
⑤国税不服審判所の元審判官が3名常駐、税務調査に強い

Web・SNS

Webサイト　https://total-office.jp/　　**E-mail**　total-information@total-office.jp

あなたと共に歩み、あなたと共に成長したい
専門家が連携してTOTALに支援

税理士・公認会計士はもちろん、許認可は行政書士、給与計算・労務手続き・助成金は社会保険労務士、登記は司法書士、経理代行から、営業・採用のためのWEB制作まで、専門家が連携してお客様をサポートいたします。

会社設立数　日本一！
創業融資支援
黒字経営をサポート

会社設立は、年間七千社、累計では三万二千社を超え、日本一行っています。設立の仕方によって、節税、助成金、許認可、社会保険等に影響し会社の利益も左右するので起業の際にはご相談ください。特に創業融資は地方銀行や都市銀行の出身者がお客様からていねいにヒアリングして事業計画の作成をお手伝いし、金融機関や日本政策金融公庫から必要な資金の確保につとめています。

お客様に寄り添ってタイムリーに情報を提供して、一緒に経営を考えます。安定して成長する健全な経営をご支援し、お客様の黒字割合は七割を超えています。

ITの徹底活用による合理化

マネーフォワードやfreeeといったクラウドシステムを積極的に取り入れ、銀行口座・クレジットカードとの自動連携、勤怠管理の自動化を進め、ロボットやAIも活用しています。オンライン会議、ペーパーレス化は進んでおり、元プログラマー、SE等、IT系の人材が多数在籍し、システムを構築して情報の共有をしています。

医療経営をTOTALに支援

医業経営コンサルタントが多数在籍し、診療圏調査を独自に行い、職員・スタッフの採用・就業規則の作成（社会保険労務士）、保健所・厚生局に対する手続きの代行（行政書士）と年間で四十件以上の個人クリニックの開業を支援しています。開業後も独自開発のクラウドシステムで数字の見える化をして「曜日ごとの来院状況」、「患者様一人当たり単価」等、院長先生の役に立つ情報を提供します。医療法人化についても

スマートフォンからのお問い合わせはこちらから

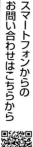

事務所概要

代表　高橋寿克

税理士・行政書士・CFP®・医業経営コンサルタント。
税理士法人TOTAL・行政書士法人TOTAL代表社員。
1965年生まれ。開成高校、早稲田大学政経学部卒。
農家の12代目。
千葉県税理士会　船橋支部

税理士法人TOTAL
代表社員：高橋寿克・沓掛伸幸
職員数：327名（税理士35名、公認会計士2名、司法書士3名、社会保険労務士13名、行政書士27名、医業経営コンサルタント6名）
〈新宿事務所〉
東京都新宿区新宿3-11-10-2F
TEL：03-6380-0839
〈横浜事務所〉
神奈川県横浜市西区北幸1-11-15-8F
TEL：045-900-9031
〈大阪事務所〉
大阪府大阪市北区梅田1-11-4-8F
TEL：06-7777-9680
その他、丸の内、秋葉原、西東京、立川、さいたま、千葉、船橋、柏、塚田
首都圏11拠点、全国12拠点

ていねいに有利・不利のシミュレーションをしてドクターの最良の選択をサポートいたします。

豊富な相続対策メニュー

相続税申告はもちろん、生前対策として、贈与（相続時精算課税を含む）、遺言・資産管理会社作成、家族信託、事業承継税制等、お客様に合わせて各種メニューを取り揃えております。

相続のお客様は不動産オーナー、医師、都市農家の方が多いのが特徴です。代表の高橋は都市農家の十二代目で、父は農協の専務理事を務めていました。

節税・税務調査に強い

税務署の判断が正しいかを審査する国税局の元審査官が、三名常駐しています。資産税、法人税、所得税、消費税等の適正な節税の提案をきちんと行い、税務調査にもお客様のために毅然と対応いたします。このため、税務調査でも是認通知をいただくことも珍しくありません。

M&Aは、自ら多数経験。マッチングや、スムーズな実施支援も

ＴＯＴＡＬでは、自らが買い手になって会計事務所・事業会社のＭ＆Ａを何度も行っています。その際に重視するのは売り手の経営者の思いをいかに実現するかです。特に税理士の先生は、長年一緒に過ごした事務所のスタッフの処遇を気になさる方が多いですね。ありがたいことに、直近三回のＴＯＴＡＬグループへの合流では一人も退職者はいません。

この経験を生かして、お客様のＭ＆Ａでも、価格の算定、契約書の内容の確認、スムーズに進めるための文化の醸成、手続きの注意点等の助言もしております。

十一年連続、官報合格者輩出

経験者採用の多い業界にあって、ポテンシャルの高い未経験者を中心に採用し、自前で人材育成をしています。

士業ズレせず、サービス業として、あなた（お客様）と共に歩み、あなたと共に成長したいと私たちＴＯＴＡＬは考えています。

3

2019年度版から3回連続選出

税理士法人FarrowPartners

株式会社Farrow Consulting

事務所の特徴

①「お客様と伴走し、安心・安定的成長に貢献する」が当法人のモットーです。
②多数の資格保有者による手厚いサポートを提供。
③ DX 化による決算早期化コンサルも実施可能。
④他士業と連携し、どんな相談にもワンストップで対応。
⑤医療法人、NPO 法人や一般社団法人 / 財団法人の会計・税務にも精通。

Web・SNS

Webサイト https://f-accounting.jp/　**E-Mail** info@f-accounting.com

横浜エリアを中心にしつつも、Webによる対応も可能

私たち税理士法人FarrowPartnersは、横浜市の北部に拠点を構えサービス提供を行っています。当法人は総勢13名で、税理士3名、公認会計士1名、社会保険労務士1名、税理士科目合格者1名と多くの資格保有者を擁し、お客様に対して専門性に裏打ちされた高品質で手厚いサポートを行っています。

代表の福岡雅樹は、公認会計士として大手監査法人で主として上場企業の支援を行い、その後に勤務した大手税理士法人では、法人の税務コンサルティング、M&A支援や事業承継の業務に携わりました。独立後は、その経験を活かして、中小企業の会社様を中心にサービス提供を行っています。

最近では、Webミーティング等を通じて遠隔地のお客様にもサービス提供を行うことが可能となり喜ばれています。

一歩踏み込んだサービス提供

当法人は、「お客様と伴走し、安心・安定的成長に貢献する」を経営理念に掲げ、日々業務にあたっています。

お客様はみな叶えたい夢があり、その実現のため日々経営にあたっています。ただ、その過程では迷いが生じたり、足元の石ころにつまずいたりすることもあると思います。

私たちは、そんなお客様の進むべき行く先を照らす灯りとなり、お客様と伴走しながら成長に貢献していくことを喜びとしています。

DX化による決算早期化・合理化もお任せください

近年のクラウド会計ソフトやその周辺のソフトの発展には目覚ましいものがあります。それに伴い、従来であれば高額となってしまうような品質のソフトを安価に導入できるようになりました。

しかしながら、単にソフトを購入する

スマートフォンからのお問い合わせはこちらから

事務所概要

代表社員　税理士　福岡 雅樹

税理士法人FarrowPartners代表社員。株式会社Farrow Consulting代表取締役社長。公認会計士・税理士。昭和51年生まれ。中央大学商学部卒。平成12年に大手監査法人に就職。その後、税理士法人プライスウォーターハウスクーパースでの勤務を経て、平成24年に独立。多くの中小企業を利益体質にし、地域の活性化に繋げるべく日々の業務を展開中。東京地方税理士会緑支部所属。

税理士法人FarrowPartners／株式会社Farrow Consulting

創　業：平成24年
代表者：福岡 雅樹
職員数：13名（税理士3名、公認会計士1名、税理士科目合格者1名）

所在地
〒224-0032
横浜市都筑区茅ヶ崎中央50-9
CMKビル2階
TEL 045-511-7660　FAX 045-511-7394

だけではDX化や決算合理化・早期化は実現できず、かえって現場が混乱してしまう結果になりかねません。

　私たちは、各会社様の現状の業務フローをしっかり把握した上で、効果が出るような形でソフトを導入することを得意としています。

　このようなサービス提供の結果、月次決算に約50日要していた会社様が約5営業日で締められるまでになった実績もあります。

医療法人、NPO法人や一般社団法人等の会計・税務も得意

当法人は、医療関係のお客様が多いことも特徴の1つです。日々の業務が忙しい先生方に対し、会計数値の報告にとどまらず、それらの材料をベースとして一歩踏み込んだ経営のアドバイスを行っています。

　また、NPO法人、一般社団法人等の公益法人のサポートも行っています。これらの法人は、通常の法人税、消費税等と異なり、特別な知識・ノウハウが必要となる場面が少なくありません。

　株式会社等と異なり、公益法人等は税務における実務上の取扱いが明確になっていない点も多く、税務署に照会しなければならないこともあります。

　また、地方税は、各自治体で税務上の取扱いが異なることもあるため、全国で画一的な処理が行えません。そのため、当法人は一つひとつ丁寧に税務署や自治体とコミュニケーションをとりながら業務を進めています。

どんなことでもご相談ください

当法人は、他士業とも緊密なネットワークを築いているため、状況に応じて適切な専門家をご紹介可能です。

　そのため、税務や会計のことにとどまらず、どんなことでも一人で悩まず、お気軽にご相談頂きたいと考えています。

増山会計事務所

株式会社相続・事業承継支援センター

4

2004年度版から4回選出

事務所の特徴

①月次巡回監査による税務・会計・経営助言業務
②認定経営革新等支援機関としての経営支援業務
③経営計画・経営改善計画策定支援
④資金繰り・資金調達を徹底指導
⑤相続・事業承継支援業務
⑥中小企業支援団体とのネットワーク

Web・SNS

Webサイト　https://www.ma-g.co.jp
E-Mail　info@ma-g.co.jp

「月次巡回監査」を通じて「月次決算書」の作成と「経営改善」を支援

「私たちは、税務・会計・経営の分野における専門家として、お客様の問題予測・回避・解決を図り、お客様・パートナーと共に成長し、地域経済の発展に貢献する。」この経営理念を基に、私たちはお客様の一番身近で親身な相談相手として税務・会計・保証・経営助言の分野において、常に業務のレベルアップを図り、お客様満足が高まるよう継続的改善を行っています。

私たちの主力商品の一つは、毎月お客様企業に訪問して行う「月次巡回監査」を通じて作成される「月次決算書」です。毎月、本決算含めて年13回決算を行うことで、現状をタイムリーに正しい数値で把握し、どう手を打つか、等の経営上の意思決定に役立てていただいております。

ただ単に税務署、金融機関に提出するために決算を組んでいる企業と、「毎月毎月が勝負だ！」という意気込みで「月次決算書」を作成・チェックし、「経営改善」を図っている企業では、自ずと業績に違いが生じるのはいうまでもありません。他に期中に行う「業績検討会」、決算3か月前の「決算予測・対策」「金融機関対策」により納得のいく決算、適正な納税ができるよう支援しています。

決算書は社長の通信簿です。その内容が理解できなければ次の打ち手を考え、行動することはできません。私たちは、成果を作る4つのステップ「学ぶ・気づく・動く・続ける」の中でも特に経営者の「気づき」を重視し、伴走型支援で社長の財務経営力を徹底的に強化し、資金調達力が高まるよう経営助言に注力しています。

具体的には、まず会計により会社の「見える化」を図り、経営課題を抽出します。次に解決に向けて早期経営改善計画策定支援事業等の支援策を活用して「磨き上げ」を図ります。つまり「会計で会社を強くする」ことに事務所一丸となって取り組んでいます。

スマートフォンからのお問い合わせはこちらから

事務所概要

代表　税理士　増山英和

税理士・経営コーチ・CFP®。昭和37年生まれ。中央大学大学院経済学研究科博士前期課程修了。平成2年、税理士登録。TKC全国会 中小企業支援委員会委員長。TKC全国会 特例事業承継税制対応プロジェクト サブリーダー。NPO法人相続支援協会理事長。関東信越税理士会水戸支部所属。
主な著書：「資金繰り なるほどQ&A」（写真）、「中小企業金融における会計の役割」（共著）、「実践！経営助言」（共著）など多数。

増山会計事務所／株式会社相続・事業承継支援センター
創　業：昭和48年
代表者：増山英和
職員数：30名
所在地
〒310-0851
茨城県水戸市千波町1258-2
増山ビル2F
TEL 029-240-3600
FAX 029-240-3611

相続対策のプランニングから フォローまで親身になって 付き合える

相続税対策における、税理士でありCFP®（ファイナンシャルプランナー上級資格）の役割は、節税はもちろん、それ以上にお客様がよりお幸せになるご支援をすることである、と肝に銘じております。私たちはお決まりの相続対策手法を押し付けるのではなく、お客様の願いをしっかりヒアリングし、願いが実現できるよう各自にあったご満足いくプランニングを行い、対策実行後のフォローまで徹底してケア致します。

相続税対策の基本は土地対策です。現地に出向き、徹底的に現況を把握し、評価を行うことで対策を立案します。節税対策なら評価を引き下げる対策を、納税対策としては資産の資金化や物納の検討を行います。もめない対策を怠ると「争族」が発生します。事前対策として、遺言の作成や相続時精算課税制度の活用等を検討します。

事業承継などを盛り込んだ 戦略的中期経営計画の策定が 好評

経営者にとっては、円滑な事業承継に向けての「自社株対策」も重要です。毎期、決算後には株価を算定し、対策を検討・実行する必要があるので、事業承継計画を戦略的中期経営計画の一部として位置づけ、確実に実行できるよう支援しております。

後継者は、事業承継を「第二の創業」と捉え、ヒト・モノ・カネ・情報といった経営資源をどう引き継ぎ（経営承継）、活用していくのか（経営戦略）を考えなければなりません。二代目である私は税理士である父から税理士事務所を承継し、その後、相続をも経験しました。その経験を活かし、相続や事業承継支援では当事者の心に寄り添えるよう努めています。

私たちの使命は、お客様の幸せと繁栄を心から願い、問題解決に真に役立つことです。私どもを良きパートナーとしてお選びいただき、共に成長・発展していきましょう。

ヤマト税理士法人

有限会社埼玉FPセンター　株式会社ヤマトサポート　ヤマト社労士事務所

4
2017年度版から4回連続選出

事務所の特徴

①会計税務の処理に留まらず、FP（資産設計）まで幅広く対応。
②TKC、JDL、発展会計のほか、自動読取りのクラウドにも対応。
③他士業と連携し、どんな相談にもワンストップで対応。
④相続・事業承継には豊富な経験と層が厚いスタッフで対応。
⑤豊富な経験により税務調査に強い。

Web・SNS

Webサイト　https://www.yamatotax.com　**E-Mail**　tax@yamatotax.or.jp

さいたま市を中心に中小企業と個人をご支援

私たちヤマト税理士法人は、さいたま市を中心に、中小企業とその関係者の皆様をご支援している会計事務所です。

会計・税務はもちろんのこと、財務管理を中心に経営管理局面での様々な問題にも、とことん親身にサポートしていくことを心掛けています。また、ＦＰ（資産設計）的感性で、個人のライフプランへの支援も得意分野です。

会社の会計処理の負担を軽減

当事務所が依頼を受けますとまず、初めに行う作業が会社の会計システムのヒヤリングです。このヒヤリングでプロの見地から、無駄な作業がないか、徹底的に洗い出します。そして、きちっとやるべきところ、省略できるところを明確にして、会社の事務負担を軽減する提案をさせて頂きます。

最近話題の預金口座自動読取りのクラウドにも対応しています。

事務所の総合力で、決算も税務調査にも対応

私たちの事務所はお客様に事務所の総合力で対応しております。

具体的には、７名の税理士と二十数名の税務会計スタッフがおりますので、お客様の担当者のみでお客様をご支援するのではなく、事務所全体でお客様のご支援をします。また、事務所全体でのサポートは、月次だけでなく、決算や税務調査での対応についても同様です。複数の税理士により、最善の対策を準備します。

相続特化部門あり

相続については思い入れが深く、相続を被相続人の精算処理と考えるのではなく、故人の遺志を引き継ぐことによる愛情のリレーと考えて、ＦＰの手法を用いて遺族の生活設計まで親身に対応します。

まず、メールや電話で相続について問合わせがあると、1時間の無料相談から

スマートフォンからのお問い合わせはこちらから

事務所概要

代表社員 税理士
北村 喜久則

ヤマト税理士法人代表社員。有限会社埼玉FPセンター専務取締役。株式会社ヤマトサポート代表取締役。税理士。宅地建物取引士。CFP。昭和29年生まれ。明治大学商学部卒。昭和58年税理士登録。当初は都内の共同事務所で上場プロジェクトチームに参加しMASを経験。昭和63年にヤマト税理士法人の母体となる北村税理士事務所をさいたま市南区に設置。日本FP協会埼玉支部長（初代）、評議員等歴任。関東信越税理士会浦和支部所属。

ヤマト税理士法人
有限会社埼玉FPセンター
株式会社ヤマトサポート
ヤマト社労士事務所

創　業：平成22年
代表者：北村 喜久則
職員数：30名（税理士7名（顧問含む）、社会保険労務士2名、行政書士1名、宅地建物取引士2名、税理士科目合格者5名、不動産コンサルタント1名、CFP2名、AFP6名、FP技能士7名）
所在地
〒336-0022
埼玉県さいたま市南区白幡4-1-19
TSKビル5F
TEL 048-866-9734
FAX 048-866-8591

始まり、個人のバランスシートを十分に分析してから相続対策に入ります。その後、被相続人（依頼者）の意向を活かしながら、争族とならないような相続対策を提案し、遂行できるよう粘り強く対応していきます。

なお、有力な国税・資産税ＯＢが複数脇を固めていますので、税務調査対策も安心です。

社長の夢を実現するための経営管理支援

ＭＡＳ（経営助言サポート）はまず、経営者へのヒヤリングから始まります。そして、目標とする企業モデルを見えないものから見えるものへと具体化させていき、図解させていきます。社長の思いを視覚化することにより、社内のベクトル合わせが実現し、理解が広まれば確実に目標に向かって進んでいきます。

次の打つ手は、経営管理過程の段階的レベルアップです。①経営計画、②労務管理、③販売管理、④財務管理、⑤仕入（生産管理）、⑥店舗施設（資材）管理、⑦商品管理について、成り行き管理レベルから上場会社レベルまで、少なくとも４段階レベルを上げていくことが必要ですが、自社のみでは実現が難しく、外部の専門家の参加が効果的ですので、その役割にも取り組んでいます。

税理士法人横浜総合事務所

株式会社横浜総合エクスペリエンス　株式会社横浜総合マネジメント
株式会社横浜総合フィナンシャル　株式会社横浜総合アカウンティング

2007年度版から9回連続選出

事務所の特徴

変わらないは、つまらない。
「生き残るものは、強いものではない。賢いものでもない。唯一、変化するものである。」という言葉の通り、社会と時代の変化に対応し、能動的・主体的に自ら変化し、進歩へと革新のチャンスを創り出せる社員・経営者を一人でも多く育てることにより、日本の元気を創ることが私たちの使命です。私たちは、変化を楽しみ、変化をリードし、成長し続けます。

Web・SNS

Webサイト　https://www.yoko-so.co.jp/　　**E-Mail**　client_liaison@yoko-so.co.jp

お客様の元気をサポートして、「なりたい会社になる」を応援します。

私ども事務所のミッションは、「お客様のビジョン実現と真の豊かさの創出をサポートする」ことにあります。

つまり、お客様のビジョンを共有し、課題を整理し、経営計画に落とし込み、課題を解決して価値化していくことが私どもの仕事です。したがって、税務会計業務のみならず、お客様の経営や資産運用など、全ての諸問題に対応し、課題解決をサポートします。

そのためには、経営者の一番身近なブレーンとして信頼され、ざっくばらんに何でも気軽に相談できる、ポジティブで明るくフットワークの軽いスタッフを揃え、お客様と同じ「経営者」の視点から課題を共有できるような社員教育を徹底することにより、お客様の元気をサポートしています。

災害対応とDX

ほぼ全ての企業が新型コロナウイルスの感染拡大やウクライナ情勢により、経営に大きな影響を受けました。困難な時だからこそ、私達はお客様のそばに立ってサポートしなければなりません。

同時に、私達に出来ることは、先頭に立って変化をリードしていくことです。中でも、デジタルトランスフォーメーション（DX）の推進は、中小企業の生き残りには必要不可欠なものとなっており、DXサポートは今後、税理士に必要なスキルと考えています。「クラウド」、「AI」などと聞くと、「うちには高嶺の花だ」と思うかもしれませんが、これらはあくまでツールであり、自社に適しているものを選ぶ必要があります。インボイス制度や電子帳簿保存法なども業務効率化の機会になるように発展的に捉え、対応する必要もあります。

私たちは「それぞれのDX」を推奨しており、お客様の一番そばにいる税理士だからこそできる「実現できるDX」をお手伝いします。

スマートフォンからのお問い合わせはこちらから

事務所概要

代表社員　税理士　山本 歩美

1975年群馬県生まれ。横浜国立大学卒業後、1998年に泉敬介税理士事務所（現：税理士法人横浜総合事務所）入社。中小企業の発展に注力しながら、上場企業の税務監査から個人のFP業務まで幅広い知識を持つ。2008年、税理士法人化に伴い役員就任。2011年、TEAMyoko-soのCOOとなり、2017年1月に税理士法人横浜総合事務所を承継、代表社員に就任し、理念経営と効率化で地域一番事務所を目指している。東京地方税理士会横浜中央支部所属。

税理士法人横浜総合事務所／株式会社横浜総合エクスペリエンス／株式会社横浜総合マネジメント
株式会社横浜総合フィナンシャル／株式会社横浜総合アカウンティング

創　業：平成元年
職員数：55名

所在地
〒231-0023
横浜市中区山下町209　帝蚕関内ビル10F
TEL 045-641-2505　FAX 045-641-2506

困難な時代だからこそ、経営理念！

「経営とは、自社のミッションから逆算したあるべき姿を明確にして、あるべき姿と現状とのギャップを課題化し、その課題を経営計画に落とし込み、価値化していく一連のプロセスである」という言葉の通り、経営者はミッション（理念）を明確にし、その実現のために、戦略・戦術を具体的に示し、時代の変化に対応していきながら、組織の変革をリードしていかなくてはなりません。

新型コロナウイルスの感染拡大から始まった2020年代は先の読めないVUCA（変動性・不確実性・複雑性・曖昧性）時代であり、より一層、経営者のリーダーシップが問われるなかで、理念（行き先）を明確にし、先頭に立って旗を振り、常に動き（変化し）続けることが必要です。

数千人の経営者とお付き合いをしてきた私たちの経験から、能動的・主体的に変化できる組織とできない組織の間には決定的な一つの違いがあることがわかりました。

それは「変化しないもの」を持っているか否かです。

絶対に変化しない理念（存在意義・使命）を持っているからこそ、激しい環境変化の中で絶対に変化しないモノを守り、追求するために自らを変化させ成長させていけるのです。

理念という軸を持たない組織は、ただ環境変化に翻弄されて受動的・従属的に変化を強要されていくのです。変化の激流に押し流されて、泳ぐのではなく溺れていくのです。

大きく変化をしなければならない時だからこそ、原点に戻り、もう一度「絶対に変化しない自社の理念」と目指すビジョン、行動を支えるフィロソフィ（哲学）の再確認が大切です。横浜総合事務所は、理念経営をサポートすることで、お客様の一番身近なパートナーとして、一緒に変化し続けます。

ランドマーク税理士法人

ランドマーク行政書士法人　株式会社ランドマーク不動産鑑定
株式会社 ランドマークエデュケーション
株式会社 ランドマークコンサルティング
一般社団法人 相続マイスター協会

8

2007年度版から8回選出

事務所の特徴

① 相続・事業承継対策支援
② 相続手続き支援、相続税申告
③ 資産税コンサルティング
④ 税務調査対策支援
⑤ 決算、確定申告（個人・法人）
⑥ セミナー開催（累計3000回超）

Web・SNS

Webサイト　https://www.landmark-tax.com/
E-Mail　info@landmark-tax.or.jp
Facebook　ランドマーク税理士法人

相続税の申告実績6，000件超

当社が強みとしているのは、資産家、特に地主の方々に対する相続の支援です。事前の相続税対策や遺言書の作成助言はもちろんのこと、相続税の申告・納税、そして二次相続のサポートに至るまで、親身に対応いたします。また、他の税理士が申告した後の申告書を見直すことで、相続税を還付させた成功事例も数多くあります。

このような還付が認められる事由のほとんどが土地の評価ですが、それぞれの土地の形状や周囲の状況等を総合的に判断しなければならないため、税理士によって見解の相違が大きく、またそれに伴って評価額も大きく変動するという現象が起こります。

場合によっては課税価格が減少することで、納付すべき相続税額も減少します。その結果、既に支払われている相続税が還付されるのです。

当社は、開業以来2万2，000件超の相続税に関する相談と6，000件超の申告実績があり、適正な財産評価には絶対の自信を持っています。

「相続」のお悩み全般を解決する専門家

平成27年度の相続税増税で課税対象者が拡大することを受け、支店を増設し、相続の無料相談窓口「丸の内相続プラザ」を全店舗に併設しました。駅前店舗というアクセスの良さから、幅広い層のお客様にご利用いただいています。

各支店では、毎月、最新の税制動向などをご紹介するセミナーを開催し、その後の個別相談会も好評をいただいています。

セミナー後は、事務所のノウハウを凝縮させたメルマガの発信や広報誌の発行といった形で、継続的な信頼関係を築いてまいります。出版物も種々手掛けており、相続の体系的な理解を助ける「税金ガイド」から、税制の仕組みを応用した節税策、実務で取り扱った事例を紹介す

スマートフォンからのお問い合わせはこちらから

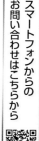

事務所概要

代表社員 税理士
立教大学大学院客員教授
清田幸弘

昭和37年1月1日生まれ。明治大学卒業。横浜北農協（現横浜農協）に9年間勤務。平成9年、清田会計事務所設立。その後、ランドマーク税理士法人へ改組。

税理士、行政書士、立教大学大学院客員教授、農協監査士、宅地建物取引士。

東京税理士会麹町支部

社員数 340名（令和4年9月時点）

〈ランドマーク税理士法人〉

東京丸の内事務所
新宿駅前事務所
池袋駅前事務所
町田駅前事務所
タワー事務所
横浜駅前事務所
横浜緑事務所
新横浜駅前事務所
武蔵小杉駅前事務所
大宮駅前事務所
（順不同）

〈ランドマーク行政書士法人〉

湘南台駅前事務所
朝霞台駅前事務所
鴨居駅前事務所

0120-48-7271

るものまで、幅広いご興味に対応しています。

このように「相続」の専門家として認識していただいている当社へは、遺産争いや、不動産の登記など、税務以外の法律問題のご相談も少なくありません。ワンストップサービスの架け橋として、顧問弁護士や顧問司法書士による無料相談などサポート体制を充実させています。

会計事務所・金融機関・不動産業者の強力なブレーンとして

近年は同業の税理士事務所や、金融機関・不動産業者の方々からのご相談が増えています。相続の専門家は多くないため、自身の申告内容が適正か、相続や税金に悩むお客様へどのようなアドバイスをしたらいいのかなど、疑問を抱えた実務家は少なくありません。

そのような方を、相続の専門知識を持つプロフェッショナルにまで養成する「丸の内相続大学校」は、令和4年に第19期を迎えました。相続実務の第一線で活躍中の先生方を招き、「相続」の幅広さと奥深さを同時に味わえる充実した講義を提供しています。ここで得た知識を民間資格として認定する「相続マイスター制度」を創設しました。認定相続マイスターの方々は、相続の現場で日々活躍をされています。

徹底した組織体制で顧客をサポート

当社が得意としているのは、相続税分野だけではありません。

個人・法人にかかる所得税や法人税などの申告についても、相続税同様、きめ細やかなサービス提供を徹底しております。毎月必ずご訪問し、ひざをつきあわせた相談対応を行うことで、お客様の事業実態に合わせた、オーダーメイドの経営助言、節税提案に努めております。

さらに、各専門家との強力な連携を持ち、お客様には常に最新で高度な専門知識を提供させていただいております。

税理士法人YMG林会計

2004年度版から10回連続選出

事務所の特徴

ＹＭＧ林会計は林充之以下全員が経営コーチです。税務はもちろんのこと、リーダーシップやマネジメントといった経営の知識と、それを的確に伝えるコーチングのスキルを持った会計人が、税務だけでなく経営面でも経営者をサポートします。

Web・SNS

Webサイト　https://www.ymgnet.co.jp/

E-Mail　info@ymgnet.co.jp

お客様のニーズに応える万全の体制

ＹＭＧ林会計グループは税理士法人ＹＭＧ林会計を中心に約１００名。各種法人・個人・業種を問わず、幅広くご相談に応じられる専門スタッフを取り揃え、お客様の様々なニーズに即座に対応できる万全な体制を整えております。

相続・事業承継全国でも屈指の事務所

ＹＭＧ林会計は、横浜に昭和41年創業。この間大きく様変わりした横浜、特にＹＭＧ林会計のある緑区は、「昔は農家、今では資産家」と言われる方達が多く住んでいる土地柄でもあります。地域の発展と共に数多くの相続案件に携わらせて頂きました。

今や相続においては全国でも屈指の事務所と自負しております。相続税の計算や事前対策は勿論のこと、相続発生後の諸手続きに関してもグループ内の相続手続支援センター神奈川がアドバイスさせて頂きます。

ともすると「相続」は「争族」になりがち。それを回避するためにも事前対策をすると同時に、故人の遺志をしっかり受け止め、未来への引き継ぎをお手伝いすることを旨としています。

中小企業庁認定の経営革新等支援機関

会社経営は日々的確な判断とスピードが求められています。直接利益に結び付きにくい面倒な手続きよりも、営業活動に専念したいというのが経営者の本音です。

面倒な手続きはＹＭＧ林会計ですべて代行します。創業時の開業資金や資金繰りに関しても、政府系金融機関の相談会を個別に設けています。しかも中小企業庁認定の経営革新等支援機関なので、通常よりも低い金利での融資をご提案できます。

社員教育に力を入れています

お客様に安心して頂ける充実したサービスを提供するには、社員のレベルアップが欠かせません。ＹＭＧ林会計では毎月初日に税務を中心とした事務所内研修を行っております。この他にも動画研修、営業研修、日本経営コーチ協会主催の研修など、他に

スマートフォンからのお問い合わせはこちらから

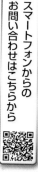

事務所概要

代表社員 税理士　林 充之

昭和36年生まれ。法政大学卒。平成11年税理士登録。
税理士法人YMG林会計の代表として現在に至る。外部団体からの依頼による講演活動で高い評価を得ている。
著書：「起業を成功へと導く経営コーチ」「その時、会社が動いた」「サラリーマンのための相続トラブル対策」「土下座と健太と経済学」
東京地方税理士会緑支部所属。

税理士法人YMG林会計を中心としたYMGグループ（Yokohama Management Trust Group）

代表者：林 充之
職員数：約100名（税理士10名）

所在地
〒226-0025
横浜市緑区十日市場町861-6
0800-800-7884
TEL 045-983-0110　FAX 045-983-5617

ない充実した研修を通して、全体のレベルアップを図っております。

ＹＭＧ林会計はココが違います！

①お客様を徹底的に応援します

毎月訪問している関与先様へ無料でお客様のチラシを配布しています。また、お客様の未来を一緒になって創造する事業計画を推進しています。

②地域への情報発信基地です

情報誌「ＹＭＧ倶楽部」「経営コーチ通信」「経営コーチメール」を無料で配布・配信しています。さらに「経営コーチセミナー」など、お客様のニーズに合わせたセミナーを適宜開催しています。

③難しいことを分かりやすく説明します

分かりやすいと評判の「決算診断提案書」を使って経営状況を説明します。

④安心・万全の検算体制です

グループ検算と税理士検算、さらに最終申告チェックと万全の検算体制です。

⑤税務調査に強い事務所です

ＹＭＧ林会計には税務署ＯＢも含めて税理士が10名、まさかの税務調査にも心強い事務所です。

⑥ＩＴに強い事務所です

中小企業を悩ませる「電子帳簿保存法」「インボイス制度」もいち早くサポート体制を構築しました。グループ会社のＹＭＧソフトと共に企業のＩＴ化を強力にサポートします。

⑦お客様を総合的にバックアップします

ＹＭＧ林会計グループは税理士法人の「ＹＭＧ林会計」を中心に、グループ会社6社で構成されています。

「ＹＭＧ」は不動産コンサルティングとはんこ屋さんを運営、「ＹＭＧソフト」はＩＴ関連コンサルティング、「ＹＢインシュアランスサービス」はお客様の立場に立った保険を提案、「アイリスサポート」は記帳代行サービス、「つむぐ」は社会保険労務士法人、さらに「ＹＭＧコンサルティングラボ」による経理コンサルで企業のバックオフィス（経理代行サービス）をご提供し、企業経営全般にわたるサービスをご提供しています。

ＹＭＧ林会計は何でも相談できるコンシェルジュを目指しております。

税理士法人YGP鯨井会計

9
2004年度版から9回選出

事務所の特徴

- 企業経営のコンシェルジュを目指し、総合的なサポート体制を構築しています。
- 経営理念「地元企業と共に生きる」
- 経営方針「企業経営のコンシェルジュ」

Web・SNS

Webサイト　https://www.kujirai-kaikei.com
E-Mail　info@kujirai-kaikei.com

関与先企業と二人三脚の60年間

私ども鯨井会計グループは、昭和39年に会長の鯨井基司が茨城県下妻市で創業いたしました。その当時、地元の優秀な若者は東京の大学に進学してそのまま大手企業に就職し、地元には帰郷していただけない状況でした。そこで地元企業の発展に寄与し、優秀な若者が帰郷したくなる地域経済の発展に貢献することが、私ども鯨井会計グループの経営理念となっております。

鯨井会計グループの役割

企業経営では、パイロットが社長です。私ども鯨井会計グループの役割は、飛行機の計器盤だと考えております。パイロット（社長）が飛行機の運航（会社の経営）をするにあたり、正確な判断を下すための情報を、いかに適時・的確に提供できるかが私どもの役割です。そのためには、飛行機の中だけでそろう情報もありますが、管制塔などの外部から得られる情報もあります。

私どもは、経営者の皆様に有用な情報をより多く持参することと、経営者の判断を誤らせないための正確な情報をより分かりやすく提示することに全力を注いでおります。

企業経営のコンシェルジュ

私ども鯨井会計グループでは、企業経営のコンシェルジュを目指し、それぞれの会社が次の３つの側面から企業経営をサポートします。

①安心して経営していただける環境のサポート

- 税理士法人ＹＧＰ鯨井会計：税理士業務・経営アドバイス業務担当
- 鯨井行政書士事務所：法務行政業務・経営審査アドバイス業務担当

スマートフォンからのお問い合わせはこちらから

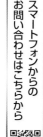

事務所概要

代表社員 税理士　鯨井基司

税理士法人YGP鯨井会計代表社員税理士。昭和11年生まれ。明治大学経営学部卒。昭和39年、鯨井会計創業。多岐にわたるお客様のニーズに対応するために、多くのグループ企業と連携し、税務・財務から融資、相続、行政、医業診断、リスクマネジメント、金融コンサルティング、労務管理、人材教育の情報を提供。平成19年4月に業務拡大に伴い新事務所を拡充。
関東信越税理士会 下館支部所属。

税理士法人YGP鯨井会計
設　立：平成20年11月
代表者：鯨井基司
職員数：91名（税理士6名）

所在地
〒305-0051
茨城県つくば市二の宮3-7-5
TEL 029-856-8066　FAX 029-858-4452

②安心して就業していただける環境のサポート

・社会保険労務士法人人事コンサル鯨井：社会保険労務士業務・人事労務アドバイス業務・助成金アドバイス業務担当

③安心して生活していただける環境のサポート

・株式会社つくば相続支援センター：相続支援アドバイス業務・リスク対策アドバイス業務・ＦＰアドバイス業務担当

業種に応じた専担者の育成

現在、中小企業の経営環境は非常に厳しい状況に置かれております。そのような状況下で経営者のご相談に応じるために、それぞれの分野で専担者を育成し、的確なアドバイスをさせていただく体制を整えさせていただいております。

専門分野といたしましては、一般事業部門、建設及び不動産部門、医療部門、飲食・理美容部門、資産税部門、金融部門、行政部門、記帳代行部門、農業部門、公益法人部門、人事労務管理部門、助成金部門、人材教育部門、リスク管理部門、システム部門、資産運用部門にわかれております。

これらの部門の専担者が、それぞれの分野における専門知識を有したスペシャリストとしてアドバイス業務に力を注いでおります。

異業種交流会としての「種徳会」

経営者は孤独な職業と言われておりますが、経営者同士の横のつながりを構築していただく目的で異業種交流会としての「種徳会」を運営しております。現在1000社を超える企業の経営者の方々に加入していただき、経済講演会、情報交換会、研修会、視察研修、情報誌発行、親睦ゴルフコンペ開催などの多岐にわたる活動を展開しております。

あおいパートナーズ会計事務所

暁アカウンティングアドバイザリー株式会社
あかつき会計グループ名古屋

事務所の特徴

- あらゆる問題解決をサポートする総合会計事務所
- 経験豊富な会計士らによる的確なアドバイザリー・サービス
- 全国ネットワークによる監査・BPOサービスの展開
- 上場企業から個人企業までの幅広い支援実績
- 公益法人、学校法人、宗教法人、社会福祉法人等にも対応
- M&A・事業承継の強力なサポート陣営

あおいパートナーズ 会計事務所

AKATSUKI ACCOUNTING ADVISORY

Web・SNS

Webサイト　https://www.aoi-partners.jp/
　　　　　　http://www.akatsuki-aa.co.jp/

E-Mail　info@aoi-partners.jp

4

2013年度版から4回選出

ソリューション提案型の総合会計事務所

劇的に変化していく経営環境の中、「決算業務の早期化を実現したい」「業務プロセスを抜本的に改善したい」「M&Aにより事業承継を進めたい」「組織における内部統制を強化したい」など、経営者の方々の抱く課題は実にさまざまです。

私たちにはプロフェッショナルとしてのスピーディーで戦略的な解決策が常に期待されています。私たちは会計というツールを駆使し、常に最適なソリューションを提供することで、経営者を強力にバックアップするブレーンの役割を担い、クライアントの企業価値向上を目指しています。

BPOサービスの全国展開

私たちは『あかつき会計グループ』というサービスブランドのもとで、各種監査業務及びBPO（ビジネス・プロセス・アウトソーシング）事業を全国に展開しております。お客様のニーズに合った最適な経理・財務業務の形態をご提案させて頂きます。

また、経理業務のフル・アウトソーシングにも対応しております。経理業務をプロにアウトソースすることで業務効率が改善し、高品質かつ安定的な運用と、コストの大幅な削減が実現可能となりますが、当グループでは公認会計士、税理士がチームリーダーとなって品質管理を行い、いわゆる社外CFOとなって経営者の方々を力強くサポートしています。

ディスクロージャーが必要な中堅規模の上場企業から、連結決算対応が必要な大企業の子会社や、経理部門を徹底的にスリム化したい中小企業、さらには公益法人等まで幅広く対応しています。

充実・進化したM&Aアドバイザリー・アライアンスサービス

私たちは、M&A分野の専門組織として「暁M&Aセンター」を開設し、M&A、事業承継に関するさまざまなニーズにお応えしております。初期相談からスキームの提案、査定、マッチング、交渉、デューデリジェンス、契約、アフターフォローまで一気通貫したアドバイザリー・サービスを行っています。

スマートフォンからのお問い合わせはこちらから

事務所概要

代表　公認会計士 税理士　後藤達朗

あおいパートナーズ会計事務所代表、暁アカウンティングアドバイザリー株式会社代表取締役。昭和45年生まれ。名古屋大学大学院経済学研究科修了。EY新日本有限責任監査法人勤務。平成18年、株式会社日比谷パートナーズ代表取締役就任、後藤公認会計士事務所開設。平成23年、暁アカウンティングアドバイザリー株式会社代表取締役就任。東京、名古屋、大阪を中心にサービスを展開中。名古屋税理士会東支部所属。

あおいパートナーズ会計事務所
〒461-0038
愛知県名古屋市東区新出来1-5-19-1F
TEL 052-935-3389　FAX 052-935-3388
あかつき会計グループ名古屋
TEL 0120-355-063

暁アカウンティングアドバイザリー株式会社
〒104-0061
東京都中央区銀座1-3-1　G1ビル7F461
TEL 03-4577-6669　FAX 03-5770-7883

士業や各種コンサルタントとの連携のもとで独自のネットワークを形成しており、最新の情報を共有しながら、M&A市場に出る前の段階でプロジェクトを進めていくことをモットーにしています。事業承継問題は、日本経済にとって今後益々重要な課題となっていきます。

また一方で企業にとって新規分野への参入は事業強化や成長性持続のための重要課題です。私たちは高い専門性とノウハウにより、最適な提案を常に心がけています。

管理会計システムの導入を推進

正確なコストを把握することは、すべての業種において必要不可欠です。どのような業種でも正確な原価をもとに販売・サービス価格、製品価格、受注価格を定めることが利益創出のキーとなります。

ITの活用によって必要なデータが常時確認でき、部門別の業績管理ができる仕組み、原価管理ができる仕組みがあると、社内の意識が改革され、業績はおのずと向上していきます。特に経営者にとって意思決定に必要な会計情報がタイムリーに把握できることが重要です。財務会計上のデータを組み換え、目的に応じた測定が可能となる会計情報を提供できる仕組み作りを推進しています。

起業家を応援する体制の充実

私たちがご提供する「起業家応援パック」では、開業相談から事業計画の策定、会社の設立、資金調達等の支援、各種届出まですべて無料でご支援しています。

また経理が初めてのお客様でもとても簡単に入力でき、タイムリーに業績管理のできるクラウド会計をベースとした会計・税務・給与等のプラットフォームを導入して会計事務所と連携し、自社の経営状況を把握しながら、会計の知識も習得していくことが可能です。月次、決算時にご提供する経営分析資料も分かりやすい、と大変ご好評を頂いています。

経営の見える化を図り、会計数値から浮彫りになる事業の問題点や解決策を指南していきます。

イワサキ経営グループ

株式会社イワサキ経営　税理士法人イワサキ

2003年度版から11回連続選出

事務所の特徴

①キャッチコピーは「経営と、人生と、地域の力になる。」
② 120 名体制のワンストップコンサルティンググループ
③補助金、経営計画、黒字化支援により黒字割合 65％超を実現
④ＩＴに強い！顧問先のコロナ対策、ＤＸ支援も万全
⑤相続・事業承継に強い！相続案件年間 500 件超！

Web・SNS

Webサイト　https://www.tax-iwasaki.com/
Twitter　@taxiwasaki
Facebook　@tax.iwasaki
Instagram　taxiwasaki

スタッフ120名体制のワンストップコンサルティング

私たちは、静岡県東部を中心に活動している税理士法人を母体とした総合コンサルティンググループです。「経営と、人生と、地域の力になる。」というキャッチコピーを掲げ、地域の中小企業経営者の経営支援はもちろん、その社員や家族、そして地域に住む全ての人たちの暮らしを支えるべく、税務・経営・相続・保険・資産運用・不動産など、あらゆる分野をワンストップでサポートする体制をとっております。

創業50年、約120名体制のイワサキ経営グループは、地域から愛され必要とされる会社になるべく、常にグループ一丸となって挑戦を続けております。

お客様の幸せ実現のため、経営計画による黒字化支援を徹底

私たちは、社員の幸せ、お客様の幸せを追求していくという企業理念があります。

そして、私たちのメインのお客様である中小企業経営者にとっての幸せとは、その企業の永続的発展にほかなりません。

中小企業の7割以上が赤字といわれるなか、私たちはお客様の80％以上の黒字経営を目指しています。

そのために最も力を入れているのが「経営計画」です。

経営計画というと、金融機関や支援機関、経営コンサルタントなどの専門分野を思われがちですが、実は私たちのように、毎月お客様とお会いし、経営の核となるあらゆる数字を把握し、税務全般に精通している会計事務所こそが、経営に密着したサポートを実現できるのです。

最近は、専任トレーナーによるダイエットプランが脚光を浴びていますが、私たちの行う経営計画に基づく経営改善、業績アップのサポートは、あのシステムとも似ています。

理想の体型（数字）を目指して日々の

スマートフォンからのお問い合わせはこちらから

事務所概要

代表社員 税理士
岩﨑一雄（写真左）

株式会社イワサキ経営代表取締役会長。税理士法人イワサキ代表社員。昭和14年生まれ。昭和48年岩﨑一雄税理士事務所開業。東海税理士会沼津支部所属。

代表取締役社長
吉川正明（写真右）

平成8年岩﨑一雄税理士事務所入所。平成25年株式会社イワサキ経営代表取締役社長就任。株式会社アークウェルス代表取締役。相続手続支援センター静岡LLP代表。日本商工会議所青年部令和3年度会長。

株式会社イワサキ経営／税理士法人イワサキ／あいわ行政書士法人／株式会社アークウェルス／株式会社ファーストライト

創　業：昭和48年
代表者：岩﨑一雄・吉川正明

職員数：120名（税理士10名、行政書士4名、中小企業診断士1名）

〒410-0022
静岡県沼津市大岡984-1
TEL 055-922-9870
FAX 055-923-9240

運動や食事を管理し、データを定期的に検証する。計画通り進んでいないところがあれば、その原因を分析して改善する。

私たちは、そんなお客様の理想の経営状態を実現するために、常に伴走する専任トレーナーのような立場でお客様のサポートを行っております。

まずは自社で実践、そしてその成功事例をお客様に提供する（見せる）「ショールーム型」の経営支援

当社は、会計事務所でありながら、従来の税務会計に留まらず、お客様の成長支援を行うコンサルティング会社でもあります。しかし、経営者であるお客様に対して、経営のアドバイスをするのはなかなか難しいことでもあります。

我々が行うのは、経営を「指導する」というよりは、様々な気づきを与え、経営者が的確な経営の意思決定を行うためのサポートをすることだと考えております。

従って、まずは自社で取り組んで成果のあったものをお客様に提供する（お見せする）「ショールーム型」の経営支援をベースとしたサポートを行っています。

当社は既に、フリーアドレス制やペーパーレスなどの取り組みにも成功しており、全国の会計事務所からも見学したいという声を多くいただいております。

また、ＤＸにも積極的に取り組んでおり、グループウェアの導入、独自の社内サイト構築、社員全員へのスマホ支給などにより、社員全員がＩＴをフル活用した業務体制を実現しております。

新型コロナウイルスの感染が拡大した際にも、いち早くテレワークを推進し、オンライン会議やリモート業務などを駆使して、生産性・品質を落とさずに社員が安心して働ける環境を作っております。

このような当社の事例をお客様に提供することこそ、最高のコンサルティングであると考えております。

税理士法人エール

初選出

事務所の特徴

①社長、何歳まで働くつもり？

②毎日ゴルフできる社長になろう

③努力・友情・勝利

④ファンドに会社売却しよう

⑤資産運用で不労所得を作ろう

Web・SNS

Webサイト　https://sugoigundam.jp/

まずは年収2000万円＆自動化で皆様をご支援

年収2000万円をとれるよう会社を成長させるサポートをしています。利益が出ると、さらなる成長のために投資ができます。最初の事業立上げやビジネスの選択で躓き、儲からないビジネスをダラダラと続けるゾンビ企業の社長にならないために、お客様の経営支援を行っています。

人体実験の結果をシェア

儲かってくると節税したくなりますよね。そして、残念な節税商品や投資、詐欺案件に手を出し、本業で稼いだお金を溶かす社長を沢山見てきました。私もたくさん溶かしました♪

そんな高リスクとらなくても、比較的堅い案件で月100万円以上の資産運用から入ってくる収入作りもサポートしています。

自由な経営者を育てる勉強会を主催

とっとと毎日ゴルフできる社長になりましょう！ そしてさらなるビジネスチャンスを摑み、連続起業家になりましょう！

会社を成長させ、売却し得た資金でさらに次のビジネスを立上げ、世の中に革新的なサービスを生み出し続ける社長様をサポートします。

集客・営業・管理・採用・教育のプロと連携し、必要な情報・知識・経験をお伝えしています。

スマートフォンからのお問い合わせはこちらから

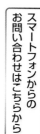

事務所概要

代表社員　税理士　永江将典

税理士法人エール代表社員。税理士。昭和55年生まれ。早稲田大学理工学部卒。社長がチャンスを摑めるよう、毎日ゴルフ三昧でも会社が回るような仕組み作りをサポートする税理士法人を作りました。名古屋税理士会中村支部。

税理士法人エール
創　業：平成24年
代表者：永江将典
職員数：40名（税理士8名、公認会計士1名）

所在地
〒453-0801
名古屋市中村区太閤3-1-18
TEL 052-446-5971
FAX 052-433-8801

永江氏（写真左）とエールの顧問先で経営コンサルティング会社アルセーヌ株式会社代表取締役社長の幅 建実氏（同右）

税理士法人SS総合会計

社会保険労務士法人SS総合労務　株式会社SSブレイン　株式会社BTC
浜松建設事務センター　株式会社T&Tマネジメント

2 2013年度版から2回選出

事務所の特徴

①中小企業の経営者様のお困りごとをワンストップで解決！
②業界トップレベルの累計コンサル件数！(500社以上)
③若手経営者向け「経営輝塾」大好評開催中！
④全国の税理士向けに自社の経営手法を包み隠さず大公開！
⑤地元向けセミナーイベントで200名を超える集客に成功！

Web・SNS

Webサイト　https://ss-group.co.jp
E-Mail　info@ss-group.co.jp
Facebook　@sssougoukaikei
Twitter　@sskaikei

税理士を超えた経営のパートナー

SS経営コンサルティンググループは、税理士法人SS総合会計、社会保険労務士法人SS総合労務、㈱SSブレイン、㈱BTC、浜松建設事務センター、㈱T&Tマネジメントの6社で構成されています。

今年で創業52年！社員パート含めて全部で66名。「税理士を超えた経営のパートナー」を事業コンセプトとして、中小企業の社長様に寄り添いながら経営課題を解決することをモットーとしています。

さらに、全国の士業（国税退官者・弁護士・司法書士・税理士）やコンサルティング会社（M&A・高度税務スキーム・助成金支援）と提携してあらゆる事業ステージ（創業期・成長期・衰退期）にいる中小企業のお困りごとをワンストップで解決する総合経営治療ステーションを目指しています。

SS経営コンサルティンググループに聞けば、自分たちにマッチした情報を適切に親身に教えてくれる、そんな「世話焼きな中小企業のプラットフォーム」になっていければと思っております。

経営コンサルに強い税理士！黒字化とビジョンの実現を支援します！

SS経営コンサルティンググループは、先代鈴木眞一の時代より中小企業の経営を救うべく、経営計画書作成及び経営会議支援を40年近くやってきました。その数は、累計で500社以上。現在の2代目後継者で代表の鈴木宏典が先代である父の思いを受けて、将軍の日（中期経営計画策定の日）、単年度経営計画策定、先行経営PDCA会議の3つからなる経営コンサルティングサービスを地元の若手経営者に展開しています。

このコンサルティング会議は実働ベースで毎月80件以上！日々、社員が中心となり顧問先に対して経営指導を行っています。全顧問先の黒字化は勿論のこと、社長の夢（ビジョン）を叶えてもらいたいという一心で懸命に取り組んでいます。

スマートフォンからのお問い合わせはこちらから

事務所概要

代表社員　税理士　鈴木宏典

昭和50年生まれ。同志社大学法学部卒・同大学院法学研究科修了。著書に「デキる二代目社長は知っている事業承継5つの鉄則」がある。税務、財務コンサルティングに加え、経営計画・経営会議を通じたマネジメントアドバイザリーサービス（MAS）を得意とする。SS経営コンサルティンググループの2代目経営者として、60名を超える社員・パートスタッフとともに、500社を超える中小企業の顧問をしている。東海税理士会浜松西支部所属。

**税理士法人SS総合会計／社会保険労務士法人SS総合労務／㈱SSブレイン／㈱BTC
浜松建設事務センター／㈱T&Tマネジメント**

創　業：昭和46年4月
職員数：66名（税理士4名）

本社：〒430-0901
静岡県浜松市中区曳馬
6-25-36
TEL 053-474-3177

支社：〒430-0939
静岡県浜松市中区連尺町
307-14
出雲殿互助会連尺ビル504
TEL 053-455-3178

大人気！地元若手経営者向け「経営輝塾」絶賛開催中！

時代は激動期！中小企業を取り巻く環境は、年々厳しいものになっています。

そんな中、漠然とした不安を抱える若手経営者・後継者向けに、代表鈴木宏典が自ら講師となって、全9回の「経営輝塾」を展開！1講義5，500円（税込）で受講できます。内容は、理念策定、事業戦略、組織戦略、財務数字の見方から人材教育まで、非常に幅広いテーマを取り扱っています。5年間で27期まで開催され、地元の中小企業の若手経営者に大人気の講座となりました。オンラインとリアルを掛け合わせたハイブリッド型経営塾のため、全国各地からご参加いただけます。経営塾という勉強会を通じて、少しでも若手経営者に貢献できればと考えています。

全国の税理士向けに当社の事務所経営のノウハウを広げています！

SS経営コンサルティンググループのサービスは地元経営者にとどまらず、全国の税理士向けにも展開しています。

1つは、地元経営者向け経営コンサルティングサービス手法の広げ方。そしてもう1つは、女性のパートスタッフ活用による生産性向上の仕組み化。この2つのノウハウを、塾形式での展開や、SS経営コンサルティンググループの見学会の開催などを通じて積極的に同業者に対して提供をしています。

「地元のみならず全国の中小企業の皆様を元気にしたい！そのためには、全国の士業の先生にも積極的にノウハウ提供をしていきたい！」そんな代表鈴木の思いで展開するこのサービスは「大変分かりやすい！」「すぐに使えるノウハウでとても助かっています！」と全国の税理士の皆様から大変好評をいただいています。

SMC税理士法人

一般社団法人SMCホールディングス　株式会社SMC総研
株式会社会計ファクトリー　株式会社SMC-POWER

事務所の特徴

①「お客様を百年企業に！」をミッションに掲げ、様々なサービスを提供します。
②明確な料金表に基づき、契約に基づいたサービスを提供します。
③経営コンサル（MAS 監査）を通じ、融資、事業承継、売上拡大等、税務以外のサービスも提供します。
④社員平均年齢は 30 代前半と若く IT を駆使したサービスを提供します。（MF、freee、Chatwork、kintone 等）
⑤豊富な経験により税務調査に強いです。

Web・SNS

Webサイト　https://www.smc-g.co.jp/　　**Facebook**　SMC税理士法人
E-Mail　smc@smc-g.co.jp

④
2009年度版から4回選出

東海地域を中心に中小企業を支援 お客様を百年企業に！

SMC税理士法人は、東海地域を中心に、中小企業の皆様を支援しております。東海地域と記載しましたが、実際はZoomやChatworkにより、日本全国、さらには海外にもお客様がおります。

一般的な税務会計のみならず、お客様の目標達成に導く『先行経営 tassei』、融資対策、借換対策、経費削減コンサル、マーケティングサービスなど、商品展開は多岐にわたります。

これらの商品は我々がお客様に提案したいと思い作った商品でもありますが、お客様の求めに応じて作った商品でもあります。今後もお客様のニーズに基づいて、商品を展開します。

明瞭な料金表に基づいた税務会計

SMCはお客様に対して、一律の料金表で対応しております。儲かっているからとか、赤字だからで忖度しません。しっかりと料金、契約内容を理解していただき、それに基づきサービスを提供します。当たりまえのことのようですが、SMCに変わっていただくきっかけになったお客様の不満1位がこの部分です。

SMCは納税を推奨します。納税しなければ現金が生まれないからです。百年企業になるためには、現金が必要で、現金があれば百年企業に成れます。

お客様にも現金の重要性を伝えると当初は節税ありきのお客様も、納税の重要性、現金を会社に残すことの大切さを少しずつ理解していただけます。

『先行経営tassei』

一般的にはMAS監査と呼ばれますが、SMCではお客様の目標達成に、より貢献したいとの思いから、この商品名で展開しております。契約しているお客様は95%以上黒字、継続率も9割以上です。

中期、単年度の数字計画から始まり、具体的なアクションプランを設定し、お客

スマートフォンからのお問い合わせはこちらから

事務所概要

代表社員　税理士　西川正起

SMC税理士法人　代表社員。株式会社SMC総研　代表取締役社長。税理士。昭和56年生まれ。東京IT会計専門学校名古屋校卒。在学中に税理士試験に合格し、新卒でSMC税理士法人に入社。一度は退社し、他法人を経験後、再度SMC税理士法人に入社。一般的な税務だけでなく、MAS監査等を通じ、お客様の事業継続に尽力しています。また、最近は特にITとサービスをいかに組み合わせるかに力をいれ、質の向上、安定化に努めています。東京税理士会京橋支部所属。

SMC税理士法人

創　業：平成元年
代表者：西川正起
職員数：82名（税理士14名、公認会計士1名、中小企業診断士1名）

所在地
〒450-0002
名古屋市中村区名駅4-5-27 大一名駅ビル5階
TEL 052-446-5626　FAX 0572-22-0694

様に実行していただきます。この実行いただくところがポイントで、我々は基本的には案を一緒に考え、お客様の行動をチェックすることに徹します。お客様自身が業界を一番理解していると考えるからです。

ただ、そうはいってもアクションプラン通りできていない経営者がとても多いです。この商品を契約いただければ、必ず実行できます。そして目標達成します（近づきます）。

ＳＭＣも、他のコンサルから同類のサービスを受けています。毎月チェックし目標に向かっております。作った計画をしっかりと実行する。これだけでも会社は良くなります。

ITツールを積極的に利用

Chatwork、freee、マネーフォワードなどのＩＴツールを積極的に利用したり、社員にスマホを貸与したり、ＩＴスキルの向上を図っています。ＳＥも３人在籍し、クラウドシステムでテレワークも導入しております。

マネーフォワードやfreeeの利用件数は東海地域では4番以内です。新規の契約中心でこの状態であるため、今後のソフトウェアの充実、電子帳簿保存法等による法制度の後押しにより、今後も需要は増えると思います。

お客様と共に成長する。

百年企業になるためには、成長が欠かせません。ＳＭＣではセミナーを毎週開催し、お客様に成長する機会を提供しております。税務にとどまらず、融資、補助金、マーケティング、ＩＴ等です。ＳＭＣのお客様は勉強熱心ですが、ＳＭＣの社員もお客様の成長に負けないよう、必死に成長します。

ＳＭＣは毎期20％近く成長しております。新卒中心に若手の社員も採用でき、新しい知識の習得に非常に前向きです。

今後も、お客様の求めに応じたサービスを開発し、成長を後押しします。

税理士法人STR

司法書士法人STR

事務所の特徴

税理士法人STRは、
お客様に代わって専門知識を習得し、
お客様と共にプロジェクトを実行し、
お客様の成功と幸せの実現をお約束する、
税務のプロフェッショナル集団です。

Web・SNS

Webサイト　http://www.str-tax.jp
E-Mail　info@str-tax.jp

11

2003年度版から11回連続選出

提案型会計事務所

税理士法人ＳＴＲは、最新の税法・会社法を駆使した戦略的な法人税等の節税、事業承継対策などを得意とする専門家集団です。

複数の税理士をはじめ、司法書士、社会保険労務士、行政書士などの専門家を抱え、また弁護士などの専門家と連携して、さまざまなニーズにお応えする提案型の会計事務所として、創業から上場まで幅広くコンサルティングをしています。

また、相続税申告件数も年間２００件を数え、東海地方屈指の資産税にも強い会計事務所です。

業務内容

○会計・税務

お客様の成長と発展のために、豊富な実務経験に裏打ちされたスタッフの専門知識を駆使し、皆様の納得いく決算、情報の提供、税務相談、経営診断・提案を行います。

○相続関連

大切な財産を継承する際のお客様のさまざまな悩みや不安に対し、きめ細やかな多数のサービスをご用意しております。皆様が安心して相談できる窓口となり、お役に立ちたいと願っています。

○事業承継

専門スタッフの目を通して会社の抱える問題点を整理し、事業承継と自社株対策のご提案をします。万全な計画ときめ細やかなサポートで次世代にもつながる承継対策をご提供します。

○司法書士法人

高度な組織再編や種類株式の発行、信託契約など通常の司法書士事務所では対応が難しかった複雑な事案などにも迅速に解決策を導き出します。商業登記や不動産登記などの業務にとどまらない広範囲なサービスを心掛けております。

○M&A

後継者難のためのM&Aから事業拡大のためのM&Aまで最適な相手探し、デューデリジェンス、バリュエーションと

スマートフォンからのお問い合わせはこちらから

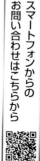

事務所概要

代表社員 税理士　小栗 悟

1962年、岐阜県生まれ。十六銀行、監査法人トーマツを経て、1989年事務所開設。資産税対策を中心に活躍中。執筆や講演、TV、ラジオ出演など多数。名古屋税理士会名古屋中村支部。


〈著書〉「ここがポイント！新しい事業承継税制の上手な使い方」

「経営者と銀行員が読む　日本一やさしい事業承継の本」

「節税の鬼になる本（会社編）」

「節税の鬼になる本（個人財産編）」

「なぜかお金がやってくる魔法の算式」

税理士法人STR／司法書士法人STR
代表者：小栗 悟
職員数：45名（税理士7名、司法書士1名、行政書士1名、社会保険労務士1名）

〈名古屋本部〉〒450-0001
名古屋市中村区那古野1-47-1
名古屋国際センタービル17F
TEL 052-526-8858
FAX 052-526-8860

〈岐阜本部〉〒500-8833
岐阜県岐阜市神田町6-11-1
協和第二ビル3F・4F
TEL 058-264-8858
FAX 058-264-8708

実務全般をＭ＆Ａの専門家がサポートいたします。

最大の利益

決算書を「過去データの確認という役割」から「経営計画を軸とした将来ビジョン策定への利用」に進化させ、目的を明確にすることで、財務体質を改善しながら最大の利益を創造するお手伝いをします。

最小のＴＡＸ（税金）

毎期の決算における納税を、事前の決算対策により最小にしていくプランニングを実行するのはもちろんですが、もっとも力を入れているのが相続・事業承継対策です。特に最新のテクニックである「組織再編税制」を利用した自社株対策を実行することにより、スムーズな事業承継が可能となるようにお手伝いをしております。

トータルサポート

総合事務所というカテゴリーでお役に立つためには各種の専門家をそろえるだけでは実現できません。それぞれの専門知識が融合して新しいサービスを生むことこそが、トータルサポートと呼べると思っております。ＳＴＲグループでは税理士、司法書士をはじめとする専門家群が強力なチームでお客様のお役立ちに貢献をいたします。

お客様と共に

いかなるステージにおいても適切かつ最高のサービスを提供するために、弊社スタッフが、お客様の代わりに高度な専門知識を習得し、提案力・実行力に磨きをかけております。お客様と共に次なるステージへ続く道を歩み、成功へと導きます。

弊社の専門スキルが、お客様の成長と発展のために活かされることを、心から願っております。

大家の右腕税理士事務所

株式会社右腕　一般社団法人大家の右腕

初選出

事務所の特徴

- 全国でも類を見ない大家さん専門税理士として、相続税・所得税の節税や、予定通り儲かるために税引後のキャッシュフローの最大化を目指す、コンサルティングをさせて頂きます。
- 2代目オーナーさんの「幸せな事業承継」を実現して頂くための後継者育成・教育
- まさに大家さんの右腕としてトータルサポートさせて頂きます。

Web・SNS

Webサイト　https://migiude-tax.com/
https://tax.oyanomigiude.com/
E-Mail　info@migiude-tax.com
Facebook　大家の右腕

「大家」さんのための会計事務所

当事務所は、名前の通り「大家」さんの右腕となるべく設立した事務所です。

事務所代表の細江博之は、独立以前より、資産税専門の税理士法人にて、約10年間、計300名以上の「大家」さん、すなわち不動産オーナーの皆様の経営、相続に伴走させていただいてきました。

その経験の中で、不動産オーナーが直面する様々な問題に対処するには、「ご家族全体の幸せ」の視点が欠かせないという考えに至りました。すなわち、賃貸業経営の健全化や、後継者を育成するといった、相続が発生する前の段階からの視点が不可欠だということです。

「大家」さんの右腕が今足りない！

しかしながら、ご家族全体を見通した提案ができる存在が、社会に今足りていません。

不動産賃貸業の税務についてだけでも、法人税、所得税、住民税、贈与税、相続税、消費税、固定資産税、不動産取得税などといった、複数の税金が絡み、総合的な判断が常に求められます。それぞれの節税だけを考えてしまうと、部分最適となってしまい、結局別の場面で、余計なコストが発生してしまう恐れがあります。

また、それのみならず、「家族代々の土地をどうするのか」といった、賃貸経営を超えた視点での問題にも、不動産オーナーご家族全体で向き合う場面が多々発生します。

このような複雑な問題に対し、不動産仲介業者などは、税金対策までの視点を持ちあわせておらず、他方、不動産専門ではない一般の税理士は、個々の税金計算はできたとしても、総合的な視点から判断の助言をするための不動産に対する知見が足りていません。

「ご家族全体の幸せ」を考えるためには、既存の税理士業務を超えた、まさに「右腕」とも呼ぶべき存在が必要となるのです。

スマートフォンからのお問い合わせはこちらから

事務所概要

代表　税理士　細江博之

大家の右腕税理士事務所 代表税理士。株式会社右腕 代表取締役。一般社団法人大家の右腕 代表理事。1983年生まれ。法政大学法学部卒。2021年、税理士事務所開業及び会社設立。大家さん（不動産賃貸業）特化の事務所を開業し、多面的な節税方法を研究し、大家さん向けの究極の節税を展開している。また、税務だけでなく、税理士を超えた大家さんのコンサルティングに力を入れており、「3代で資産をなくさない」をモットーに名古屋の地主系大家さんの資産防衛対策を展開している。名古屋税理士会中支部所属。

大家の右腕税理士事務所／株式会社右腕／一般社団法人大家の右腕

創　業：2021年
代表者：細江博之
職員数：4名（税理士1名）

所在地
〒460-0003
名古屋市中区錦三丁目11-25
アーク栄錦ニュービジネスビル306号室
TEL 052-962-6577　FAX 052-962-6578

税務だけでなく「大家」さんの諸問題をトータルサポート

上述の問題意識のもと、勉強を進める中で、不動産ファンド出身のコンサルタント、現役不動産オーナーの方々との出会いがあり、彼らの知見を加えることで、「大家の右腕」としてサポートする体制を構築することができました。当事務所では、

①不動産賃貸経営の健全化サポート
②後継者育成・幸せな事業承継の実現
③ご家族全体を見通した資産管理・相続

をご提案させていただきます。

以下、具体的なサービス内容を記載します。

不動産賃貸経営の健全化

複数年の事業計画をもとに、経年変化、賃料予測、退去予測まで織り込んだうえで、投資判断を行っていただけるよう、サポートさせていただきます。

後継者育成

当事務所では、大家の右腕勉強会を開催しております。現役不動産オーナーが講師となり、「予定通り儲かった大家」になるための講義を全12回で開催しております。参加者の大家さん達が、意見交換をする場としてもご活用いただいております。

出口戦略まで見通した新築・購入・売却検討

物件ごとの分析書を作成し、取得、保有運営、売却までの運用指標をご提案させていただきます。法人化活用などもふくめ、ご家族全体の不動産資産の組み換え方針を検討できるよう、サポートさせていただきます。

全国対応

上記サービスを、全国でWeb対応させていただきます。お気軽にメールでお問い合わせください。

各務克郎税理士事務所

Kakami-Office ／C-MAS 介護事業経営研究会岐阜中支部

事務所の特徴

①NPOと福祉に強い税理士事務所。
②顧問先法人の半数以上がNPO法人と福祉系の営利法人。
③NPO法人の事業報告等、関係所轄庁への報告・届出業務の一切をサポート。
④認定NPO法人の各種手続もサポートさせて頂きます。
⑤介護保険法や障害者総合支援法等に基づいた専門的な経営の相談にも対応。
⑥福祉事業者様の運営指導の指摘事項への対応もサポートさせて頂きます。

Web・SNS

Webサイト　http://kakamioffice.com/
E-Mail　eachduty89507@gmail.com
Twitter　@eachduty89507

2015年度版から5回連続選出

事務所所在地

当事務所の所在地は、JR岐阜駅から北へ2㎞、金華山の麓、伊奈波神社の西、駅からのバスの便も良く、私が育った頃には、岐阜市の中心市街地として栄えた、岐阜城の城下町です。

令和3年5月に、市役所の新庁舎が事務所近くに移転したことで、多少便利になったものの、母校の小学校・中学校ともに合併再編されるような少子状態。高齢化率も39％という地域になってしまいました。そんな地域、金華校区にある自宅で平成11年12月に開業しました。現在は、祖父の代から続く酒販店店舗の半分を事務所としています。

NPO活動と福祉事業を支援します

NPOも福祉も、道徳やミッションが最優先ですが、「経済なき道徳は寝言（二宮尊徳）」ともなりがちです。でもご安心ください。皆様の素晴らしいミッションを「寝言」にしないために、「経済」のことは「かかみオフィス」にお任せください。

「すべての顧問先に安心を！」の「かかみオフィス」は、NPO法人と福祉関係の事業を営まれる法人様に特化して、自らも日本福祉大学で福祉を学びながら、皆様のミッションを理解した上で、NPO法人や福祉事業に必要なコンプライアンス（法令を守ること）もお金の計算も、しっかりサポートさせて頂きます。

NPO法人へのサポート

顧問契約をしたNPO法人様には、次のようなサポートを行います。皆様には、ミッション達成に向けての本来業務に集中して頂きたいです。

①税務申告要否の判断

NPO法人の法人税・消費税申告の要否の判断は、普通法人とは異なり、少し専門的な判断が必要です。

②申告が必要な法人の税務申告等業務

③事業報告書の作成・提出代行

決算日から3か月以内に、県庁等、法人を所轄する役所に「事業報告書」を提出しなければなりません。

④各種認証申請書類等の作成・提出代行

総会終了後、役員変更、定款変更等、県庁等の所轄する役所に提出する書類も多いです。

⑤その他法人の運営に必要な書類の作成

⑥法人運営関係各種セミナー講師の受託

スマートフォンからのお問い合わせはこちらから

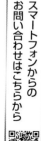

事務所概要

各務　克郎（かかみ　かつろう）

各務克郎税理士事務所及び同行政書士事務所所長。㈱菱屋（酒類・調味料販売、不動産賃貸業）代表取締役。メゾン荒畑㈱（不動産賃貸業・名古屋市）代表取締役。昭和38年生まれ。平成2年駒澤大学大学院商学研究科修士課程修了。平成7年AFP登録。平成11年税理士登録。平成12年よりぎふNPOセンター監事。平成18年行政書士登録。平成24年介護事業経営研究会岐阜中支部設立。平成29年介護福祉経営士1級合格。現在、日本福祉大学福祉経営学部（通信）在学中。岐阜県行政書士会岐阜支部所属。名古屋税理士会岐阜北支部所属。

各務克郎税理士事務所
税理士登録：平成11年
代表者：各務　克郎
〒500-8084
岐阜市松屋町12番地 菱屋ビル1階
TEL090-4860-5401
FAX058-263-4885

〈関係法人〉

各務克郎行政書士事務所 代表
株式会社菱屋 代表取締役
メゾン荒畑株式会社 代表取締役
NPO法人ぎふNPOセンター 監事
NPO法人リトミックGifu 監事
NPO法人はぴりす 監事
NPO法人あきの里 理事
認定NPO法人ひなたぼっこ 理事
NPO法人わいわいハウス金華 理事
NPO法人にじのこ 理事
（一社）岐阜少年少女合唱団 理事
日本社会関係学会　監事

福祉事業者様へのサポート

顧問契約した福祉関係の事業者様には、次のようなサポートを行います。

①運営指導対策支援

運営指導（旧・実地指導。令和４年４月から変更になりました）に備えることは、ただの役所対策ではありません。うまく活用すれば経営に活かせます。必要な場合には運営指導に同席させて頂くことも可能です。法人のコンプライアンスをサポートします。

②福祉事業経営相談

一般的な経営相談はもちろん、報酬の加算減算や「運営指導でこういう指摘を受けた」というご相談にも対応します。

③その他コンプライアンス支援

福祉に詳しい司法書士や弁護士、社会保険労務士とも提携しています。必要に応じてご紹介します。

④介護事業経営セミナーの開催

本書の編者でもある株式会社実務経営サービス様の紹介で立ち上げた「介護事業経営研究会（C－MAS）」の支部として、全国レベルの先生方をお招きして、２～３か月に１回セミナーを開催しています。

⑤記帳相談

福祉事業者に要求される会計区分…指定事業ごとの会計区分に対応する記帳方法等のご相談に対応します。

周囲の変化に対応できる者が生き残る

現在、私は祖父の代から続く酒販店の代表でもあります。私が育つ頃、酒販店は、税金商品を扱うということで免許制になっており、距離制限や価格統制で守られてきた業種でした。ところが、大店法の改正等の影響で、ご近所のコンビニで24時間酒類販売ができたり、一部では酒類の値崩れさえ起こしたりするような時代になり、古くからの酒販店の閉店も相次いでいます。一時期大きな変革を迫られたのが酒販業界です。

福祉業界の皆様も、今でこそ、指定がなければ経営できない業界ですが、酒販免許のように、その指定基準もいつか緩むかもしれません。常に周囲の変化にアンテナを張って、周囲の変化に対応して頂くことと、他の事業者との差別化、自分たちにしかできないことをもう一度見直していただくことをお勧めします。

グロースリンクグループ

グロースリンク税理士法人　グロースリンク社会保険労務士法人
グロースリンク行政書士法人　GLライフ株式会社

2021年度版から2回連続選出

事務所の特徴

- クレドによる理念経営、それに基づいた経営計画で、1000件近いお客様を支援。
- 医科、歯科、介護の特化部門あり。現在200件以上を顧問。
- 医療開業支援、法人成り実績は県内トップクラス。
- 資産税特化部門あり、相続関連メディア多数掲載。
- 税務、労務、リスクマネジメント、IFA、IT等グループ全体でのトータルサポート。

Web・SNS

Webサイト　https://www.tsurutax.com/
E-Mail　info@tsurutax.com
Instagram　@tsurutax_accounting
Facebook　@tsurutakaikei

東海エリアを代表する総合会計事務所グループ

当税理士法人は、愛知県名古屋市と岡崎市、大阪の3拠点で展開し、東海・近畿エリアを中心に1000社近いクライアントをもち、総勢109名でサービスを提供しています。

2020年5月の設立10年を機に、社名を「税理士法人鶴田会計」から「グロースリンク税理士法人」に変更し、名古屋駅南のささしまライブ駅直結のグローバルゲートに移転しました。通常の税務顧問だけでなく、財務コンサルティング、M&A支援、IPO支援、事業承継対策にも強みがあり、併設する社会保険労務士法人、行政書士法人、生損保代理店を含めたワンストップでの総合支援を強みにしています。

対応業種は多岐にわたりますが、医科歯科の開業支援、医療法人化支援、相続対策等は特に評価が高く愛知県でトップレベルのシェアを持っています。

代表の鶴田は、税理士・中小企業診断士・行政書士・医業経営コンサルタントの資格を持ち、業界20年超にして47歳とまだ若く、グループの平均年齢も34歳とフットワークの良い組織となっています。

クレドによる理念経営

会社の存在意義であるミッション、目指す姿であるビジョン、行動指針や価値観であるバリューを大切にしています。

これらを総称して「クレド」と呼んでおり、「クレド」を浸透させるためにクレドカードを作成し、朝礼での唱和、成功事例の発表、クレド研修、月報での目標設定と振り返り、評価制度での賞与の反映などを実施しています。その結果、社員全体が同じ価値観、目的目標のもと日々の業務を行い、お客様へ向き合うことができています。

組織としての管理体制

毎月の月次報告が契約通りに実行されているかどうか、お客様との面談報告書

スマートフォンからのお問い合わせはこちらから

事務所概要

代表　税理士
中小企業診断士
行政書士　鶴田幸久

グロースリンクグループ代表。昭和50年生まれ。出身地は愛知県岡崎市。名古屋市立大学卒。平成18年に独立し開業。平成22年、税理士法人鶴田会計を設立、代表に就任。平成28年には社労士法人と岡崎支社を設立。令和2年に社名をグロースリンク税理士法人と改め、名古屋本社をグローバルゲート19階へ移転。令和3年に税理士法人M&TとASK税理士事務所を経営統合し、大阪事務所を設立。設立から16年間、成長と発展を続けている。近畿税理士会北支部所属。

グロースリンク税理士法人
グロースリンク社会保険労務士法人
グロースリンク行政書士法人
GLライフ株式会社

創　業：平成18年
設　立：平成22年
代表者：鶴田幸久
職員数：109名（税理士13名、公認会計士1名、行政書士2名、中小企業診断士1名、社会保険労務士2名）

名古屋本社　〒453-6119
愛知県名古屋市中村区平池町4-60-12
グローバルゲート19階
TEL 052-587-3036　FAX 052-587-3037
岡崎事務所　〒444-0842
愛知県岡崎市戸崎元町2-5 LaLa B棟 2階
TEL 0564-73-0101　FAX 0564-73-0100
大阪事務所　〒530-0001
大阪府大阪市北区梅田1-8-17
大阪第一生命ビルディング15階
TEL 06-6442-7187　FAX 06-6442-7186

が期限通り上司に提出されているか等の遵守状況を管理しており、実行できていなければ改善させる仕組みを徹底しています。また、チャットワークというツールを使い、お客様と担当者だけでなく、上司や作業担当者とも情報共有できる体制をとっています。必要に応じて上司がWEB面談で同席することもあり、お客様を担当者だけでなく、組織としてかかわり、その仕組みをしっかりと監督し、維持しています。

月次決算・収支予測・税額予測による経営支援

会計ソフトから印刷される通常の試算表の提出だけではなく、オリジナルの財務報告書を作成して月次報告を行います。期首に作成した収支予測を更新し、その収支予測に基づいた税額試算を行い、確実な財務管理を支援します。またこれらのツールを基に経営に関する様々な相談に対応します。

IT化支援

社内外のコミュニケーションに関しては、チャットワークやオンライン面談の活用を推進しています。経理関係に関しては、経理書類のスキャニングやフィンテックによる銀行口座と会計ソフトの自動連動、労務関係については、ICカード等による勤怠の電子管理から給与計算の自動化、給与明細のオンライン化など最先端の技術を支援しています。

お客様とともに

当社のミッションは、「〝幸せ〟と〝利益〟を両立する『いい会社』を増やす‼」です。「2025年に名古屋で入社したい会計事務所ナンバーワンになり、1000社の黒字企業を支援します。」というビジョンを達成し、私たち自身が「いい会社」を目指しながら、同じ志を持つ経営者・後継者のベストパートナーであり続けます。

”経営のわかる”会計ネットワーク

公認会計士林千尋事務所　株式会社覚王山総研

7

2011年度版から7回連続選出

事務所の特徴

①税務会計だけでなく、“経営のわかる”会計をご提供！
②「会計」と「IT」と「経営」に精通した会計事務所
③「IT化戦略」「補助金戦略」等の経営コンサルティングが得意！
④ AI・IT化時代の今、経理部を「経営サポート室」へと誘導！
⑤「経営革新等支援機関」「IT 導入支援事業者」に認定

Web・SNS

Webサイト　https://www.kakuozan-nagoya.com/net/
E-Mail　top@kakuozan.co.jp
Facebook　林千尋
Twitter　@wakarunet

「経営のわかる」会計事務所とは？

たいへん厳しい経済環境になりました。そんな中で、経営のアドバイス、ビジネスの相談に乗ってほしいといったご相談をたくさんいただきます。

・従来の商売では利益が確保できなくなってきた。ＡＩ・ＩＴ化で仕事がなくなるのが心配。何とか将来にも通用するビジネスモデルを積極的に考えていきたい。

・毎月毎月、早いタイミングで月次の成績を把握し、計画数値に達していない場合には、次なる「行動」の打ち出しをどんどん行っていきたい。

・経理から出てくる数字の意味がよくわからない。貸借対照表といわれても理解できないし、勉強している時間もない！

・会計事務所にビジネスのことを相談したい。……などなど。

会計事務所をうまく利用していただきながら、どんどん御社のビジネスを良くし、あるいは今の苦境を何とかして脱出していただくためのお手伝いを行っています。

「経営のわかる会計ネットワーク」は、長年の現場コンサルティングの経験を活かして、

・人材不足は「一石十鳥！」。人材不足をきっかけに、経理部の「サイバー効率化」をどうやって進めるか？それにより、人件費の削減をどう達成するか？

・経営に必要なデータは何か？ どのように、経営の〝現場〟に活かしていけばよいのか？

といったアドバイスを、積極的に行っています。「数字」は、経営にとって最強の「武器」です！

「来月は必ず利益が出る！」

ある社長様から、「来月は必ず利益が出る。始まる前からわかっている！」とお聞きし、感動したことを思い出します。

その社長様は、「十分戦略を練り上げてある。各社員がやるべきことを、やるべき時までにきちんとやれば、自動的に利益が出る仕組みになっている！」と言われまし

スマートフォンからのお問い合わせはこちらから

事務所概要

代表　公認会計士　林 千尋

昭和 37 年生まれ。京都大学経済学部卒業。外資系大手監査法人を経て会計事務所を設立。上場企業から中堅・中小企業まで幅広い業種に関与。「教科書的おしゃべり」ではなく、確実に成果を出す実践型コンサルティングを全国レベルで行っている。「AI・IT 化時代」に通用するビジネスモデルづくりをお手伝い。「"経営のわかる" 会計ネットワーク」を全国展開中。公認会計士／認定事業再生士。名古屋税理士会名古屋中支部

"経営のわかる"会計ネットワーク／株式会社覚王山総研

■東京品川オフィス
〒108-6028
東京都港区港南2-15-1
品川インターシティA棟28F
TEL　050-1507-3684　FAX　052-265-5086

■名古屋本社
〒460-0002
愛知県名古屋市中区丸の内3-19-14
林敬ビル2F
TEL　052-265-5085　FAX　052-265-5086

た……。

まずは机上で、社長の目指す会社像を明確にし、現状と比較して足りないところの洗い出しを行います。

「足りないところ?」……山ほど出てきませんか?　社長が気づいているポイント、社員が気づいているポイント、両者には大きな隔たりがありませんか?

何が足りないのかを明確にするだけでも、多くの「行動」が生まれてきます!

足りないところ、現状と理想像とのギャップを埋める方法を考えます……。

こんなふうにやり始めると、やるべきことは次から次へと出てきます。

新しい経理部は、「社長の味方」?

・経理は難しすぎて「ブラックボックス化」している?
・社長の知りたい「数字」が、必要な時にすぐ出てこない?
・アナログ作業に振り回されて、経営資料作りまで手が回らない?

従来「経理部」は、アナログ作業の多い、日陰の部署でした。しかし、ＡＩ・ＩＴ化時代の今、経理業務の多くが自動化でき、余った時間と労力で経営資料作りができる時代になりました。すなわち、次世代の新しい「経理部」は「経営サポート室」として、強力に社長をバックアップする部署に様変わりします。本来求められていた「経営のための経理」ができる時代が来ました!

「経営のわかる会計ネットワーク」は、「会計」と「ＩＴ」に精通しており、会計事務所にしかできない経理部の「ＩＴ化」をお手伝いしています。「クラウド型月次会計システム」を使い、お忙しい社長様、専門知識のない社長様にも、わかりやすくて経営に活かせる「アニメーショングラフ」を多数ご提供しています。

会計事務所の持つ質実さと、コンサルティング会社が持つ先取性!

経済環境はすさまじい勢いで変化しつつあります。一人の会計士、税理士がすべてを把握できる時代ではなくなりました。

それぞれの分野を深く熟知し、豊富な経験を積んだ専門家チームによる全国ネットワークを構築しています。

税理士法人コスモス

2007年度版から9回連続選出

事務所の特徴

法人名のコスモスは、宇宙の「cosmo」の複数形「cosmos」を意味します。宇宙のような無限の可能性を追求し、経営者へ情報と感動を運ぶパートナー税理士を目指しております。

代表社員　三好茂雄
九州北部税理士会博多支部

社員　田口博司
東京税理士会上野支部

社員　辻村哲志
近畿税理士会西支部

Web・SNS

Webサイト
https://cosmos-gr.co.jp/

E-mail
info@cosmos-gr.co.jp

Facebook
税理士法人コスモス

YouTube
税理士法人コスモス

無限の可能性を追求する会計事務所です

私どもは、全ての問題はコロンブスの卵なのではないかと考えております。一見、解決不可能であっても、考え方次第、アイデア次第では解決できるかもしれないと。故に、私どもは、決してあきらめません。株式交換、株式移転をはじめ、会社分割、事業組織再編税制、金庫株制度、連結納税制度、そしてグループ法人税制と、昨今の税法大改正は今までの常識を覆す内容となっております。これからの大改正と、私どものあきらめないスタイルが一体となる今、まさに不可能が可能になる、無理難題が解決できるときが来たと確信しております。自信を持って私どものノウハウをご提供いたします。是非、一度お試しください。

情報を提供する会計事務所です

私どもは、お客様と共に発展し経営者のパートナーになることを目標にしております。故に経営者の皆様のお悩みを汲み取り、有用な情報をお届けします。

コスモスの七不思議のひとつに、顧問先の社業が発展するというものがあります。何故だかコスモスと関わると利益が出る優良企業へ変身する顧問先がたくさんあります。これはひとえにお客様のご努力によるものですが、非常にうれしいことであります。

私どももお客様に負けないよう発展するよう、日々励んでおります。私どもと一緒に発展しましょう！

相続対策、自社株対策が得意です

会社のために生涯を懸けてがむしゃらに働いて会社を大きくしたのに、ふと事業承継を考えたときには、株価が高すぎて事業承継しようにもどうしたらいいか分からない、とお悩みの経営者の皆様、あきらめてはいけません。是非お声をお掛けください。

相続が3代続くと潰れると言われている現代社会において、後継者が事業承継

スマートフォンからのお問い合わせはこちらから

事務所概要

コスモスグループ CEO　野田賢次郎

昭和22年生。富山大学経済学部卒業。昭和57年公認会計士野田賢次郎事務所（現税理士法人コスモス）開設。㈱ジャパン・アカウンティング・サービス、プレミアム監査法人、㈱トゥエンティ・ワンなどコスモスグループ13社のCEOを務める。

名古屋税理士会中支部

代表社員　鈴木成美

昭和48年生。横浜市立大学商学部卒業。平成9年公認会計士野田賢次郎事務所入社。

平成15年税理士法人コスモスの設立に伴い代表社員就任。

名古屋税理士会中支部

コスモスグループ
〒460-0008
愛知県名古屋市中区栄1-12-5
コスモス21ビル9階
フリーダイヤル　0120-265-464
TEL　052-203-5560
FAX　052-204-2127
職員数　53名（コスモスグループ88名）
名古屋本部（名古屋市中区）
東京本部（東京都台東区）
福岡支部（福岡市博多区）
大阪支部（大阪市西区）

できる準備をしておくことは、経営者の最後の課題であります。

私どもは、株価対策から事業承継対策までトータルにアドバイスいたします。

事業再編が得意です

事業組織再編は大企業の話だと思っていませんか？ それは大きな間違いです。中小・中堅企業だからこそ事業再編を活用して、骨太企業体に変身することができます。


「組織を何とかしたいが、どうしたら良いか分からない」

「現状でも悪くはないが、もっと良い組織形態があるなら教えてほしい」

「どうしたら良いか分からないが、こんな組織にしたい」


という経営者の皆様、お気軽にお声をお掛けください。

私どもは現状を細部にいたるまで分析、把握した上で、最も効果的なプランを提案いたします。可能性は無限です！


【事業再編の効果】
- 複雑な持ち合い関係が解消できた！
- 株式公開の準備ができた！
- 後継者対策ができた！
- 自社株対策ができた！
- 従業員のモチベーションがアップした！
- 法人税・相続税対策ができた！

コスモスグループ	
会計監査・株式公開支援	プレミアム監査法人
M&A・内部統制コンサル	株式会社コスモスコンサルティング
保険ブローカー	株式会社コスモス・インシュアランス・ブローカーズ
アウトソーシング	株式会社コスモス・アウトソーシングサービス
人材育成・幹部教育	株式会社コスモスアカデミー
経営コンサルティング	株式会社ジャパン・アカウンティング・サービス
企業再生・リスクコンサル	株式会社トゥエンティ・ワン
資産運用・不動産コンサル	株式会社コスモス財産コンサルタンツ
国際税務・海外法人の信用調査	株式会社コスモス国際マネジメント
フィナンシャルアドバイス	株式会社コスモスコーポレートアドバイザリー
営業支援	株式会社コスモスアタック
会計事務所向けコンサル	有限会社ビーダッシュ

税理士法人大樹

社会保険労務士法人大樹　コンサルティング五藤株式会社
一般社団法人大樹相続センター　一般社団法人中部経営会計支援協会

事務所の特徴

①会計・税務はもちろん労務や経営全般など幅広く対応
②チャットやメール・電話などで何でも気軽にご相談
③他の士業とも連携し、どんな相談にもワンストップで
④事業承継支援、人材育成・採用支援も行います
⑤税務調査専門の税理士が在籍しています

Web・SNS

Webサイト　https://taizyu.jp/
E-Mail　info@taizyu.jp
Facebook　税理士法人大樹

2004年度版から10回連続選出

急変する経営環境に対応し、お客様の経営を支援するパートナーとして

税理士法人大樹を中心とした大樹グループ総勢50名の専門家集団です。

経営を取り巻く環境変化はコロナ禍により質もスピードも大きく変わることになりました。その中で経営される経営者のみなさまをご支援させて頂くためには、私たちこそ経営環境の変化に対応し、お客様のお役に立てるよう進化していかなければなりません。

その中で現在、「任せられる税務対応」「あんしん経営のご支援」「争わない相続のお手伝い」に取り組み、経営理念である「しあわせ」を実践しております。

任せられる税務対応　各分野専門の税理士が在籍

税務の高度化、複雑化が進む中で、適切な税務申告の実現が難しくなりつつあります。そのような状況に対応できるように、様々な経験を持った税理士が社内に在籍しております。

顧問先と向き合いながら適切な税務申告をリードしてきた税理士とともに、長年の税務署勤務から税務署の考えを知り尽くした税理士や国際税務など高度な税務に対応できる税理士、相続税や贈与税を専門に扱う税理士など、顧問先の課題や状況に応じて最適な専門家が対応いたします。さらに外部の国税局出身の税理士とも連携し、納税者に寄り添った対応を心がけております。

また、日々の業務については複数の担当者が関わります。メッセージアプリを利用して、担当者だけではなく、上司やマネージャーもお客様とコミュニケーションを取ります。少しでも早く適切に対応することでお客様のお悩み、ご心配を軽減できればと考えております。

あんしん経営のご支援　DX化、MAS監査、各種コンサル

安心できる経営を実現するために、バックオフィス業務を中心としたDX化やMAS監査サービス、各種コンサルティ

スマートフォンからのお問い合わせはこちらから

事務所概要

代表社員　税理士　杉戸俊之

税理士、社会保険労務士、中小企業診断士、上級経営会計専門家（EMBA）。税理士法人大樹及び社会保険労務士法人大樹代表社員。
大樹グループは一宮市、名古屋市に事務所を構え、愛知県・岐阜県を中心に法人・個人向けに幅広くサービスを提供しており、その代表として中小企業の経営指導や経営者や資産家の事業承継・相続相談にあたっている。東海税理士会一宮支部所属。

税理士法人大樹／社会保険労務士法人大樹／コンサルティング五藤株式会社／一般社団法人大樹相続センター／一般社団法人中部経営会計支援協会

創　業：平成8年　代表者：杉戸俊之
職員数：50名（顧問含め税理士8名、上級経営会計専門家2名、社会保険労務士2名、行政書士1名、中小企業診断士2名）

名古屋オフィス
名古屋市中村区名駅3-22-8 大東海ビル9階
一宮本部
愛知県一宮市せんい2-9-16 ササキセルムビル4階

ングサービスを提供いたしております。

DX化についてはDX担当スタッフを中心に社内・社外のスタッフと連携を取りながら対応しております。業務の分析や導入支援、導入後の運用についてもご支援させて頂いております。

MAS監査サービスは経営者のありたい姿を経営計画で表現し、作成された経営計画実現を支援するサービスです。日々経営環境が変わる中で計画を達成することは大変難しいことです。MAS監査はその環境変化を積極的に捉え、ピンチをチャンスに変えていきます。

各種コンサルティングサービスについては、大樹グループに在籍する社会保険労務士や中小企業診断士の専門家の知見を必要とするものや事業承継支援・M&A業務など経験豊富な担当者が行うものがあります。また、お客様のニーズに応じて信頼のおける外部専門家とともに取り組む体制も準備しております。

お客様の課題やお悩みを日々共有しているからこそできるお客様本位のコンサルティングサービスを提供しております。

争わない相続のお手伝い
家族の「しあわせ」を実現

相続については税金や納税資金の問題もありますが、一番大切なことは争わない相続を実現することです。そのためにはお客様からお悩みを正確にお伺いし、質の高い提案をすることが必要です。そのためにお客様との面談は専任の担当者が行い、そのうえで多くの専門家とともにお客様の意向に沿った提案をさせて頂いております。

もちろん相続税についても相続専門税理士が対応しますので、相続税対策や相続税申告についても安心してお任せ頂けます。

このように税務や経営、相続などお客様に寄り添いながらお悩みを解決するのが大樹の特徴です。

お客様の「しあわせ」実現のお役に立てること、それが私たちの「しあわせ」です。

NAO税理士法人

NAOマネジメント株式会社

2003年度版から10回選出

事務所の特徴

①社労士法人と密に連携し、労務トラブルを予防！
②病院・診療所を中心に報酬改定も踏まえた経営支援実績多数。
③診療所の新規開業や事業承継の経験も豊富。
④経営活動に専念するためのワンストップサポートが可能。
⑤長期的な相続対策も専門部署にて対応。

Web・SNS

Webサイト　https://www.nao.gr.jp/

E-Mail　info@nao.gr.jp

医療、介護、福祉に対する経営・運営サポートが一番の強みです。

昭和52年に高井直樹税理士事務所を開業して以来、診療所の新規開業サポートを中心として順調に発展してまいりました。

その後、診療所だけではなく病院や介護事業所の税務会計支援を進め、診療圏分析や診療・介護報酬改定セミナー、入院外来レセプトチェックと病床再編、施設基準対応やPFMを中心とした増収提案と進捗管理および病院機能評価受審支援などを通して東海3県を中心に経営改善のトータルサポートを行っております。

ベースとなる税務会計の支援として、ドクターには医療と経営の舵取りに専念していただき、様々な医療外業務や情報提供は弊社でサポートできる体制を構築しています。

具体的なサポート内容は、ICTを用いた記帳の簡略化、税務指導、給与計算業務、社会保険の手続き、労務問題の相談と解決、金融機関との折衝など多岐にわたり、最終的に相続対策を基本とした「個人、法人の生涯計画の策定」というワンストップサービスが提供可能です。

また昨今は地域医療機関の世代交代や建替えのご相談が非常に多くなっており、M&Aや事業承継、医療法人設立、事業計画の策定および建替えのプロジェクト遂行などもお受けしています。

さらに新規開業をご検討の先生方に対しても、これまでに構築した豊富な経験を基にした精度の高い事業計画を作成することによって、金融機関からの融資を確保し、より安心かつ確実な開業をサポートしています。

近年では職員確保や労務トラブルの予防の観点から、開業前より社労士による職員面談などを行い、雇用契約整理や採用の支援なども行っております。

スマートフォンからのお問い合わせはこちらから

事務所概要

代表社員 税理士　髙井直樹

代表社員 税理士　赤堀安宏

NAO Consulting Group
NAO税理士法人
NAOマネジメント株式会社
NAO社会保険労務士法人
NAO行政書士法人

創　業：昭和52年
代表者：髙井直樹
職員数：57名（税理士10名、社会保険労務士6名、行政書士3名）

所在地
〒500-8335
岐阜県岐阜市三歳町4丁目2番地10
TEL 058-253-5411
FAX 058-253-6957

〈沿革〉
昭和52年　高井直樹税理士事務所開業
昭和62年　株式会社ナオ経営センター設立
平成5年　有限会社岐阜エムアンドエーセンター設立
平成11年　労働保険事務組合NAO経営労務センター設立
平成25年　NAO社会保険労務士法人設立
平成28年　NAO税理士法人／NAO行政書士法人／NAOマネジメント株式会社設立（㈱ナオ経営センターからの組織変更）
名古屋税理士会岐阜北支部所属

医療機関・介護事業所に必須な労務支援とは

経営改善を考える際には売上などの数字改善を優先しがちになります。その対応策として集患が論点に挙がり、併せて地域社会の高齢化を伴う人口減少が問題となります。

しかし、医療機関・介護事業所が意識しなければならないことは、人口減少や高齢化による集患問題だけではなく、これらに伴って多くの地域で労働者が激減することです。いくらＩＣＴなどが活用できたとしても、人の手に頼って運営せざるを得ない医療介護の分野においては、安定した労働環境を構築し、労働力不足のリスクを回避することが、健全経営の秘訣と言えます。

加えて従業員との労務トラブルは非常にストレスを抱えるものであり、可能なかぎり予防したいお話です。

この重要な労務分野の問題に対して、弊グループでは社労士６名を中心とした社労士法人が中心となり、就業規則の整備と運用支援や労務相談などにより、医療介護特有の労務トラブルなどを予防する取り組みを積極的に進め、安心して次の一手を打てる体制作りのお手伝いをしています。

税理士・社会保険労務士など有資格者が多数在籍しています。

弊グループには税理士、社会保険労務士、行政書士などが在籍しており、外部には司法書士、弁護士と連携することによって、各会計担当者を窓口として迅速なワンストップサービスを提供しています。

またスタッフの教育にも力を入れており、スタッフ全員が医療用語を熟知するなどの専門性を有しています。諸々の税務申告後の税務調査に対しては国税ＯＢとともに対応し、リスクの軽減に努めています。

渡部薫夫税理士事務所

渡部千鶴社会保険労務士事務所　有限会社 オフィス大手

初選出

事務所の特徴

①毎月訪問監査で徹底した財務・経営指導により顧問先黒字率70％！
②医業開業支援を積極的に展開中。
③司法書士・弁護士・行政書士・宅建士・租税法学者と連携し、顧問先の悩みに誠実対応。
④事業承継支援・後継者育成・幹部研修会を開催中。
経営者・オーナーの株価対策、相続税対策に実績。
⑤書面添付制度の活用により顧問先全体で税務調査は3年に1回程度でほとんど調査はなし。
⑥適正な決算書や事業計画作成により金融機関対策は万全。

Web・SNS

Webサイト　https://www.office-ote.com
https://www.souzoku-anshin.net/
E-Mail　office-ote@tkcnf.or.jp

70年の歴史を持つ 地域密着型会計事務所

早期に記帳代行から脱し、コンサルティングを実施できるよう顧問先の自計化移行に成功

渡部薫夫税理士事務所は、70年の歴史を持つ会計事務所です。先代が昭和26（1951）年に開業し、現在は税理士の渡部薫夫が代表を務めています。社会保険労務士1名、宅建士1名を含む9名という体制で、愛知県刈谷市、豊田市、安城市等の西三河地域をはじめとして名古屋地域などの経営者、事業者、資産家の皆様を支援させていただいております。

当事務所のお客様は、製造業が盛んな土地柄もあり、自動車関連企業や不動産賃貸業が中心です。これに加えて、昨今では医師の開業支援など、他業界のお客様のお手伝いをさせていただく機会が増えてきました。

関与形態といたしましては、基本的に会社の自計化を推進し、各担当者が毎月、会社などに訪問し、月次データを監査してその後、月次決算報告・会社の強みや問題点の指摘・経営者の方々の悩み相談などを実施しております。経営者ご自身でご自分の会社のデータを把握されている会社は、日々の変化に対応し成長されているので、私たちはそのブレインとしてとことん寄り添い、お互いに切磋琢磨できる関係性の構築を目指しております。

また、幹部の方々のより精鋭化を目指し、「会社はなぜ利益をあげなければならないのか。」「会社の付加価値の出し方。」「原価とはなんぞや。」などの研修会は人気を博しています。

このほかにも、事業承継支援の一環として、後継者の皆様のために「後継者塾」を開催しています。事業を承継する意味・その仕方、会計データの読み方、会社運営の仕方、会社法、法人税法、人事・労務等を学んで戴き、後継者の方々が自信をもって経営に携われますよう、入魂のサポートをしております。

さらに、さまざまな補助金・助成金につきましては、これに関する情報提供会社に依頼し、いち早く情報を仕入れており、適合する顧問先に案内を差し上げております。遅い情報では国の予算の関係上、手遅れということもありますので要注意です。また、「中小企業投資促進税制」「中小企業経営強化税制」「所得拡大税制」「研究開発税制」の適用にも積極的に取り組んでおります。

スマートフォンからのお問い合わせはこちらから

事務所概要

代表 税理士　渡部薫夫

平成19年1月事業承継により開業。事務所は地域密着型で70年の歴史を持つ。有限会社 オフィス大手代表取締役。法政大学卒。
元気にお客様を支援し続けること。「財産のことはすべて任せられる。」という言葉をいただける程の信頼関係を構築することを経営理念とし、「利己中心の生活をおくるほど人生は長くない。」を座右の銘とし、利他の精神でお客様に接する。趣味はゴルフ、登山、読書、映画鑑賞。
東海税理士会刈谷支部所属。

有限会社 オフィス大手
設　立：昭和54年1月
所在地：愛知県刈谷市大手町1-50
TEL 0566-21-0167

業務：1、会計業務受託
2、税理士業務を除く経営資料の作成並びに経営指導及び助言
3、経営者及び幹部研修会開催
4、生損保代理店業

課税庁との交渉に万全の対策「書面添付制度」を積極的に活用

税務調査とは無縁

当事務所では、お客様のご了解のもと、税理士だけに認められる「書面添付」制度（法人税・所得税・相続税・消費税等）を積極的に活用しています。当該「書面」には収益・費用の計上基準・その確認方法、役員の報酬・退職金や貸倒金の妥当性の確認方法など課税庁が知りたい項目を中心に記載します。

課税庁は書面添付の内容を尊重しますので、臨場調査件数が3年に1回程度という頻度となり、お客様の負担軽減につながるものと自負いたしております。

相続案件も十分なノウハウの蓄積

円満な相続と最小限の納税を目指す

相続は人生の一大事ですので、やはり地元に事務所を構えていて、信頼できる相談相手を探しておられる方が多いようです。

当事務所は刈谷市で長年相続支援に取り組んでいますので、この地域ならではのノウハウを豊富に蓄えており、安心してご相談いただけます。当事務所の年間の相続税申告件数は約30件で、ほぼ全件に前記の「書面添付制度」を活用していますので、税務調査はほとんどありません。

ご支援をしたお客様の声は、当事務所の相続税専門サイト「相続あんしん.net」(https://www.souzoku-anshin.net/)に掲載していますので、ぜひご覧ください。

私たちは、①に円満な相続、②に納税資金の確保、③に節税対策を心がけております。そして、お客様の相続の悩みを可能なかぎり軽くすること、無駄な税金は1円たりとも支払わずにすむようにすることを重視しています。

財産評価（特に土地の評価）の際には、必ず現場に赴き、合法であることを前提としつつも、入念な検討を行います。

他士業とも連携しさまざまなご相談に対応

顧問先に喜んでいただけるよう多方面の智恵を借りる

他の税理士をはじめ司法書士、弁護士、行政書士、宅建士そして租税法学者の方々と連携しており、さまざまなご相談に応じられるようにしています。

初選出

L&Bヨシダ税理士法人

事務所の特徴

①新潟のお客様 1,000 件超
②「起業〜年商 3 億円」の専門家
③補助金、融資、利益アップコンサルが得意
④コミュニケーション満足度で業界日本一を目指しています
⑤「人」で選ばれる事務所

Web・SNS

Webサイト　https://www.yoshida-zeimu.jp/
Twitter　吉田雅一@L&B代表税理士
E-Mail　yoshida.tax.2011@gmail.com

創業58年の豊富なノウハウで中小企業の皆様をサポート

当法人は、創業58年、クライアント数約1，000社の新潟では珍しいスモールビジネスに特化した会計事務所です。お客様のほとんどが起業から年商3億円以下の事業を営まれており、小規模事業者様が抱える課題をご支援しております。

税務だけでなく、補助金や融資、税務調査、起業支援、利益アップコンサルなど幅広いサービスを取り扱っております。今後はマーケティングや採用支援、経営者様のカウンセリングに力を入れ、「スモールビジネスならL&B」となれるように努力してまいります。

税理士有資格者のみならず、社労士・行政書士など、国家資格保有者が多数所属しており、他にも、元国税調査官、元銀行員、元SEといった各スペシャリストが在籍しております。

また、弁護士や元税務署長、上場企業の人事部長とも提携をしているため、スモールビジネスにまつわる多くの課題について、解決できる環境が整っております。

傾聴を大切に「一番身近な相談役」を目指します

新型コロナウイルスによる不測の事態、テクノロジーの進化、変化の速い時代に経営の舵をとることは容易なことではありません。じっくり丁寧にお話を聴かせていただくと、お客様からのご相談が、実は、税務会計でないことがあります。

私たちは、そうしたお客様のお声一つひとつを大切に、課題の解決に向けて共に歩んでいきたいと思っております。お客様が自由に本音をお話しできるように、法人内には専門的にカウンセリングを学んだカウンセラーも在籍しており、傾聴力の底上げを行っております。

スマートフォンからのお問い合わせはこちらから

事務所概要

代表社員　税理士　吉田雅一

L&Bヨシダ税理士法人代表社員。株式会社L&Bアイビスコンサルティング代表取締役。税理士。1986年生まれ。亜細亜大学経営学部卒業。2016年税理士資格取得。2017年L&Bヨシダ税理士法人新潟オフィスを開設。同事務所の代表社員に就任。就任直後より、起業から年商3億円以下の事業に特化したサポートを行う。組織作りにも注力し、開設以後4年半離職率0%を達成。2020年東京日本橋に株式会社L&Bアイビスコンサルティングを設立。同社の代表取締役に就任。関東信越税理士会新潟支部所属。

L&Bヨシダ税理士法人

創　業：昭和40年
代表者：吉田雅一、吉田敏由紀
職員数：55名（税理士4名、行政書士1名）

新潟オフィス：税理士 吉田雅一
〒950-0941
新潟県新潟市中央区女池4-18-18
マクスウェル女池3階
TEL 025-383-8868
FAX 025-383-8228

三条オフィス：税理士 吉田敏由紀
〒955-0055
新潟県三条市塚野目4-15-28
TEL 0256-32-5002
FAX 0256-33-0296

まずは自分たちが経験すること

税理士法人としては珍しく、当法人ではカフェ事業やEC事業を運営しております。目的は経営の実体験を積むことです。経営は理論だけでなく、実体験により学べることが多いと考えています。

経営の実体験を積むことにより、お客様の気持ちを深く理解できるようになります。また私たちが提供するお客様に向けたサービスのブラッシュアップにもつながります。あえて事業を多角化することで、お客様の満足度を高めています。

L&B ヨシダ税理士法人が経営するカフェ「LAND.」

カフェ「LAND.」の店内

「人」が自慢の組織です！

多くのお客様から、社風をお褒めいただきます。理由は、明るくポジティブな雰囲気だからです。私たちは「経営には必ず辛い時がある」ことを知っていて、それを乗り越えるための「信頼できるポジティブな相談者」を心得ているからです。社員同士が普段から、お互いに助け合い、尊重し合い、高め合える環境を大切にしており、その雰囲気の良さをそのままお客様にも感じていただける事務所を目指しております。

三条オフィス

新潟オフィス

大沢会計事務所

2013年度版から6回連続選出

相続事業を拡大したい
仲間を募集中！

Web・SNS

Webサイト　https://www.tkcnf.com/oosawa-kaikei

E-mail　oosawa-kaikei@tkcnf.or.jp

士業者の生き残り戦略を考える

㈱実務経営サービス社主催による「遺言執行の新ビジネスモデル」と題した講演は、税理士事務所生き残り作戦の提案でした。しかも、全国4箇所で開催したセミナーはすべて盛況でした。セミナーの要点は次の通りです。

①税理士業界も他業界と同様に過当競争の時代に入った。

②高齢者の増加は、相続の時代の幕開けである。社会運動を仕事に変えることができれば、ブランド力と組織力で生き残りができる。

③その先生方の情報交換の場所を提供するのが全国相続協会相続支援センターである。

④会員相互は平等であり、お互いに情報を提供する義務を負う。

全国相続協会相続支援センターの概要

士業者の仕事の確保を目的に設立しました。

①会員資格は士業者であること

相続事業者が、お互いに相続事業の情報交換を行う団体です。

②社会運動が仕事になる

当会は社会運動を展開していますから、マスコミの支援が受けられます。また、さわやか福祉財団会長の堀田力先生や聖路加国際病院名誉院長の故・日野原重明先生の支援を受けました。社会運動が仕事につながります。

③遺言相続の「エイブル」を目指す

「エイブル」は不動産賃貸業の代名詞です。全国相続協会相続支援センターは、地域の同業者が「全国相続協会相続支援センター」という同一の看板を掲げることで、地域に存在感を示し、相続遺言のエイブルを目指します。

スマートフォンからのお問い合わせはこちらから

事務所概要

所長 税理士　大沢 利充

昭和25.1.20生まれ。
税理士、行政書士、FP、元松本大学講師、簿記学会会員。
大沢会計事務所 所長、円満相続遺言支援士、全国相続協会相続支援センター 世話人代表、一般社団法人全国相続協会非常勤理事。
・相続に関する講演会、講習会、出版等を通じて啓蒙活動を展開中。
・全国相続協会相続支援センターを設立し活動する仲間を募っている。
関東信越税理士会松本支部所属。

大沢会計事務所
創　業：昭和59年2月15日
代表者：大沢 利充
税理士3名、行政書士1名

所在地
〒390-0872
長野県松本市北深志2-3-35
TEL 0263-34-1445　FAX 0263-39-8080

④全国規模の会の提案者はＮＨＫ出版

ＮＨＫ出版から「遺言セットと実習ノート『これで遺言書が書ける』（ＮＨＫ出版）の購読者から質問がある場合に答えてくれる相談員がほしい」との依頼があり、相談員の募集・相談室の設置を開始しました。

⑤成功の秘訣は仲間作り・ブランド作り

各自が「全国相続協会相続支援センター」の看板を掲げます。同一地域の士業者が同じ看板を掲げることでブランド力が生まれます。

⑥相続拡大の実務セミナー

平成30年6月、「相続実務学校」を設立しました。月1回、士業やファイナンシャルプランナーなど、各分野の専門家を招いて講座を開催し、相続の仕事が増える仕組みを公開しています。

全国相続協会 相続支援センターの状況

〈会員数〉１６６名（令和４年７月現在）

〈研修会〉会員対象の顧客拡大研修会を年２回（春・秋）開催しています。

〈支　部〉同地域の会員が支部を設立し、各地で活発に共同広告出稿・セミナーなどを行っています。地域No.１を目指す活動を事務局も支援しています。

〈Ｗｅｂ〉Ｗｅｂサイトで全会員を紹介しています。相談者から各会員への相談も受け付けており、初回相談は無料です。

聖路加国際病院名誉院長の日野原重明先生と

小川会計グループ

税理士法人小川会計　株式会社小川会計コンサルティング
株式会社KBS　ケイビーエス労務管理センター
社会保険労務士法人KBS　新潟異業種支援センター事業協同組合
一般社団法人 小川会計相続支援センター

5
2015年度版から5回連続選出

事務所の特徴

「お客様にとってよりよい経営のパートナーでありたい」
すべて、この思いから始まっています。
お客様の事業がより発展していけるよう、正確な税務・会計はもちろん、資金繰りや経営計画等の経営相談に注力。また人事労務や事業承継等、幅広い経営支援に努めています。

Web・SNS

Webサイト　https://www.ogawakaikei.co.jp/　　E-Mail　o-g-k@ogawakaikei.co.jp

お客様と共に歩むことを目指して

昭和54年創業以来、中小企業様・個人事業主様向けの税務顧問を中心に、幅広い経営支援に取り組んでまいりました。

経営基本理念は、「共育（共に育つ）」。これは、お客様・社員・会社が共に育ち、成長していくことです。正確な税務会計はもちろん、お客様の夢や目標を共有し、共に歩んでいくことを目指します。

◎品質向上に努めています

税務署等からの信頼の高まる書面添付を推進し、県内でも高い実施率を維持。税務調査の際は、事前準備から立会まで、経験豊かな国税出身税理士が丁寧にご対応。

◎経営相談を重視

「お客様の発展に貢献したい」との思いで、月次訪問時には、経営相談の時間を重視。試算表確認の他、資金繰り、税制を利用した設備投資等、会計の面から会社経営をご支援します。

◎医業、建設業、農業の会計に強み

当社は幅広い業種に対応。その中でも医業、新潟に多い建設業や農業に強みがあります。医業では公益社団法人日本医業経営コンサルタント協会認定登録コンサルタントが、農業では日本政策金融公庫農業経営アドバイザー試験合格者が在籍しています。

◎給与計算、人事労務もご一緒に

会計と併せて、給与計算や社会保険・労働保険等もお受けしています。また、就業規則整備、人材育成や評価等、労務トラブルを防ぎ従業員に力を発揮してもらえる職場作りをお手伝いします。

経営支援の専門チームで「改善が進んだ」

事業発展には計画が有効と考え、当社は経営計画策定支援及び定期的な実施支援を行っています（ＭＡＳ監査）。計画を立てただけでなく、確実に実行されるように経営計画の進捗確認・調整を行うもので、「全社的に行動が変わり、具体

スマートフォンからのお問い合わせはこちらから

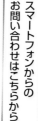

事務所概要

代表社員 税理士　小川 健

昭和26年生まれ。昭和54年に税理士登録、小川健税理士事務所開設。その後、お客様を様々な側面から支援したいという思いから、人事コンサルティングや給与計算代行を行う㈱KBS、M&Aを仲介する新潟M&Aセンター（現㈱新潟事業承継パートナー）を設立。平成17年に税理士法人小川会計設立、現在新潟市内4拠点より新潟県全域に対応。同じ経営者目線に立った経営相談・企業再建支援を数多く手掛ける。関東信越税理士会新潟支部所属。中小企業庁認定経営革新等支援機関。

税理士法人小川会計／株式会社KBS／株式会社小川会計コンサルティング 他

創　業：昭和54年
代表者：小川 健
職員数：78名〔税理士10名、社会保険労務士5名（うち特定2名）〕（2022年4月時点）

本店所在地
〒950-0812
新潟県新潟市東区豊2丁目6番52号
TEL 025-271-2212　　FAX 025-271-2224

的に改善が進んだ」という嬉しいお声も頂いています。

コロナ禍においても当社は、資金繰り、各種助成金の活用、予算・決算見直しや事業再構築のための計画作成等、様々なご提案・ご支援をしてまいりました。

お客様の会社をお守りするため、職員一同力を尽くしてまいります。

県内トップの相続税申告実績で事業承継までをご支援

資産税の経験豊富な税理士・専門スタッフが在籍し、相続税申告実績は県内トップ。生前対策等も積極的に提案しています。

経営者様の場合、個人資産のみならず、事業承継対策も非常に大切です。自社株にかかる相続税対策、後継者育成支援（「共育塾」）、新しい組織設計・移行まで、お客様が事業承継を機にさらなる飛躍につなげていくことを目指します。

様々な経験を持つスタッフと提携ネットワーク

スタッフは、若手からベテランまでと幅広い年齢構成。税理士・社会保険労務士の有資格者も増え、経歴も会計事務所一筋の者をはじめ、事業会社や金融機関出身、国税OB等、多様な経験を持つスタッフが集まっています。お客様の抱える様々な経営課題を、担当者はもちろん全社体制でバックアップします。

提携先の司法書士・弁護士等の専門家とも常に連携を取れる体制があります。仮に当社で対応できないことがあっても、お客様がお一人でお困りにならないよう、ネットワークを通じてサポートいたします。

3

2017年度版から3回選出

税理士法人ソリマチ会計

社会保険労務士法人ソリマチ会計　㈱ソリマチ経営　ソリマチ㈱　㈱ソリマチ技研
㈱ソリマチトータルサービス　㈱ソリマチ管財　㈱ソリマチ監理　㈱ソリマチビジネス
㈱ソリマチ技研サポートセンター　ソリマチ品質管理㈱　㈱ソリマチサポートセンター
㈱ソリマチ人事総合研究所　会計バンク㈱　ソリマチハイテクノロジーズ㈱

事務所の特徴

人のできないこと、人のやらないこと、世の中の為になることをやる。
「会計でみんなを幸せにする」というブランドスローガンのもと、グローバルな視点でローカルの人たちを一番幸せにする。

Web・SNS

Webサイト　https://www.sorimachi-keiei.co.jp

新潟県長岡市で創業したソリマチグループは、現在67周年を迎えました。創業者の反町秀司は「経理は会社を良くするもの」という信念のもと、経営者自身が会計事務所に赴くのが当たり前の時代に、自ら巡回監査を実施して顧問先を支援してきました。

同時に事務所の一部法人化に踏み切り、少数を適材適所で活かす分社経営を実践してきました。

人のやらないことをやる

「人のやらないことをやる」という理念を掲げる当グループは、各社の専門能力、技術に大きな強みを持ち、今では税理士法人を中心に会計ソフトメーカー、流通トータルソリューションカンパニーなど、4部門15社で活動しています。

「会計でみんなを幸せにする」というブランドスローガンを掲げ、フィンテックなど新たなテクノロジーも積極的に取り入れています。

グループ企業の開発したクラウド会計システムで処理した会計データをもとに、お客様のさまざまなニーズに対応しています。クラウド会計システムは、最高のスペックで最新の機器を備えた当グループデータセンターで一元管理されるため、機器の老朽化やセキュリティ対策など一切心配はいりません。

大半の中小企業はセキュリティ対策を自前では講じ切ることができません。クラウド会計システムだからこそ可能な堅牢性・安全性が保証されています。お客様が社内で行なうサーバ管理業務は必要最低限となり、システム管理者やサーバそのものにかかる負担が劇的に改善されます。

また、クラウド会計システムを活用したご提案、DXやRPAの活用など税務や経営に関するあらゆる事柄をITと紐づけ、顧問先サービスを展開しています。

会計事務所の未来を考える

会計事務所業務はA・Iがいずれ代替する可能性のある領域として考えられていますが、それは入力プロセスや、反復的な処理の省力化に着目した視点といえ

スマートフォンからのお問い合わせはこちらから

事務所概要

代表社員 税理士　反町秀樹

税理士法人ソリマチ会計代表社員。株式会社ソリマチ経営他、各社代表取締役社長。税理士。ITコーディネータ。監査法人KPMGピートマーウィック国際税務部入社、都市銀行系シンクタンクで経営コンサルティング業務に従事。1994年税理士登録。2001年ITコーディネータ登録。2007年ソリマチグループ代表就任。夢は、ソリマチグループを100年以上継続する、みんなが大切に思う最高のチームにすること。関東信越税理士会長岡支部所属。

税理士法人ソリマチ会計

創　業　昭和30年
代表者　反町秀樹
職員数　38名（税理士4名、社会保険労務士、行政書士）

所在地
〒940-0056
新潟県長岡市呉服町2-2-33　ソリマチ第1ビル
TEL 0258-36-2510　FAX 0258-34-7454

ます。

一方で、Ａ・Ｉは人の感情の読み取りや人が不安に思うことなどのヒアリングが不得意と言われています。この領域は、我々会計人がするアドバイスの価値がむしろ上がっていく領域といえます。

経営者は孤独な存在であり、そのアドバイザーとしての会計人は、売上、利益が継続的に伸びていく世界観を、ともに構築していくことが今後の仕事になります。フィンテックを起点にして、今後の会計業務で期待されるのは、まさにこのアドバイスの価値への注力です。

当事務所は短期的な目先の電子化への対応のみならず、ＩＴを武器とした、お客様から頼られるアドバイスを提供できる専門家集団となっていくことこそが、会計事務所業界の発展を前提とした環境適応のあり方と考えています。

相続・事業承継への対応

法律の改正後、一段と相続・事業承継が注目を集めていますが、新潟県新潟市で活動する相続手続支援センター新潟第1を拠点に、弁護士や司法書士をはじめとする士業専門家とのネットワークを持つ当事務所では、会社経営者や資産家の方々のような、日ごろから士業とのつながりを持つ方々からの相談は勿論のこと、一般サラリーマン世帯の方々においても、相続に関する手続の支援を通じてサポートを行なっています。

世の中の為になることをやる

私たちは創業者の強い信念を引き継ぎ、お客様に数々のご提案、アドバイスをさせていただくことにより、お客様との信頼関係を築いてまいりました。グローバルな視点で、ローカルのお客様へ税をはじめとし、地域で一番喜んでいただける会計事務所を目指しています。

これからも、会計でみんなを幸せにする最高のチームを目指していきます。

アズタックス税理士法人

初選出

事務所の特徴

私達は　お客様に座標軸をおき　難しいことをやさしく　やさしいことを深く　深いことをおもしろくして　安心と信頼をお届けします。これが我々関総研グループの誓いです。

社員税理士　小林 正人
税務会計、税務調査対応
近畿税理士会東支部所属

社員税理士　石本 愼一
中堅企業向け税務コンサル、組織再編、事業承継、M&A
近畿税理士会東支部所属

税理士　田中 美智代
相続・事業承継、法人税務全般
近畿税理士会東支部所属

公認会計士　山本 修平
戦略財務コンサル、経営会議・営業会議指導

三つのお役立ちサービス

一．百年永続企業作り支援

創業四十五年の実績でお客様には創業百年超の中堅中小企業が多数おられます。それらに共通しているのは次の四つです。

①創業理念の伝承でのれんを守る
②質素倹約でローコスト経営
③環境整備で人づくり
④社長・幹部の早出社

会社は赤字になっても潰れません。潰れる原因はキャッシュフローの不足です。私共の取組みは、まず経営数字に強い社長と幹部になっていただくことです。社長には貸借対照表のスリム化、幹部の人には損益計算書の売上から原価を差引いた粗利益の因数分解を施した経営資料を提供し、次の「打つ手」を提案できる力をつけてもらっています。

具体的には、経営会議・営業会議の開催です。営業会議は各地に拠点が分散しているのでオンライン会議が通例です。当社の財務コンサルタントが地方の支店・工場の監査に定期的に巡回し、経営会議で報告しているので、一時間で終了します。会議では数字に基づく発言を義務付けています。経営数字に強い中間管理職が増えることで、経営計画の目標達成が習慣になり「赤字経営は悪」が社風となっています。社長には週末の預金残高の確認と会社の環境整備（整理・整頓・清掃・規律）の実践状況のチェックをしてもらっています。

二．強いクリニック作り支援

地域の患者さんのために真摯に診療を続けておられる院長が、資金繰りや人事労務等の心配をせず、安心して診療に専念できる体制にするのが我々の使命であり、そのために次の五つの仕事をしています。

⑴可処分所得の確保

税金を引いた手取りを増やすことです。借入金の返済等を含めた収支分岐点をクリアするための必要患者数の確保。

スマートフォンからのお問い合わせはこちらから

事務所概要

代表公認会計士・税理士　関 博

専門分野

事業承継及びM&A、医業経営、戦略策定、経営計画策定支援

近畿税理士会東支部所属。

代表公認会計士・税理士　柴田 直志

専門分野

相続・事業承継対策、組織再編、企業・事業再生、連結納税対応、会社法対応等

近畿税理士会東支部所属。

関総研グループ

所在地

〒540-0022

大阪府大阪市中央区糸屋町1-3-11

関総研ビル

0120-430-426

TEL 06-6947-1313

FAX 06-6947-1414

税理士10名、公認会計士3名、社会保険労務士1名他、グループ53名

関総研グループ

https://www.sekisoken.co.jp/

結い相続支援センター

https://www.yui-souzoku.jp/

E-Mail　info@sekisoken.co.jp

(2)人事労務支援

労務トラブルは専門法律知識が不可欠です。医業専門社労士による法令改正等の最新情報の提供とフォロー支援。

(3)老後資金の確保

夫婦で二・五億円の資金確保と老後の安心支援。

(4)医業承継対策

院長のハッピーリタイアメント支援。

(5)税務調査対策

税務調査から院長を守る。

強いクリニックはバランススコアカード（BSC）の活用で、目標がより明確となります。すなわち、

①患者の視点

②院内プロセスの視点

③職員・スタッフの視点

④財務の視点

私共は、②と③を継続して改善すれば①の満足度が増加し、結果として④の業績に表れると考えています。

三．セカンドオピニオン支援

創業四十五年の実績と知見で各業界出身のエキスパートがセカンドオピニオンの顧問に就任しています。

①国税出身税理士による税務調査支援・相続税申告書の精査

②元銀行支店長による融資・銀行交渉

③銀行・証券会社等の提案書のチェック

特に事業再編、M&A案件の精査を実施しています。

あど税理士事務所

初選出

事務所名の由来

あど税理士事務所の『あど』には、

【advance　（アドバンス／前進）】

【advantage（アドバンテージ／有利）】

【adventure（アドベンチャー／冒険）】

という意味があり、クライアント様に寄り添った経営アドバイスをお約束するという想いを込めています。

事業が常に前進できるような、会社にとって有利になるような、隣り合わせのリスクも冒険しながら克服できるような、そんな経営アドバイスの視点とクライアントの業績を改善する志・覚悟を、「あど税理士事務所」に込めました。

Web

https://ado-tax.com/

地域密着型の税理士事務所です！

あど税理士事務所は、大阪府大東市を中心に中小企業を支援する地域密着型の税理士事務所です。代表者は、多くの経営支援の実績を持つ税理士の金園英也。現在、メンバー数6名体制でクライアントを支援しており、会計・税務のサポートはもちろん、支援金や補助金申請・資金調達・相続事業承継対策など、中小企業支援の重要な役割を担っています。

クライアントの相談には、すべて代表税理士が対応

「経営者の相談は、同じ経営者でないと真の意味で応じられない」という想いから、代表税理士がすべてのクライアントに対応しています。また、「経営者の相談役は税理士である」と実に70%の経営者が答えられていることから、経営者の相談役になることを税理士の使命とし、他士業や各コンサルタント、金融機関や行政と連携し、経営者の悩みや課題を解決できる体制を整えています。

経済対策を積極的に提案・活用

創業期の企業、新たな分野に挑戦する企業、新型コロナウイルス感染症の影響を多大に受けた企業にとっては、支援金や補助金・融資制度・優遇税制などの活用は非常に重要です。

例えば令和3年度経済対策の目玉であった事業再構築補助金は、多くの税理士事務所が敬遠する中、当事務所は積極的に挑戦しました。ハードルが非常に高く当初は手探りの連続でしたが、提携しているパートナーとも協力しながら、結果的には28件が採択されました。（令和4年6月現在）

マネーフォワードクラウド会計やChatworkの導入によるIT支援

マネーフォワードクラウド会計の導入により、クライアントに負担をかけずに月次・決算を進めています。独自のメニューとして、「1年目：税理士事務所による入力代行、2年目以降：クライアン

スマートフォンからのお問い合わせはこちらから

事務所概要

代表税理士　金園英也

あど税理士事務所代表。税理士。昭和57年生まれ。大阪産業大学大学院修了。大阪の大手事務所であるトリプルグッド税理士法人で15年間、経営支援業務に従事後、独立開業。開業直後に新型コロナウイルス感染症が蔓延しはじめたが、支援金・補助金・融資制度・優遇税制など事業者に役立つ情報を積極的に発信することで、開業初年度から50件以上の顧客を獲得。マネーフォワードクラウド会計などのITを活用した経理効率化支援を得意とし、大阪府大東市の地域密着型税理士として活躍。近畿税理士会門真支部所属。

あど税理士事務所
創　業：令和2年2月
代表者：金園英也
メンバー数：6名
所在地
〒574-0046
大阪府大東市赤井一丁目15番21号
住道グランドビル501号室
TEL 072-800-5002
FAX 06-7732-3688
E-Mail　info@ado-tax.com

トでの自計化」のプランが好評です。

1年目は当事務所が会計入力することで、クライアントの取引の流れや書類を確認できます。その際、マネーフォワードクラウド会計の「自動仕訳ルール」を設定し、年間の各取引を会計ソフトに記憶させていきます。そうすることで、2年目以降クライアント側で楽に自計化を進められ、かつ会計入力のコストも下げられます。

その他、Chatworkの導入により、クライアントが気軽に質問、相談できる体制を作っています。税理士に何を相談してよいかわからないという声もよくお聞きしますので、「こんな時相談リスト」を事前に配布し、相談事例をご紹介しています。とりあえずどんな事でも結構ですので、まずはご相談ください！

KPI管理や予実管理をサポート

会計データは何のためにあるのか？
月次決算はなぜ実施するのか？
確定申告を実施するためにあるのか？

その答えは、すべて経営者のため、企業のためにあります。経営の数字を出すことで、どこに課題があるのか、どのように改善すればよいかを検証できます。当然その数字は、「リアルタイム」である必要があります。さらには、出た結果の検証にとどまらず、その中身を分析、係数を管理し実行ベースにまで落とし込めれば、必ず経営の改善につながります。

その会社にあったKPI（Key Performance Indicator）を設定し、予実管理と組み合わせることで、利益体質の企業を創り上げましょう！

私たちがサポートします！

岩《いわ》浅《さ》税理士事務所

株式会社FPテラス

2013年度版から6回連続選出

事務所の特徴

①経営・財務・相続の「かかりつけ医」として顧客の立場に立って対応
②相続・事業承継支援に対応
③中長期経営計画・企業再生等に豊富な実績あり
④士業ネットワークによりワンストップサービスを提供
⑤セカンドオピニオンや税務訴訟補佐人実績あり

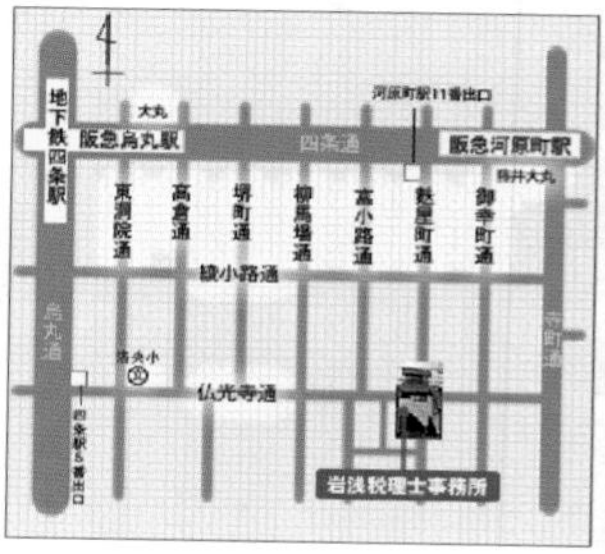

Web・SNS

Webサイト　https://www.iwasa.info/
https://www.fp-terrace.com/
E-Mail　tax@iwasa.info
Facebook　岩浅税理士事務所
Twitter　@taxiwasa

経営理念

お客様の経営・財務・相続の「かかりつけ医」として、常にお客様の立場に立ち、ご発展に貢献できればと考えています。どんなことにも対応可能な「ワンストップサービス提供ができる事務所」であり、常に品質と効率を両立させた経営を心掛けています。

具体的には、専門性を活かし、かつそれをいかに分かりやすく簡単にスピーディーに説明するかを第一に、また専門分野以外のことでも、まずはよく聞き取ったうえで、各専門家と連携したサービスを提供できるように心掛けています。

業務内容

かつて代表が公認会計士事務所に所属していたことから、通常の税務・会計以外にもさまざまな経験をしてきております。経営計画の作成や法的・私的再生支援、税務訴訟の補佐人、相続・事業承継対策など、これらの経験を活かした業務を取り扱っています。

○税務相談・決算申告

法人税、所得税、消費税、相続税を中心とした税務全般にわたり、節税を含めたアドバイスや税務監査、申告業務を行います（税務代理申告業務、税務相談業務、税務調査立会、タックスプランニング業務）。また、税務調査の結果にご不満の方には、所轄税務署への異議申し立て、国税不服審判所への審査請求、弁護士と連携して税務訴訟などの対応もさせていただきます。

○会計サポート

市販の会計ソフト（弥生会計等）を利用し、経営者のニーズに合った最適な会計制度と帳簿組織を立案・指導いたします。また、なかなか経理に手が回らず自計化できないお客様には、記帳代行業務も行っています。

○コンサルティング

経営診断・中長期経営計画・企業再生等、現状の会社の健康診断（現状分析、経営分析、財務調査、事業調査、銀行簡易格付）を行います。その結果により、将来の中長期経営計画の策定・立案・資

スマートフォンからのお問い合わせはこちらから

事務所概要

代表 税理士　岩浅公三

岩浅税理士事務所代表。株式会社FPテラス代表取締役。CFP®・税理士・行政書士、京都府中小企業再生支援協議会外部専門家他。昭和45年生まれ。同志社大学商学部卒業後、平成9年に税理士試験に合格し翌年登録、公認会計士・税理士事務所勤務を経て独立。京都市を中心に通常の税務・会計はもとより、私的再生計画策定業務、相続・事業承継対策、補佐人として税務訴訟の法廷に立つなど、常に顧客側の立場に立ち、幅広い分野で活躍している。近畿税理士会下京支部所属。

岩浅税理士事務所／株式会社FPテラス

創　業：平成15年
代表者：岩浅公三
職員数：6名（税理士3名、行政書士1名、CFP®1名・重複含む）他提携弁護士・公認会計士・税理士・社会保険労務士・司法書士等多数

所在地
〒600-8054
京都市下京区仏光寺通麩屋町西入
仏光寺東町129番地9
TEL 075-343-1888　FAX 075-343-1887

金繰りの改善（金融機関との交渉など）を行います。また、各専門家と共同で企業再生支援（私的・法的）を行います。さらに、相続税対策・事業承継の支援として、後継者問題の対策、自社株の評価、相続財産や資産の贈与、納税資金の準備など、事前対策の実施をいたします。

○ファイナンシャルプランニング・リスクマネジメント

人生の目標や夢を実現させるために必要なライフプランやマネープランを提案するサービスです。個人・法人のリスクを分析し、保険の見直し等を含めた総合的なプランニングをさせていただきます。

○会社設立・起業支援

個人事業か法人設立のどちらが適切か、また、その変更のタイミング、組織形態の検討、資金調達、司法書士と連携した法人設立手続、社会保険労務士と連携した社会保険関係手続などを行います。起業家の方が、安心して起業準備に専念できるよう、他士業とのネットワークを利用し、会社設立及び起業時の支援を行います。

○セカンドオピニオンサービス

他の税理士の意見も聞いてみたい。そんなときのためのサービスです。

「セカンドオピニオン」という言葉は、もとは医療の世界の用語で、かかりつけ医等の他に、別の医師による診断や意見を求めるもので、患者にとっては、自分の症状について複数専門家の見解を聞いたうえで治療方針を選択することができるメリットがあります。

企業経営においても同様で、経営方針や税法の解釈等は複雑かつ難解なものとなっています。ひとりの目だけではなく別の視点から初心に返りもう一度問題に向きあうと、違う解決策がみつかるケースもあります。

心掛けていること

人は何事もインプットとアウトプットの繰り返しです。

「初心忘るべからず」
「努力に勝る天才はなし」

この2つを頭において精進してまいります。

3

2019年度版から3回連続選出

税理士法人FIA

事務所の特徴

①歯科医院顧問先数西日本一（450件）の実績
②FPプロジェクトチームによる資産形成アドバイス
③資産税プロジェクトチームによる相続税対策
④事業承継・M&Aプロジェクトチームによる戦略的アドバイス
⑤15名の税理士による高度な提案

Web・SNS

Webサイト　https://fia-jp.com/
E-Mail　info@fia-jp.com
Facebook　税理士法人FIA
Instagram　fia_tax_corporation

最高のチームワークで最高のサービスを提供します

税理士法人ＦＩＡでは「幸せな社員が幸せをお届けします」を経営理念として掲げています。社員の高い能力と、それを結集したチームワークでお客さまに最高のサービスを提供する。税務会計・経営・相続のプロフェッショナル集団、それが税理士法人ＦＩＡです。専門性の高い各分野のエキスパートがお客さまにしっかりと寄り添い、お悩みに真摯に向き合い、よりよい解決策をスピーディーにご提案致します。

案件の一つひとつに愛情と誇りをもって取り組み、幸せのスパイラルを生み出していきます。お客さまの繁栄を誠心誠意サポートすることは、税理士法人ＦＩＡの社員一人ひとりにとっても幸せなことです。幸せな仕事が幸せを育み、より大きな幸せへと実を結ぶ。私たち税理士法人ＦＩＡは、お客さまに大きな幸せをお届けできることに喜びを感じ、日々の業務に邁進しています。

病医院や介護事業所の皆様をプロジェクトチームがサポート

開業前の先生方へ

ＦＩＡはこれまで４００件以上の医院・歯科医院の開業支援を行って参りました。診療圏調査、事業計画、銀行折衝、採用計画、面接支援、と豊富な経験を持つ開業支援プロジェクトチームがスムーズな開業へとお導き致します。

既開業の先生方へ

既にご開業の先生方へは、医療法人やＭＳ法人設立コンサルティングによる戦力的節税対策、ファイナンシャルプランナーによる資産形成アドバイス、税務調査士による税務調査対策コンサルティング、事業承継プロジェクトチームによる医院承継やＭ＆Ａコンサルティング、など、医院・歯科医院の経営発展や個人の資産形成を万全の体制でサポートします。

現在、医院・歯科医院のクライアント数は６００件を超え、豊富な実績をもとに優良なサービスを提供させていただきます。

介護事業所の方へ

介護事業立ち上げ実績のある介護プロジェクトチームが、介護事業開業支援及び経営支援を行っています。またＣ－ＭＡＳ介護事業経営研究会のメンバーとして介護事業の最新情報をご提供します。

スマートフォンからのお問い合わせはこちらから

事務所概要

代表社員 税理士　古野裕則

大学卒業後、一部上場企業に入社。営業部に配属され、6年間勤務の後に会計事務所に転職。
1993年に税理士資格を取得し、その半年後に古野会計事務所を開設。医業を中心にクライアントを着実に増やし、2014年には創業20周年を機に税理士法人FIAを設立し、代表社員に就任。85名を率いるFIAコンサルティンググループCEOとして組織をまとめている。
近畿税理士会東淀川支部所属。

税理士法人FIA
設　立：2014年4月
創　業：1994年6月
代表者：古野裕則
職員数：85名（税理士15名）

本社所在地
〒532-0003
大阪市淀川区宮原3-4-30
ニッセイ新大阪ビル14F
TEL 06-7177-0011　FAX 06-7177-0012
支社　岡山市・京都市

中小企業オーナーの事業承継対策を12名のプロジェクトチームがサポート

経営者の皆様はこのようなお悩みはお持ちではないでしょうか？

- 後継者がなかなか決定せず、会社を将来どうすればいいか分からない
- 会社の未来を誰に相談すればいいか分からない
- 自社株の評価額や、自社株の価額の引き下げ方法が知りたい
- 会社の第三者への売却を考えているので売却先を紹介してほしい

事業承継とは、「会社の未来をどうするのか」を決定することです。一口に事業承継といっても、親族内承継や従業員等への親族外承継、Ｍ＆Ａの３つの選択肢があり、その対策についても、自社株の株価対策や組織再編税制を活用した組織の再編等があるので、様々な法令が絡み合うことから煩雑で対応できる専門家は少ないのが現状です。

ＦＩＡには税理士10名を含む12名のプロジェクトチームがあり、経営者の高齢化が進み重要な課題となっている事業承継を円滑に進めるため、各専門家の知恵と知識を結集することで、スピーディーで質の高いサービスを提供しています。

また、複数の国税局ＯＢの先生方を顧問に迎え、各税法の理論武装をより強固なものにしており、税務調査への対応も万全です。提携する弁護士、司法書士、行政書士、社会保険労務士もおり、各種法律にワンストップで対応しています。

Ｍ＆Ａも積極的にサポート

事業承継対策の一つであるＭ＆Ａについては、昨今の後継者難の問題からもはや大企業だけの話ではなく、中小企業においても活発に行われています。ＦＩＡでは、出口戦略としてのＭ＆Ａだけではなく、クライアント企業における事業拡大のためのＭ＆Ａも積極的にサポートしています。

資産税対策も得意とする

ＦＩＡでは、開業当初より数多くのクリニック・病院の支援をしてきたことから資産家に対する資産税対策の実績も豊富にあります。対策前に、現時点での相続税額を概算し、いくらの納税資金を調達する必要があるのかをお調べする相続簡易調査サービスを実施しています。そのうえで、将来の相続税の税率を予測した効果的な贈与プラン等をアドバイスさせていただきます。

斉藤税務会計事務所

事務所の特徴

①税務会計の指導に加え経営指導に重点を置いており法人黒字率が75％
②社長と経営力を錬磨する経営者戦略道場主催
③MQ会計ツールを使った経営戦略無料相談実施中
④バランススコアカード（BSC）を使った経営コンサル業務は戦略実行と組織づくりには最適と評判が高い
⑤かんたんBSCによる戦略実行指導中

Web・SNS

Webサイト　https://www.kaikei-osaka.com/index.html　Facebook　斉藤恭明
E-Mail　decision.support@clock.ocn.ne.jp

4
2013年度版から4回選出

営者は孤独になりがち そんなお悩みを解決

私達は「親切は最後まで」を経営戦略の柱としています。お客様に対していくら親身にご相談に乗ったとしても、問題が解決するまでお付き合いをしないと、経営者は孤独感からは解放されません。そんな経験から生まれた戦略です。

私達は創業以来、お客様の資金繰りや経営計画のお手伝いをしてまいりましたが、そのようなお手伝いは経営者の悩みの一部の解決に過ぎないことに気づきました。問題は、企業経営者も多くの税理士も経営を体系的に学んだことがないという現実です。そこで経営者が経営戦略を体系的に学べる経営者戦略道場を開設いたしました。さらにバランススコアカード（BSC）を使った戦略実行や人事制度構築のサポートもコンサル業務としてラインナップしました。

MQ会計を利用した 経営戦略無料相談

ほとんどの昭和のビジネスが成熟期から衰退期を迎えております。ダボス会議によれば、今生まれた子供が現存する職業以外の職業に就く確率が65％だとか……。この急激な変化に対応できるかどうか、何をすべきかをMQ会計で分析します。エクセルで組んだ簡単なツールですが、とても役に立ち、黒字化の道筋が見えてきます。

経営者戦略道場で経営を学ぶ 「事業は必ず衰退する」

多くの経営者は「事業は必ず衰退する」という現実を知りながら今の事業にしがみつく、勿論、税理士業も例外ではありません。今の事業が開発期なのか成長期なのか衰退期なのかを振り返りもせずに、売上を上げること、節税をすることに奔走しようとするのです。

当道場ではこの現実を管理会計の数字を使って分析します。業種、業態を問わず共通して使える指標を学び、多くの専門書が伝える複雑な指標ではなく、運転資金、債務償還年数、固定費生産性、悪玉借入金の撃退方法など、簿記会計を知らない経営者でも理解できる計数のみを使って経営管理をする方法を学習します。

スマートフォンからのお問い合わせはこちらから

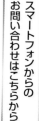

事務所概要

税理士　斉藤恭明

京都大学経営管理大学院 EMBAプログラム修了。日本経営会計専門家協会所属。神戸商科大学卒業後、大手建設会社、不動産会社で10年間営業マンとして活躍した後、税理士業界に転職。2006年斉藤税務会計事務所開業。17年間にわたり税理士業、セミナー活動を行い、「わかりやすい」との評判が高い。2022年1月には日本経営会計専門家研究学会でBSCを取り入れたコンサル事例を報告した実績あり。近畿税理士会北支部

斉藤税務会計事務所

創　業：2006年
代表者：斉藤恭明
職員数：6名（税理士1名、交流分析士1名、監査担当4名）

所在地
〒530-0047
大阪府大阪市北区西天満6-2-16
つたや第5ビル5F
TEL 06-6364-2720　FAX 06-6364-2721

また、市場戦略では衰退期事業の対処の方法や新事業のビジネスモデルの立案の方法を身近な事例で説明し、実際の経営の現場で戦略を立てていく基本を学習します。戦略が決まれば後はその実行です。そのためには組織戦略や社風戦略が必要となってくるのです。

これら経営の基本を中小企業経営者目線で創り込んだものが経営者戦略道場です。実際、大学の研究者もその内容を見学に来られ、一部の内容を授業に使われた実績もあります。

BSCによる経営戦略実行のお手伝い

経営戦略が決まれば、いよいよ経営戦略の実行となります。実は、経営者の孤独の多くはこの戦略実行時にあることが多いのです。戦略が決まっても社員との温度差が経営者のいらだちと孤独感をつくるのです。

ＢＳＣによる経営戦略実行の方法はアメリカのハーバードビジネススクールで開発され、その後幾度も改善を繰り返されてきました。ＢＳＣは経営学の祖であるドラッカーのＭＳＣが原型です。日本でもこの手法は大企業には取り入れられてきましたが、中小企業に応用されたケースはまだ少ないです。弊所ではこのＢＳＣを利用したコンサルティングで経営者に寄り添い、戦略のＰＤＣＡサイクルを回し、組織戦略と社風戦略のお手伝いに力を注いでいます。戦略実行のお手伝いを行うことによって経営者は孤独感から解放されるのです。

人事制度構築のサポート

経営戦略が決まり、その戦略の実行による成果は適正に社員に分配されなければなりません。しかし人事制度は分配の制度ではなく、社員の成長を支援する制度です。社員を成長させることは経営の必須条件です。これらのサポートを通じて「親切は最後まで」を実践しています。

スタートパートナーズ総合会計事務所

スタートパートナーズ株式会社

1 初選出

事務所の特徴

①起業家支援専門の税理士事務所・会社設立実績 1,000 社以上
②「話しやすい・聞きやすい・相談しやすい」税理士事務所
③会社設立は手数料無料の実費のみ。創業融資など融資申請支援も無料サポートを実現
④ご質問には、「即レス・即アポ・即対応」でご対応
⑤社会保険労務士事務所を併設、他士業とも提携し、どんな相談にもワンストップで対応
⑥豊富な経験により税務調査に強い

Web・SNS

Webサイト　https://東京大阪経理代行.com　**Twitter**　スタートパートナーズ総合会計事務所
E-Mail　info@start-partners.net

大阪・東京のスタートアップを低価格で徹底サポート！起業家支援専門の税理士！

スタートパートナーズ総合会計事務所は、大阪・東京を中心に、スタートアップの法人のご支援を得意としている会計事務所です。会社設立から、融資、節税、助成金・補助金、税務調査など、事業をこれから始める、または事業を始めたばかりで右も左も分からないという方々を徹底的にサポートいたします。

起業したばかりだからこそ、社長は時間も体力も本業に集中投下すべき時です。税務や会計など、細々したことは全てスタートパートナーズに丸投げしていただき、社長は本業に集中していただきたい。オフェンスとディフェンスの役割分担によって、早く会社を軌道に乗せていただきたいと考えています。

また、社会保険労務士事務所も併設しており、弁護士や司法書士とも提携したワンストップサービスを実現しております。

税理士業の本質は、記帳屋ではなく、経営者が困った時に一番近くにいる相談相手であると考えています。

「話しやすい・聞きやすい・相談しやすい」を最重要視

会社を立ち上げると、今まで経験したことのない出来事が毎日のように起こります。そういった時に、疑問をぶつけることのできる身近な相談相手の存在は貴重です。

専門的な知識・経験があることは当然ですが、「話しやすい・聞きやすい・相談しやすい」こと、つまり、相談したくなるパートナーであることを大事にしています。

スタートパートナーズの採用方針の中で大事にしていることとして、コミュニケーション能力があります。難解な税務を知っていることよりも、お客様との会話のキャッチボールが上手な人材を採用するようにしています。

知識は後からでも身に付けることはできますが、人間性を変えることはなかなか難しい。人間的魅力・ビジネス感覚の

スマートフォンからのお問い合わせはこちらから

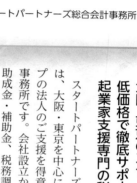

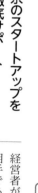

事務所概要

代表税理士　古殿哲士

スタートパートナーズ総合会計事務所代表税理士。昭和57年生まれ。立命館大学経営学部卒。平成28年8月、スタートパートナーズ総合会計事務所を設立。事務所開業時から起業家支援に積極的に取り組み、会社設立実績は1,000社以上。税理士業の醍醐味は、「人生をかけて事業を行っている経営者にとことん向き合って、もっとも信頼されるパートナーになれること」だと強く認識している。
近畿税理士会北支部所属。

スタートパートナーズ総合会計事務所／スタートパートナーズ株式会社
創　業：平成28年
代表者：古殿哲士
職員数：25名（税理士2名、社会保険労務士1名）

所在地
〒530-0001
大阪府大阪市北区梅田1-11-4
大阪駅前第4ビル19F
TEL 06-4797-8107　FAX 06-4797-8108

ある人材がお客様をサポートする。この考え方をモットーにしています。

会社設立は手数料無料の実費のみ！ 創業融資など融資支援も 顧問先のお客様は無料サポート！

スタートパートナーズの料金体系は、打合せ頻度や年商規模によって多様なラインナップとなっております。月額顧問料は9，600円～となっており、データ取込による効率化やIT化によって低価格を実現しています。

また、顧問先のお客様は、会社設立の手数料は無料で、実費のみの設立が可能です。融資申請の際の事業計画作成サポートなども無料！成功報酬として、「融資実行額の3～4％」がかかる会計事務所も多い中、できるだけ顧問料の範囲内にまとめた料金体系も実現しています。

お客様とのやり取りは SNSを駆使！

起業家の方々は若い方が多く、スタートパートナーズも20代～40代の年齢層のお客様が中心です。若い方の連絡手段はSNSが中心ですので、スタートパートナーズでも、チャットワーク・LINE WORKSを中心に、Slackやテレグラムにも対応しています。相談したい時に気軽に相談できる環境を整えております。

スタートパートナーズで 会社設立しませんか？

代表税理士の古殿です。税理士という仕事は、人生をかけて事業を行っている経営者にとことん向き合ってもっとも信頼されるパートナーになり得る存在です。こんな楽しくやりがいのある仕事は他にないと考え、この職業に就きました。この想いを忘れず、これからビジネスを始めようとする皆様を全力で応援いたします。

起業化支援は、是非スタートパートナーズへ！何でもご相談ください！お待ちしております！

東口会計事務所

2021年度版から2回連続選出

事務所の特徴

- 創業から80年、お客様第一優先で歩んで参りました。
- 地域密着型、お客様とのご縁を大切にしています。
- 他士業と連携し、幅広い相談に応えます。
- 事業承継支援・後継者育成のための勉強会を開催予定。
- 豊富な経験により税務調査に強い。
- 傾聴し、寄り添う。導く。

Web・SNS

Webサイト　https://higashiguchi-tax.jp

E-Mail　clientroom@higashiguchi-tax.jp

古都奈良の地で80年、お客様とともに歩んで参りました。

私たち東口会計事務所は、奈良県を中心に、中小企業の皆様をご支援している会計事務所です。「お客様第一優先」という理念を掲げ、会計・税務はもちろんのこと、日々起こってくるお悩み、お困りごとに耳を傾けてきました。蓄積された経験を活かして地域社会の未来に貢献したいと願っています。

代表者は、東口会計事務所三代目所長の東口哲夫。先代からの理念を受け継ぎ、さらに初代からの「税の教育者」としての使命を受け継ぎ、一人ひとりのお客様と向き合っています。

幅広い業種・顧客とともに経営の基礎を創造し、次世代へ。

東口会計事務所は昭和16年に東口保見により創業されました。初代は創業前、奈良県立奈良商業高等学校商業科の教諭でした。そこで学生に簿記などを教えていました。その時の教え子たちが開業し、または家業を引き継ぎお客様になったという経緯があります。

世代は変わっていますが、今もなお関わらせてもらっています。「経営に大切なのは、帳簿であり複式簿記である。」この風土が東口会計事務所には残っています。税の教育者としての使命は初代から受け継ぎ、帳簿の重要性をすべてのお客様に伝えています。お客様に満足して頂けるよう、今も所員全員の力を借り日々奮闘しています。

経営者と向き合い後継者を育てる。

コロナ禍でお客様との距離は遠くなるかというと、そうではありません。より近くなりました。

経営に関する悩みは増えます。金融機関との関わり、資金繰り、事業承継

スマートフォンからのお問い合わせはこちらから

事務所概要

所長　税理士　東口哲夫

東口会計事務所所長。税理士。昭和27年生まれ。同志社大学商学部卒。昭和52年、東口会計事務所入所。昭和54年、税理士試験合格。昭和55年2月、税理士登録。平成5年、所長就任。平成12年、行政書士登録。平成15年、2級FP技能士資格を取得。所長就任直後から会計事務所の電子化と顧客第一優先の業務に取り組む。縁を大切に、先代からのバトンを繋ぎます。近畿税理士会奈良支部所属。

東口会計事務所
創　業：昭和16年
代表者：東口哲夫
職員数：30名（税理士4名、行政書士1名、AFP2名）

所在地
〒630-8114
奈良県奈良市芝辻町11番地
TEL 0742-23-3676　FAX 0742-23-8928

に加え、事業そのものの見直し、業務効率、雇用の問題、生産性を高める取り組みなど、今まで後回しにしていたことが一気にのしかかってきます。

今こそ自分の事業に向き合う時です。経営者はもちろんですが、後継者、若い世代が新しい取り組みを始め、活躍するチャンスです。私たち会計事務所はお客様の話を傾聴し、寄り添い、導きたいと思っています。コロナで分断されてしまうのではなく、連帯を取り戻すことが大事だと痛感しています。

私たちとお客様のつながり、お客様とお客様のつながり、縦のつながり、横のつながり、世代を超えたつながり、地域社会とのつながりを意識し、大きな視点で考え決断することが中小企業に求められていると思います。

多様な価値観の集まりを事務所の力に変えていく。

東口会計事務所には20代前半から70代後半まで幅広い職員が在籍しています。また、お客様も幅広い業種や年代の方がいらっしゃいます。この多様な価値観の集まりを事務所の力に変えるには、コミュニケーションが大切です。しっかりと自分の思いを伝える必要があります。そして相手の話をよく聞く、傾聴することが大切です。批判は何も生みません。素直に謙虚に話ができる。コミュニケーションを楽しめる。そういう雰囲気の事務所づくりを心掛けています。

四代目所長となる
東口晃三氏

御堂筋税理士法人

株式会社組織デザイン研究所　株式会社リガーレ

2015年度版から5回連続選出

事務所の特徴

- 徹底した経営サポートにより月次関与顧問先黒字率83.4％！
- スタッフ39名中10名が税理士という専門家集団。
- 一人当たり生産性会計事務所平均2倍以上の実績。
- メガバンク系のセミナー講師・出版など実績多数。
- 経営サポートツールは社内で実証済みのツールのご提案。
- 労働時間内の15％を毎月教育確保。

Web・SNS

Webサイト　https://www.management-facilitation.com/
E-Mail　info@mdsj.jp
Facebook　コンサルティングに強い　御堂筋税理士法人

すべては徹底した対話・ヒアリングから

私たちが仕事をしていく上で、もっとも大切にしていることが三つあります。その一つがコミュニケーションです。ご相談を受けたとき、まずお客様との徹底した対話によるヒアリングをしていきます。業績と財政状態、製品・顧客・仕入先・業界構造などのビジネスモデル、さらに経営者・販売力・生産力・人材・経理などの組織力についてお聞きし、そして経営の課題を特定し、私たちがお役に立てることをご相談していきます。

私たちがご相談をお受けしたら、ご訪問するなり、ご来所いただくなりして、まずじっくりとお客様のお話をお聞きします。この話し合いを通じて、お客様の経営の現況、そして課題を明らかにし、共有していきます。そして、お客様に「頭の整理ができました」「すっきりしました」「問題点が明確になりました！」と言っていただけることが、私たちのめざすところです。

小規模だがワンストップサービスを目指す

二つ目は７つのサービス部門でワンストップを提供するということ。私たちは高品質の税務サービスをベースとした７つのサービスチームが重なり合うことで今ある課題も、将来の目標も、共に考え、解決していくことができます。税務会計のみならず、経営コンサルティング、人事コンサルティング、そしてＩＴ活用も。

会社の未来を考えた事業承継・Ｍ＆Ａ、そして家族の未来を考えた個人資産税対策も、それぞれの課題に専門家チームで対応していきます。

社内で実証済みのツールをご提案

最後の三つ目は、わが社は企業経営の実験場という考え方です。社内で成功したやり方をお客様のところで展開していきます。だから自信をもって、お客様に

スマートフォンからのお問い合わせはこちらから

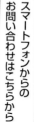

事務所概要

代表社員 税理士　才木 正之

御堂筋税理士法人代表社員（CEO）。株式会社組織デザイン研究所代表取締役。昭和46年生まれ。大阪府立大学経済学部経済学科卒業後、平成6年御堂筋税理士法人の母体となる税理士小笠原士郎事務所入所。財務管理をバックボーンに、経営計画の策定から実行管理、企業変革、会議指導を中心としたコンサルティング業務を行い、成果を上げる。平成29年3月御堂筋税理士法人代表社員（CEO）就任。税務会計のみならず、中小企業経営にドラッカー理論を展開することに尽力している。近畿税理士会東支部所属。

御堂筋税理士法人／株式会社組織デザイン研究所／株式会社リガーレ

創　業：平成3年6月
代表者：才木 正之
職員数：39名（うち税理士10名）

所在地
〒541-0042
大阪市中央区今橋4-1-1
淀屋橋三井ビルディング4F
TEL 06-6205-8960　FAX 06-6205-8961

お勧めすることができるのです。月次決算や経理合理化・経営計画・経営会議・経営のコックピット・マーケティング・マネジメント教育・生産性向上など、すべてのサービスはここから生まれていきます。

私たちも、平成3年の設立以降、ずっと経営計画を立て、毎月会議をして、経営課題の共有と解決に取り組んできています。その中で、お客様の問題解決、学びと人材育成、新たなノウハウの摂取と蓄積、私たち自身の経営の発展を進めてきました。そしてそれらをサービスとしてまとめ、皆様に提供しているのです。

メガバンク系セミナーの講師・出版などの実績多数※

才木をはじめ、小笠原士郎・香取・小笠原知世の4名の税理士は、SMBCコンサルティング、三菱UFJR&C、りそな総研、さらに各地銀系の経済研究所、東京・大阪・京都などの商工会議所のレギュラー講師を務めています。

また機会を得て、経営に関する本の執筆もしています。その他の若い税理士も、さまざまな業界団体や企業内講師を務めています。そうした場面で、皆様の貴重なご意見やニーズをお聞きし、提供ノウハウの質を高め、また説明や指導のスキルも磨いています。

私たちがセミナーの講師を務めるのは、コンサルティングのスキルを磨くチャンスだからです。そのために私たちは、わかりやすく役に立つセミナーをしたいと考えています。「コミュニケーションは相手にわからなければ意味がない」（ドラッカー）、「大工に話すときは、大工の言葉を使え」（ソクラテス）。セミナーと実践活動は、ともに私たちの大切な学びの場であり、また成果を問う場でもあるのです。

※年間依頼件数100件超

2019年度版から3回連続選出

みんなの会計事務所

松本佳之公認会計士・税理士事務所

事務所の特徴

- 会社設立から相続まで、どんなお悩みも対応いたします。
- 融資獲得もおまかせください。融資実行率90%以上です。
- 経験豊富な税理士による税務調査サポートもお問合せ増加中。
- 遠隔地対応できます。特に関東圏であれば訪問対応もできます。
- 社労士、宅建士在籍。経営をワンストップでサポート可。
- 2担当制でお客様のご質問に24時間以内にお返事いたします。

Web・SNS

Webサイト　https://office-kitahama.jp/
https://www.minna-souzoku.com/
E-Mail　office@minna.or.jp
Facebook　みんなの会計事務所
Instagram　minna_kaikei

難しい経理のこと、経営のことを お客様目線でわかりやすく

私たち「みんなの会計事務所」は、法人税務・個人税務・資産税・税務調査対応・経理アウトソーシング・融資や補助金の申請サポート・Ｍ＆Ａ・事業承継など、様々な相談にお応えできる総合会計事務所です。スタッフは総勢で20名、税務分野はもちろん、税務調査や社会保険、不動産関連などの各分野のスペシャリストが在籍しており、経営に関する様々なお悩みをワンストップでサポートしています。

開業から15年以上が経ち、現在は、大阪・東京を中心に年間で４５０件を超える申告を行っており、お客様に感謝の言葉を多くいただいております。２０２２年４月には事務所を拡張し、お客様にリラックスしていただき、かつ、集中して話ができる環境を整えました。

事務所は大阪梅田にありますが、最近はＷｅｂ会議システムを利用して全国各地のお客様に対応させていただくことも増え、支障なくサービスを提供することができています。

これまでの経験から断言できるのは、よりよい経営を行い強い会社を作るためには、経営者が「経理のことを理解し、会社の仕組みを作る」ことが不可欠だということです。単に税金の計算だけを行うのにとどまらず、難しい経理のこと、経営のことを「お客様目線でわかりやすく伝え、経営に活かしてもらうこと」にこだわって日々業務に取り組んでいます。

そして、「ビジネスにはスピードが大事!」、お客様からの相談事には些細なことでも迅速に対応するように心掛けています。

その税理士報酬、納得していますか? 納得いただける明確な料金体系

私たちが最も大切にしている「お客様目線でのサービス」は、料金体系にも表れています。その特徴は「細分化した業務ごとに明確な料金を設定しているこ

スマートフォンからの
お問い合わせはこちらから

事務所概要

代表　税理士・公認会計士　松本 佳之

みんなの会計事務所代表。税理士・公認会計士。1980年生まれ。関西学院大学商学部卒。在学中に公認会計士試験に合格し、2002年より大手監査法人にて上場支援を行う。2007年中小企業の経営サポートをしたいと監査法人を退職、みんなの会計事務所を設立。
現在に至るまで「スピードと情熱」「分かりやすく伝達」「積極的な提案」を大切にし、関西・関東を中心に合わせて450件以上お客様をサポートしている。近畿税理士会北支部所属。

みんなの会計事務所（松本佳之公認会計士税理士事務所）
創　業：2007年
代表者：松本 佳之
職員数：20名（税理士2名、公認会計士1名、行政書士1名、社会保険労務士1名、宅地建物取引士1名）
所在地　〒530-0027
大阪府大阪市北区堂山町18-3
オオツジ堂山ビル4F
TEL 06-6809-1741　FAX 06-6809-1742

と」です。弊所の料金は「何にいくらかかっているか」を明確にお答えすることができます。

会社の成長ステージに合わせて税理士に求めるものは変わってくるはずです。サービスごとの料金を明確にしておくことで、その時々で必要なサービスを入れて、不要なサービスを削り、ご予算とご要望に合った契約内容とすることが可能になります。当然、よくわからない顧問料を払い続けているということもなくなります。

「みんなが『挑戦する』『信頼する』『楽しく生きる』会計事務所」

おかげさまで2007年の創業以来、右肩上がりの成長が続いています。その源が「みんなが『挑戦する』『信頼する』『楽しく生きる』会計事務所」、私たちの経営理念です。ここにおける『みんな』とは、事務所スタッフだけでなく、お客様や弊所に関わってくださる皆様やその家族を指しています。

『みんな』がより良い結果に向かって挑戦すること、お互いに信頼し合って助け合うこと、ビジネス・プライベート共に楽しく生きていけるように行動すること、の3つを意識して、日々、仕事に取り組んでいます。経営理念の他に、「私たちの10の約束」という行動指針を定め、具体的に自分たちが何をするべきか明確にしてきました。

さらに、外部講師を招いたチーム力を向上させるための研修（繁忙期以外は毎月実施）や社内イベント、社員旅行などを行って、スタッフ同士のコミュニケーションを深めています。これも経営理念を実践しながら、お客様によりよいサービスを提供していくため。

私たちは今後も変化を恐れず、失敗し、試行錯誤しながらも日々チャレンジします。

お客様の成長につながることは積極的に取り組み、お客様と共に成長できる事務所を目指していきます。

あんの会計事務所

株式会社ビジネスプラン

事務所の特徴

- 月次関与先・隔月関与先のお客様の65%が黒字です。
- 「どこに手を打てば利益が出るのか？」についてアドバイスいたします。
- 関与先には、無料で経営計画書の作成サポートを行います。
- セミナー・イベント活動に力を入れています。
- 若手後継者向けの勉強会を開催しています。

Web・SNS

Webサイト　http://annokaikei.com/

E-Mail　bplan@sx.miracle.ne.jp

5

2009年度版から5回選出

2つの商品で中小企業をサポート

あんの会計では、「中小企業を元気にすること」を経営ビジョンとして掲げています。具体的には、中小企業がしっかりと利益を出し、健全な経営で、そこで働く社員やそのご家族、そして取引先や関係者すべての方々が幸せを感じ、かつ、地域からも必要とされるような、明るい会社の未来をサポートしています。

そのための手段として用いているのが、「あんの式月次決算書」と「経営計画書」です。「あんの式月次決算書」では、たとえ決算書が読めなくても、図を用いて「儲けの仕組」をイメージとしてつかめるように工夫し、「どこに手を打てば利益が出るのか?」など、会社の未来についてシミュレーションします。

また、当社でサポートしている「経営計画書」は、巷でよく見かける、数字が並んだだけの銀行提出用のものとはまったく異なります。社員教育や事業承継を含め、経営に生かすことを目的とした「経営計画書」です。ちなみに当社では、お客様におすすめするだけではなく、自社でも「経営計画書」を作成・運用し、年に1回、外部の方を招いて経営計画発表会を開催しています。自らが実践することで、お客様にも説得力のあるアドバイスができると自負しています。

このように、当社には、「あんの式月次決算書」と「経営計画書」という2つの商品があり、それらに基づいた中小企業のサポートを行えることが強みです。

結果として、全国の中小企業の赤字割合が約70%と言われている中で、当社の月次関与先・隔月関与先のお客様は、65%が黒字となっています。

なお、Web会議ツールの普及に伴い、現在の対応エリアは全国です。これまでの実績として、島根、大阪、名古屋、広島、山口、福岡などがあり、場所に関係なくサービスの提供が可能となりました。ちなみに、遠方のお客様には、現在の顧問税理士はそのままで、経営のアドバイスのみを行う「セカンドオピニオン契約」が人気です。

スマートフォンからのお問い合わせはこちらから

事務所概要

公認会計士・税理士　安野 広明

安野公認会計士税理士事務所所長。株式会社ビジネスプラン代表取締役。島根県益田市生まれ。

平成14年、朝日監査法人（現有限責任あずさ監査法人）入社。18年、公認会計士登録。19年、新日本アーンストアンドヤング税理士法人（現EY税理士法人）入社。22年10月、株式会社ビジネスプランに入社。同年12月、安野公認会計士税理士事務所を開業。中国税理士会益田支部所属。

あんの会計事務所／株式会社ビジネスプラン

創　業：昭和55年
代表者：安野 広明
職員数：10名

所在地
〒698-0041
島根県益田市高津1-1-1
TEL 0856-23-0022　FAX 0856-23-6674

セミナー・勉強会に力を入れる

地方には学びの場が少ないため、代表の安野自身が、東京で働いていた経験とフットワークの軽さを生かして積極的に都会へ足を運び、そこで得た情報を地元に還元するべく、セミナーや勉強会の場を数多く企画しています。

過去の実績としては、会計、税務、労務、ファイナンシャルプラン、遺言・成年後見制度、助成金など、専門的なテーマのものから、経営者や社員の「考え方」にプラスの影響を与える自己啓発的なテーマのものまで、様々です。

特に、年1回のビジネスプラン特別講演会では、毎回300～400名がご来場くださり、過去5回だけでも、約2000名を集客しました。コロナ禍においてはオンラインでも開催し、参加者は全国各地に広がりを見せています。

地域貢献活動について

地元に根を張って商売をする以上は、地域貢献は必要不可欠だと考えており、当社における地域貢献の形として、お正月に「コメディ・クラウン・サーカス」を開催しています。

「会計事務所がサーカスを主催している」というと、よく驚かれるのですが、様々なご縁が重なり、当社で主催することに決めました。「地元の子供たちに、地元で、楽しい思い出をつくってもらいたい」という想いで継続しています。こちらについては、コロナ前までの過去5回で3000名近く集客しました。いまではファンになってくれているお子さんもいらっしゃいます。

最後に

「先生業」ではなく、「パートナー」としてお客様と伴走することで、中小企業に元気になっていただくことが、わたしたちの使命です。

「あんの式月次決算書」と「経営計画書」で、中小企業をワクワクする明るい未来へと導いて参ります！

中堅・中小企業活性化アドバイザー

石井経営グループ

税理士法人 石井会計　石井公認会計士事務所
株式会社 石井経営　株式会社岡山M&Aセンター

事務所の特徴

- 平成30年8月、中小企業の経営改善業務を担う株式会社石井経営と税務業務を担う税理士法人石井会計の２本柱とする『石井経営グループ』体制スタート、経営改善アドバイス業務を強化。
  公認会計士、税理士、中小企業診断士を中心に、各分野の専門機関と日本最大級の情報ネットワークを構築して、経営に関するさまざまなニーズにワンストップでお応えしています。
- 平成27年日本M&A協会MVPを受賞。
- 月次決算にこだわった税務・会計・財務のコンサルティング会社です。

Web・SNS

Webサイト　https://www.ishii-cpa.com/
E-mail　ishiicpa@mx4.et.tiki.ne.jp
Facebook　税理士法人石井会計

2003年度版から11回連続選出

優秀なスタッフが経営に役立つ情報をスピーディーに提供し、経営アドバイスをきめ細かにご提供します

私たち石井経営グループは創業以来30年以上、変わらぬポリシーとして、「①常にお客様のニーズに敏感であること、②未来志向のサービスを提供すること、③絶えずサービスを改良し続けること、④果敢に新たな仕事にチャレンジすること」の４つを掲げ、変化する時代の潮流を読みながら、業務の改善改良と拡大を続けてきました。

石井経営グループには多くの資格者が在籍しています。あらゆる分野において常にお客様の考え方や価値観を理解しようと努め、助言・提案を行いながら、信頼される「経営者の真のパートナー」を目指して業務に取り組んでいます。

戦略的事業承継コンサルティングに特化した事務所として

石井経営グループでは従来から、「中堅・中小企業活性化アドバイザー」として、数多くの中堅・中小企業支援業務に取り組んできました。

グループ傘下である（株）岡山Ｍ＆Ａセンターでは、「戦略的事業承継コンサルティング」として、税理士法人での経験を活かした公正な企業価値の評価・問題の検証を行い、相続・事業承継対策コンサルティング、企業再編・企業再生コンサルティング等の経営改善、企業の存続と発展を目的とした「友好的Ｍ＆Ａ」を提案しています。

また、後継者がいない場合でも、ハッピーリタイアのため、あるいは経営戦略上の理由で積極的なＭ＆Ａをしようとする地元企業を応援します。「事業承継で悩んでいるが、どうすれば良いのかわからない」という経営者の方、まずはお気軽にご相談ください。

お客様の多様なニーズにお応えする「専門家集団」として

私たちは、Ｍ＆Ａ部門のほか、「相続事業承継部門」「保険部門」「医業部門」「経営支援部門」そして「財産ネットワークス事業部」という専門部を設け、お客様のニーズに対してその分野の専門家がスピーディーに対応できる体制を整えています。

「医業部門」においては、新規開業支援から診療圏分析、医療法人設立、定款変更、経営相談までトータルにバックアップ。「保険部門」では、既契約の分析と共に会社の財務分析を行い、必要保障額の算定や

スマートフォンからのお問い合わせはこちらから

事務所概要

統括代表社員
公認会計士・税理士　石井栄一

昭和34年生まれ、慶應義塾大学経済学部卒業後、大手監査法人での勤務を経て平成3年、岡山にて石井栄一税理士・公認会計士事務所を創業。同時に㈱トップマネジメント（現・㈱石井経営）を設立。平成16年に税理士法人化。平成19年には㈱岡山M&Aセンターを設立し、現在は日本M&A協会中四国支部の支部長を務める。中国税理士会岡山西支部所属。

社員数：42名（公認会計士1名、税理士6名、科目合格者12名、中小企業診断士1名、宅地建物取引士1名）
所在地
〒700-0975
岡山市北区今八丁目11番10号
TEL 086-201-1211
FAX 086-201-1215
対応ソフト
弥生会計、MJS、TKC、freee
その他市販ソフト

石井経営グループお客様への3つのお約束
①サービスの品質管理を徹底します。
②何事もスピーディーに対応します。
③商品に独創性を持たせ判断や意見を付加した資料を提供します。

会社の目指すところ
「人材と技術と資本の成長」

社員共通の価値観
「仕事を通じて人の役に立ち、人間として、成長し続けること」

退職金の準備等、お客様にとって無駄のない最適な保険の提案を行います。

また、「財産ネットワークス事業部」では、青山財産ネットワークスグループと提携し、総合的なソリューションをご提供しています。企業オーナー様には「経営」のスムーズな承継と「財産」の適切な承継に向けたコンサルティングを。個人資産家様には、最適な資産運用と相続対策のアドバイスを。その他、収益不動産に関する情報提供や優良不動産の活用等、財産構築に対する多彩な要求にお応えします。

この専門部制が、私たちがお客様の経営に関するあらゆるお悩みにワンストップでお応えすることができる、大きな強みなのです。

私たちは、従来の枠にとらわれない新しい発想、新しいサービスを提供します

中堅・中小企業の経営の成否は100％経営者の裁量に掛かっています。私たちは平成3年の創業以来、「中堅・中小企業活性化アドバイザー」として、経営者の皆様に、「わかりやすく」「意思決定に役立つ」「活きた数字」をお届けしてきました。

会社の決算が近付くと「決算前検討会」を開催します。月次決算報告書をベースに決算予測・納税予測を立て、適正な節税対策の立案・実行支援を行うことで、「事前の検討もなく決算をし、税金を払っている」という経営者の不安が解消できます。

また、コロナ禍も長引き混迷の強まる今だからこそ、私たちは「経営計画書」の策定を推奨しています。経営計画書は、経営者のビジョンを明確にするものです。そのビジョンを社員全員が理解することで、会社が一丸となって目標へと邁進することができます。また、経営者自身が自社の数字に強くなることで、「手探り経営」から「先見経営」（PDCA）へと変わっていくのです。お客様の会社にそのようなポジティブな変化を起こすべく、私たちは質の高い「経営改善アドバイス」に注力しています。

その他にも、経営者および後継者向けに実践的な経営を学ぶ場を提供するべく、各種セミナーを精力的に開講しています。

目まぐるしく変わる経済環境の中で、変化に対していち早く対応できる判断材料を提供していくには、従来通りの会計事務所のサービスでは不十分です。私たちは「常に仕事を革新し、自信と誇りと自覚をもって、創造的な仕事に取り組み、ネットワークを構築して、オンリーワンの会計事務所を目指すこと」の志のもと、常に新しい発想で、付加価値の高いサービスの提供を目指しています。

株式会社オフィスミツヒロ

光廣税務会計事務所

2009年度版から8回連続選出

事務所の特徴

広く深い専門知識が必要とされる現在、会計・税務のスペシャリストとして《お客様の夢を実現》を基本理念に、最新情報を的確に提供し多角的かつ永続的なサポートをお約束いたします。また、弁護士をはじめとする外部ブレーンを多数揃えて、お客様のあらゆるニーズに即応できる体制を整えています。

Web・SNS

Webサイト　https://www.office-m.co.jp/　E-Mail　info@office-m.co.jp

お客様の経営羅針盤として

弊社は、先代が昭和36（1961）年に創立しました。

創立から今日までの60年余り、地域に根差し、時代の変化をいち早く察知し、お客様を健全な発展へと導く経営羅針盤となるよう邁進してきました。

経験豊かなスタッフが対応

現在、税理士資格を持っている者は、私を含めて5名在籍しています。それぞれが法人税、所得税、消費税、相続税のスペシャリストとしてお客様のご相談にあたっています。

また、最近多くなってきた不動産や株式などの投資関連や将来設計、生命保険などの相談に対応するため、ファイナンシャルプランナー上級資格（ＣＦＰ®）、ファイナンシャルプランナー（ＡＦＰ）が在籍しています。

その他にも行政書士や社会保険労務士などの資格を取得しているスタッフもおり、お客様のご相談にスムーズに対応できるよう、体制を整えています。

資産税対策から財務コンサルティングまで

弊社は、相続税等の資産税の分野を強みとしており、相続専門チームで、さまざまな軽減策を検討しています。最近では、年間約50件の相続税案件（その内、相続税申告は40件）のお手伝いをしています。

相続対策では、二次相続まで考えたトータルな分割案および相続人ごとの資金繰りを踏まえ、納税方法を提案しています。

相続税申告では、相続財産を正確に把握するために、不動産の評価については現地確認を行い、金融資産においては、過去の取引履歴により資金の流れを確認します。その中で、疑問点を精査したうえで適正な申告を行っています。また、納税者が不安になることがないよう細心の注意を払っていますので、安心してご

スマートフォンからのお問い合わせはこちらから

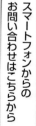

事務所概要

光廣昌史

昭和34年8月12日生まれ。広島県広島市出身。
昭和57年　香川大学経済学部卒業。
昭和60年　税理士資格取得。
平成13年　CFP取得。
モットー：笑顔を大切に心がけています。お客様のお役に立つことを実践します。
中国税理士会広島西支部所属。

〒730-0801
広島県広島市中区寺町5番20号
TEL 082-294-5000
FAX 082-294-5007

営業時間：月曜日～金曜日
9：00 ～ 17：00
（原則土・日・祝日休）
関連会社：株式会社DEPS
株式会社ウィルらいふサポート

相談いただけます。

　私たちの活動のもうひとつの柱である財務コンサルティング業務として、企業の再編、Ｍ＆Ａ、企業再生にも力を入れています。

　税理士だけではなく弁護士、司法書士、行政書士、社会保険労務士、不動産鑑定士、土地家屋調査士といった外部の士業や、リスクマネージャー、ライフプランナーとも提携しており、案件ごとにプロジェクトチームを組んでいます。シンクタンクとしてお客様のさまざまなニーズに応え、問題を解決し、総合的な安心を導き出しています。

お客様の真のパートナーとして

　弊社では、お客様のご相談に迅速に対応できるよう、常に最新情報を収集しています。また、これらの情報や業務実績を基に、独自の「会計・税務・相続」等の支援セミナーを開催しています。

　私たちは、お客様の夢を実現する真のパートナーとして、税務はもとより法律、労務の面など、多角的かつ永続的なサポートを行うことをお約束します。

事務所の特徴

　お客様は現在、法人３２０社、個人６５０名。オーナー企業から上場準備企業まで指導させていただいています。

　相続対策を行っている個人のお客様も多数いらっしゃいます。

初選出

清水税理士事務所

有限会社コンパスマネジメント

事務所の特徴

①小規模企業のホームドクター
②記帳代行から税務、経営、人事まで幅広く相談可能
③他士業と連携し、どんな相談にもワンストップで対応
④相続対策、不動産賃貸経営、資産税に強い
⑤会計ソフトメーカーと強いパイプ、導入支援も可能

Web・SNS

Webサイト　www.compass.ne.jp　　Facebook　@compass2580
E-Mail　info@compass.ne.jp

地元広島の小規模企業をホームドクターとしてサポート

当事務所代表の清水俊介は、広島で生まれて、広島で育ち、広島大学で学び、広島で税理士として開業しました。

お客様は、売上三億円以下の小規模企業が大半です。地元広島のソウルフードお好み焼き店や、地元名産の熊野筆の製造メーカーなど、お客様も地元密着の事業者が多いのが特徴です。

事務所は、広島市内のかつての問屋街十日市町、路面電車が通る電車通りに面した一階路面店舗です。事務所横の平面駐車場から数歩で事務所受付へ。明るいガラス張りの応接ブースは、完全個室のセキュリティと大型モニター完備です。相談や打合せは、環境の整った当事務所内の応接ブースや会議室で、ゆったりと行えます。

記帳代行から税務・経営・人事まで幅広くサポートします

平成五年の開業から、令和五年で三十周年を迎えます。開業から首尾一貫して、お客様のニーズに合わせた対応がモットーです。

小規模なお客様であれば、記帳代行から全て対応できます。給与計算もセットでお引き受けします。経理の専門家ならでは、金融機関のネットバンキングやクレジットカードのクラウドデータと、会計システムをデータ連携して、効率的に会計処理を行います。

給与計算も出退勤データと連携させて、勤怠管理を自動化させ、手早く給与振込処理まで代行することも可能です。

お客様の事務合理化のお手伝いが、当事務所の役割だと考えています。

弁護士・司法書士・社会保険労務士豊富なネットワークで対応

三十年の業務経験をもとに、士業のネットワークを構築しています。例えば、企業法務に強い弁護士、相続登記問題の経験豊富な司法書士、各種許認可申請プロフェッショナルである行政書士など、複数の専門的な各士業者から、お客様の

スマートフォンからのお問い合わせはこちらから

事務所概要

所長　税理士　清水俊介

清水税理士事務所所長。有限会社コンパスマネジメント代表取締役。税理士、行政書士、上級相続診断士。昭和38年生まれ。広島大学経済学部卒。平成4年税理士試験合格。平成5年、清水税理士事務所を開業。平成9年、有限会社コンパスマネジメント、代表取締役に就任。事務所開業直後から小規模法人、個人事業者を中心に税務会計から経営まで、幅広い支援を行う。令和元年、一般社団法人広島家族信託協会、理事就任。中国税理士会広島西支部所属。

清水税理士事務所／有限会社コンパスマネジメント

創　業：平成5年
代表者：清水俊介
職員数：12名（税理士2名、行政書士1名、CFP1名）

所在地
〒730-0805
広島市中区十日市町二丁目2番28号
TEL 082-296-2580　FAX 082-296-2588

状況に応じた先生をご紹介、連携できます。

社会保険労務士とは、給与計算、人事管理を含めて相互に連携して、ワンストップに近い形で総合的な人事処理を実現して、お客様に安心と満足をご提供できます。

不動産オーナー様に向けて

もう一つの当事務所の特徴が不動産オーナー様のご依頼が多いことです。確定申告をお引き受けするだけでなく、相続対策、不動産の有効活用、金融資産・保険契約などの相談にもきめ細かく応じています。

開業三十年ですので、既に二代にわたって相続税申告を受託したケースも多数。親から子、子から孫へと、財産を承継していくなかで、そのご家庭の状況を把握しアドバイスをさせて頂く、文字通り財産管理のホームドクターとなっています。

近年では、当事務所の代表が一般社団法人広島家族信託協会の理事に就任し、家族信託や成年後見制度などのご支援をサポートメニューに加えました。また、株式会社ウィルらいふサポートを他の税理士と共同で運営し、遺言書の作成や相続後の手続き代行も行っています。

企業経営者の財産管理についても、法人の関与に合わせて一括してお引き受けすることが可能です。

リテールに特化し総合的なサポートを

高度で専門的なサポートや大手企業の関与は苦手かも知れません。ただし、その分、広範囲で一般的なサポートや、小規模企業は得意です。専門的な支援は、専門家である士業と連携して対応します。

地元の皆様のホームドクターでありたい。そう願っています。

2

2021年度版から2回連続選出

ソルト総合会計事務所

事務所の特徴

ソルト総合会計事務所は、どんなお悩みも気軽に相談でき、経営者にとって良きパートナーになれるような会計事務所を目指しています。

- お客様が話しやすい、相談しやすい環境作り
- 毎月の会計データに基づく業績報告、未来会計の支援
- 品質向上、業務の効率化を図るため、最新のITツールを活用
- 税務調査、相続、事業承継においても豊富な実績あり

Web・SNS

Webサイト　https://salt-cpa.com/

E-Mail　info@salt-cpa.com

Facebook　ソルト総合会計事務所/山口県防府市の公認会計士・税理士

東京・福岡で実績を積み 地元山口県で会計事務所を開業

ソルト総合会計事務所は、平成27年に山口県防府市で開業しました。開業前は、東京のみすず監査法人で上場企業を中心とした監査業務に従事していました。その際に、大手監査法人の解散という歴史的局面を当事者として経験しました。

その後は福岡の新日本有限責任監査法人にて監査業務に従事しました。ここで金融機関の自己査定監査にも携わり、多くの経営計画・格付結果を目にする機会を得ました。監査法人で勤務したこの非常に濃い7年間の経験は、開業後、お客様の経営支援や融資サポートに大いに役立っています。

地元の山口県防府市へ帰郷後は、株式会社YKプランニングにお世話になり、財務分析や税務監査などが出来る「財務維新」を全国の会計事務所へ販売するといった仕事に尽力しました。営業経験や、最新のITソフトに触れ体得した経験は大きな財産となり、また、会計事務所はサービス業であるといった今の理念を作り出しました。

経営者からの「ありがとう」が最大の報酬

「お客様が望むサービスを提供する」ことが事務所の基本的なスタンスです。ニーズに合わせて記帳代行から始まり、自計化・クラウド化の支援、経営計画や予算実績管理、未来会計の支援に移行していくケースもあります。

また、法人のお客様向けに、年に1度、格付診断を提供しています。経営者から「ありがとう」と喜んでいただけるのを事務所の喜びとしています。

話しやすい相談相手として顧客とのコミュニケーションを重視

その為には、お客様としっかりとコミュニケーションをとり、お悩みをお聞きして、解決案をご提案するプロセスを大切にしています。会社の立場で考え、今何が必要なのか、それに対し、税務会計のプロとして、どういったサービスや情報を提供すれば役立つのか、常に先手を

スマートフォンからのお問い合わせはこちらから

事務所概要

所長 公認会計士・税理士　山本 将之

ソルト総合会計事務所代表。
山口県防府市生まれ。宇部高専経営情報学科卒業。みすず監査法人、新日本有限責任監査法人（現在のEY新日本有限責任監査法人）、株式会社YKプランニングを経て2015年4月にソルト総合会計事務所を開業。2018年2月には防府市の「ほうふ幸せます 働き方推進企業」に認定された。趣味は、バスケットボールと山登り。中国税理士会防府支部所属。

ソルト総合会計事務所
創業：平成27年
代表者：山本 将之
職員数：7名（公認会計士1名、税理士1名）

所在地
〒747-0034
山口県防府市天神1丁目5-23　中村ビル4階
TEL 0835-28-7314　FAX 050-3730-8178

打って考え行動すること。事務所スタッフ全員の共通認識として、活動しています。

どんな経営者も様々な悩みを抱えています。従業員には打ち明けられない経営者の悩みに寄り添ってサポートを行えるよう、日々研鑽を積んでいます。

最新のITツールも積極的に導入し、業務効率化にも熱心に取り組む

最新のITツールを積極的に導入することで、事務所の品質向上、効率化を図っています。例えば、お客様カルテや相談内容、提案事項、対話内容、税務上の留意点等は、データベース化し、スタッフ全員で共有することで、事務所全体のレベルアップを図っています。

また、お客様がいつでも気楽に担当者と連絡がとれるよう、ChatworkやLINEを活用し、常に誰かがスタンバイしている状態にしています。お客様がチャットに入られる場合は、必ず誰かが返答できるので、スピーディな対応が実現できています。

新型コロナウイルスの感染拡大時には、会わずに面談可能なZoomを使ったオンライン面談を実施し、会計データはクラウド上で共有。オンライン面談はお客様からも大変好評でした。

事務所メンバーの平均年齢も30代と若いので、新しい分野にも積極的に取り組める体制が作れています。

信頼のワンストップサービスで会社の未来が変わる

相続や事業承継の分野におきましても、経験豊富なスタッフが対応しています。そして弁護士、司法書士、社会保険労務士といった他士業と連携することにより、当事務所へご相談いただければワンストップで課題解決できるよう、体制を整えております。

お客様が悩んでいる時には、良き相談者として一緒に問題解決に取り組む、ベストパートナーのような存在であり続けたいという想いをもって、今後も活動していきたいと思います。

税理士法人山根総合会計事務所

2019年度版から3回連続選出

事務所の特徴

①総勢45名超の税理士・行政書士・医業経営コンサルタント・専門メンバーが、お客様の経営をトータルサポートさせて頂きます。
②若手税理士・国税OB税理士が複数在籍し、最新の会計税務アドバイスから節税、融資対応、経営相談、財務コンサルティングまで幅広く対応させて頂きます。
③コロナ融資、補助金、給付金もスピーディーに情報提供・申請サポートをさせて頂きます。
④広島市を中心に顧問先600社以上、累計相談件数5,000件以上、多数の事例をもとに最適なアドバイスをさせて頂きます。

Web・SNS

Webサイト　http://www.yamane-tax.jp　　Facebook　山根 陽介
E-Mail　y.yamane@yamane-tax.jp

総勢45名以上の税理士・専門スタッフを擁する税理士法人山根総合会計事務所では、起業1年目のお客様から、年商100億円を超える上場を目指すお客様、業歴が100年超のお客様まで、広島市を中心に600社以上のお客様の税務・経営サポートをさせて頂いています。

コロナで経営環境が厳しいなかで、経営サポートを提供し、税務だけでない経営全般のアドバイザーとして、一社でも多くの会社の成長のお手伝いをさせて頂くため、日々全員で取り組んでおります。

経験豊富な税理士が税務・経営・会計全般をサポート

顧問税理士として税務・経営・会計全般を山根総合会計事務所が担当し、お客様の業績アップと節税をベースにした資金の最大化のサポートをさせて頂いております。

税務、会計、経営相談・金融機関への交渉力が強い決算書作り・税務署からの信頼が高い申告書の作成に定評があります。また、事前に決算予測を緻密に行い、最大限の節税をします。

また、国税ＯＢの顧問税理士２名を擁しており、税務調査立会実績も豊富ですので、税務調査の際はお客様を徹底的に守ります。

金融機関対応実績を生かした融資サポート

山根総合会計事務所は融資サポートに力を入れております。各金融機関様と繋がりを有していますので、事業計画書の作成から金利交渉まで、スピーディーに対応させて頂きます。金融機関との対応実績も多く、資金繰りに関するアドバイスも得意としております。

融資の獲得、そして、その後の資金管理サポートも万全にしております。融資サポート実績は県内の会計事務所トップクラスです。

財務コンサルティングの実績多数

顧問先の社外ＣＦＯ（最高財務責任者）として、資金調達、資産運用、経営者の可処分所得の最大化まで、会社・経営者個人の両面から財務コンサルティングを行います。税制を熟知している税理士だからこそ出来る財務コンサルティングで、顧問先は資金で困らない豊かな未来を創造します。

スマートフォンからのお問い合わせはこちらから

事務所概要

代表 税理士 山根 陽介

税理士法人山根総合会計事務所代表。税理士。1980年生まれ。早稲田大学政治経済学部卒。辻・本郷税理士法人、髙野総合会計事務所を経て、2013年より現職。中小企業の節税・資金繰り改善をベースとしたお客様の利益最大化のサポートを得意としている。広島県内では数少ない公的機関の事業再生プロジェクトの外部アドバイザー経験を生かし、顧問税理士の立場からお客様である中小企業の業績を向上させるコンサルティングを行う会計事務所として定評がある。また、毎年全国各地でセミナー講師を行っており、累計受講者は5,000名を超える。中国税理士会広島東支部。

山根総合会計事務所

創　業：1978年
代表者：山根 陽介
職員数：45名（税理士4名、税理士科目合格者6名、行政書士1名、社会保険労務士有資格者1名、医業経営コンサルタント1名）

所在地
〒730-0016
広島県広島市中区幟町10番25号 山根会計ビル
TEL 082-225-5755　FAX 082-225-5750
0120-555-905

緻密な事業計画策定で会社を成長させる

公的機関の事業再生案件でアドバイザー経験のある税理士が、緻密な事業計画を策定させて頂きます。お客様の「今」と「未来」を映し出し、会社の目標の実現をしっかりサポートさせて頂きます。会社の目標を数字に落とし込むことで明確な目標が出来て、会社が未来に向けて勢いよく動き出します。また、事業計画を使うだけで危険性のかなりの部分に気づき、回避することができます。

財務を土台に原理原則に沿ったアドバイスで会社の成長をサポートします。

相続税申告にチームで対応 豊富な経験とノウハウで節税の実現

相続税申告に特化した相続チームを有しておりますので、相続税申告の実績とノウハウを活かして、お客様の申告手続きをお手伝いします。専門性が高く求められる土地評価による節税、書面添付制度適用による税務調査対策、節税や円満相続のための遺産分割案のご提案や二次相続を踏まえた税額のシミュレーション等、申告において必要な業務を、大手税理士法人で培った豊富な経験とノウハウでご対応させて頂きます。

医業経営コンサルタントが医院の会計・税務・経営を徹底サポート

山根総合会計事務所では多数の医院のお客様のサポートをさせて頂いております。医業経営コンサルタントを中心に、医院の節税・経営・資産形成を徹底的にサポートします。医療チームがスピーディーな対応で医院の課題解決と成長支援を行います。

毎回満員御礼の経営セミナー

毎年全国各地の経営者・税理士の方々へのセミナー講師をさせて頂いております。事務所自主開催セミナーは毎回１００名以上の方々にご参加頂いております。累計受講者数は５０００名を超えております。一人でも多くの方に有用な情報と、経営・財務のポイントを提供することで、参加して頂いた方々の会社の成長をサポートします。

越《お》智《ち》聖《さとる》税理士事務所

株式会社聖会計

事務所の特徴

- 開業8年目、実務経験20年、42歳若手税理士です。
- 紹介による顧問先拡大で、その受注率は93%。
- “ヒトの為に動く”をモットーとした懇切丁寧な対応。
- 事業承継支援・後継者育成の実績も数多くあります。
- 相続税の申告も他の士業と連携してワンストップでの対応が可能です。

Web・SNS

Webサイト　http://satorukaikei.com/
E-Mail　ochi@satorukaikei.com

2021年度版から2回連続選出

四国地域を中心に中小企業の
ヒト・モノ・カネのご支援

私たち越智聖税理士事務所は平成27年4月に松山で開業した、主に中四国全域の中小企業の皆様をご支援している会計事務所です。会計・税務はもちろんのこと、お客様のお悩み事を解決する総合的なコンサルティング、緻密な経営診断にもとづく経営コンサルティングなどを得意としており、お客様の成長と発展を末永くご支援いたします。

代表の越智聖は、前職において関与先の上場支援、多くの業種の税務経営支援、相続税、事業承継対策に従事し、12年の実務経験を経て独立開業しました。現在、職員8名の体制でお客様をご支援しています。〝みんなの幸せを願う〟をモットーに日々業務に励んでいます。

緻密な経営コンサルティングで
医業のお客様をサポート

当事務所は開業以来、様々な業種の税務、ヒトを大切にする経営支援、黒字化のための経営指導に全力で取り組んできました。代表は特に医業を得意とし、開業準備から運営、経営分析、未来の構想など、医院の堅実経営のお手伝いをしております。

また、高齢化社会の要請である介護事業経営支援にも取り組み、新規事業立ち上げから財務体質改善、集客アドバイスなど、さまざまなサービスを提供しています。

仕事はほとんどが紹介
取り扱い業種も豊富

当事務所は様々な業種のお客様がいらっしゃいます。建設業、飲食業、不動産業、社会福祉法人、酪農業、さらには漫画家、芸能関係などの珍しい業種にも対応しております。

私たちの仕事のほとんどが〝お客様や他士業の先生からの紹介〟です。現状では80%が紹介で、それ以外は直接お願いして頂いたり、ネットで集客したりして

スマートフォンからのお問い合わせはこちらから

北海道
東北
東京
関東
東海
信越・北陸
近畿
中国
四国
九州・沖縄

事務所概要

四国のマネードクター 税理士　越智 聖

越智聖税理士事務所代表。株式会社聖会計代表取締役社長。税理士。昭和55年生まれ。香川大学経済学部卒。平成27年、越智聖税理士事務所を開業。同年、株式会社聖会計を設立、代表取締役社長に就任。事務所開業直後から会社設立及び事業承継支援に積極的に取り組み、豊富な財務分析資料と緻密な経営診断にもとづく総合経営コンサルティングを展開。分析に基づく経営アドバイス、懇切丁寧な対応に定評がある。
四国税理士会松山支部所属

越智聖税理士事務所／株式会社聖会計
創　業：平成27年
代表者：越智 聖
職員数：8名（税理士1名、科目合格者1名）

所在地
〒790-0951
愛媛県松山市天山3-2-31　ドラゴンビル2階南
TEL 089-961-4635　FAX 089-961-4634

います。私も税理士業務以外の仕事（保険、法人設立、建設業許可など）は、提携している専門家の方に積極的にお願いしています。私は税理士ですから、税理士業務以外のことは専門家の方にお願いしたほうが、円滑かつ確実なためです。

紹介されたからには、責任感及び誠意をもって取り組まなければなりません。開業してからずっと、このことに信念をもって取り組んだ結果、お客様や他士業の先生方から信頼して頂けているのだと確信しております。

顧問先の黒字化を徹底サポート

私たちは顧問先が〝黒字〟になるように、出来上がった試算表を基に徹底的に分析して改善すべき点をお伝えしています。また、多くの業種を取り扱っておりますので、周りの業界の様子も伝えることが可能です。これにより、一般的には7割が赤字企業といわれるなか、当事務所の顧問先の黒字率は、6割を超えています。

スタッフの教育にも注力

さらに、スタッフの教育にも力を入れています。毎月のミーティングでそのときの旬の項目を中心に勉強会を開催し、スタッフの力が少しずつ付くような環境を整えています。また礼儀に関しても徹底し、顧問先の皆様からお褒めの言葉を頂いております。

経営者の悩みは税金だけでない

経営者は顔が広いようであっても、実際は心を開いて相談できる人がいません。そのような相談を受けることができるのは、経営者の一番近くに寄り添う税理士であり、私も多くのご相談をお受けしています。

税金のことだけではなく、社会保険や生命保険、ときには人生相談を受けることもあります。税金以外の相談も多いのは、相談事の一つひとつに丁寧に対応しているからだと自負しています。

税理士法人アーリークロス

社会保険労務士法人アーリークロス／株式会社アーリークロス／株式会社グルーウェブ

初選出

事務所の特徴

①創業から相続・事業承継までトータルで対応できる総合力
②社会保険労務士法人を併設しワンストップで課題解決
③年間1,000件超の申告実績
④全国トップレベルの成長性
⑤平均年齢34歳の若い力で親身に対応します！

Web・SNS

Webサイト　https://www.earlycross.co.jp/
Facebook　税理士法人アーリークロス
E-Mail　info@earlycross.co.jp
Twitter　税理士法人アーリークロス【公式】

クラウド会計のパイオニアとして福岡・沖縄を中心に全国のお客様をサポート

税理士法人アーリークロスは、福岡市中央区天神に事務所を構える税理士法人です。「ワクワクする未来を共に創り、次世代につなぐ」をグループミッションとしております。天神事務所以外にも、福岡県北九州市の北九州事務所、沖縄県那覇市の那覇事務所がございます。グループには、社会保険労務士法人アーリークロス、ＦＰ業務を行う株式会社アーリークロス、ウェブ制作を請け負う株式会社グルーウェブがあり、ワンストップでお客様の課題解決に取り組んでいます。

当社は九州トップのクラウド会計の導入実績を有しており、パイオニアとして全国の会計事務所向けにセミナーも開催しております。Money Forward クラウド会計等のクラウド会計、ZoomやGoogle Meetといったウェブ会議システム、チャットツール、オンラインでのデータ共有を通じて全国のお客様をサポートしております。

グループ100名を超えるメンバーでお客様を総合的にサポート

当社には税理士をはじめ、公認会計士、社会保険労務士、中小企業診断士、行政書士、金融機関出身者、国税ＯＢ／ＯＧ、ウェブエンジニア等の様々な領域の専門家が在籍しております。

対応領域も創業から成長支援、ＩＰＯ支援、Ｍ＆Ａの支援、相続・事業承継支援と九州でも有数の総合力を有しております。ワンストップでお客様の課題解決をし、未来づくりのお手伝いを行っております。

バックオフィスのＤＸ・デジタル化に注力

当社ではお客様のバックオフィス業務のＤＸ実現のためのコンサルティングを実施しております。まずは既存の業務の

スマートフォンからのお問い合わせはこちらから

事務所概要

代表社員　税理士
小西慎太郎

税理士法人アーリークロス代表社員。税理士・公認会計士。1984年生まれ。慶應義塾大学経済学部卒。大手監査法人を経て2012年、税理士法人アーリークロスの前身となる小西公認会計士事務所を開業。2018年アーリークロス会計事務所と経営統合し、税理士法人アーリークロスを設立、代表社員に就任。設立当時20名弱だったが、4年でグループ100名超の組織に拡大。九州で最も勢いのある事務所と言われている。九州北部税理士会福岡支部所属。

税理士法人アーリークロス
社会保険労務士法人アーリークロス
株式会社アーリークロス
株式会社グルーウェブ
創　業：2012年
代表者：小西慎太郎
職員数：82名／グループ企業20名(税理士8名、公認会計士4名、社会保険労務士3名、行政書士1名、中小企業診断士1名、国税OB/OG5名)
天神事務所（本店）
〒810-0001
福岡市中央区天神4丁目3-30天神ビル新館
北九州事務所／那覇事務所 ほか
TEL 092-406-5004　FAX 092-510-7504

ヒアリング・棚卸から実施し、お客様にとっての最適な業務体制をご提案いたします。特にMoney Forward クラウドシリーズの導入を得意としておりますが、お客様の状況に合わせて最適なツールをご提案いたします。提案から実際の運用までをサポートしますので、効果を確実に実感していただけます。ホームページで実際に当社のコンサルティングを受けたお客様の声や事例を今後掲載予定ですので是非ご覧ください。

株式会社ＩＧブレーンさまと業務提携

「ＤＸ化支援×未来会計」についての協業を行うため、株式会社ＩＧブレーンさまと令和４年１月より業務提携をスタートさせていただきました。

会計事務所さまからのご依頼も多数お請けしております。バックオフィス業務をＤＸし、月次決算を早期化することにより、効果的なＭＡＳ業務の提供をご支援いたします。

魅力ある会社づくりで採用を加速

人材難と言われる会計事務所業界の中で、直近３年間は毎年30名以上の採用を実現しております。平均年齢も34歳と若く、業界内でも活気のある会社であると評判です。この採用力を活かし、記帳代行業務や給与計算業務といった、人的リソースを必要とする業務にも力を入れております。近年では、同業他社からのご依頼も多数お請けしております。お気軽にご相談ください。

2030年の300名体制を目指して

当社では２０３０年の３００名体制を目指して更に採用、会社づくりを強化していきます。成長する組織においてともに成長できる仲間を募集しております。

IG会計グループ

アイジータックス税理士法人

2003年度版から11回連続選出

事務所の特徴

グループの総称である "IG（Intelligent Group）" とは、「衆知を集め、世のため人のために貢献する」という想いを概念化したものです。自己差別化の戦い（＝あるべき姿の追求）は、変革期における企業の基本戦略です。そのために、自己革新力を徹底的にサポートし、持続可能な企業体質づくりに一丸となって貢献します。
IG会計グループは、つねに「目的・未来・関係性」をキーワードに思考し、行動します。

Web・SNS

Webサイト　https://www.ig-mas.gr.jp/
E-mail　iwanaga-group@ig-mas.gr.jp
Facebook　岩永会計グループ
Instagram　@ig_accounting
Twitter　@igaccounting

経営計画の策定による経営者の意思決定をサポート

ＩＧ会計グループでは、開業当初から『経営計画』をベースに経営者の意思決定をサポートし、企業の「リスク計算」を行うという、未来に軸足を置いたトップのための経営支援サービスの実践を目指してきました。このリスク計算には体系的な支援体制が必要であるため、次頁の図のような循環モデルを整備しています。

循環モデルによる体系的な経営支援

まず経理事務の課題を解決します。企業会計を経営に活かすためには、タイムリーで正確なデータ作成が不可欠であり、それを実行するツール「３点セット」（自計化指導・初期指導・経理処理マニュアルの作成）は、企業の経理を自立させると好評です。さらに「決算検討会」を実施し、お客様の決算に衆知を集めます。すなわち決算書を基に各専門分野のスタッフが集まり、会計・税務・経営の３つの視点から決算を分析評価し、結果を未来に活かすための報告をします。

課題を抽出し解決する

企業の免疫力を高める「ＭＡＳ監査」は〝未来志向〟であるグループのメインサービスです。行動計画も含めた堅牢な『経営計画』の作成をお手伝いすることで、経営課題を抽出した上での毎月の予実管理や会議支援を通して、企業の先見経営・先行管理の仕組みをつくり〝あんしん経営〟のサポートをします。

さらに中期５カ年計画策定セミナー「将軍の日」に参加頂き、社長自らの意思で未来の条件付けをして頂きます。理念・目的・ヴィジョンを浮き彫りにすることで、社長が組織の方向性を明確に示せるようになります。さらに「ＩＧ経営塾」や「ＩＧ後継者育成塾」という学習組織により、経営者の自己革新力の強化を直接支援させて頂きます。

スマートフォンからのお問い合わせはこちらから

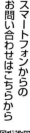

事務所概要

所長 税理士　岩永經世

昭和23年生。早稲田大学大学院商学研究科修了。昭和59年、事務所開業。中小企業に「未来志向」の提案型業務を提供するとともに、「新しい時代のパラダイム」に貢献できる会計人ネットワークを創るために、全国各地で講演等の活動を行っている。「NN構想の会」理事長。
九州北部税理士会長崎支部

IG 会計グループ
岩永会計グループ（長崎）
中村会計グループ（宮崎）
株式会社 アイジー・ブレインズ（兵庫）
株式会社 IGブレーン大分（大分）
IGブレーン宮崎 株式会社（宮崎）

【長崎事務所】
〒850-0035
長崎県長崎市元船町14-10 橋本商会ビル4F
TEL 095-826-1311　FAX 095-826-3225

『経営計画』をベースとしたMAS監査は企業の健康管理的なものですが、既に何らかの〝病気〟にかかっているときは緊急外科手術が必要です。事業承継対策・M&A・再生支援・資金繰り改善などの「特化MAS」サービスを提供します。

限界をつくらない支援体制

この「特化MAS」業務は一刻も早い対応が必要ですので、内部の専門スタッフのほか外部ブレーンも加わって、短期集中的に取り組みます。代表の岩永は会計人のネットワーク組織「NN構想の会」の理事長を務めており、次の13の支持団体とは深い関係性を持っております。

「あんしん経営をサポートする会、MJS税経システム研究所、MPS－OJTクラブ、OBC会計人パートナー制度ASOS、CML／コンサル技連、Ja－BIG未来会計実践塾、日本M&Aセンターグループ、日本経営アドバイザー協会、磐石経営会、bixider network、ファミリーオフィス実践研究会、MyKomon、弥生プロフェッショナルアドバイザープログラム」（令和4年3月末現在）

またIG会計グループでは令和2年度より中期ヴィジョン『Breakthrough 10』（R2～R6）を掲げ、次世代への円滑な事業承継を視野に入れたチームワーク強化のもと、異次元のステージを目指していきます。

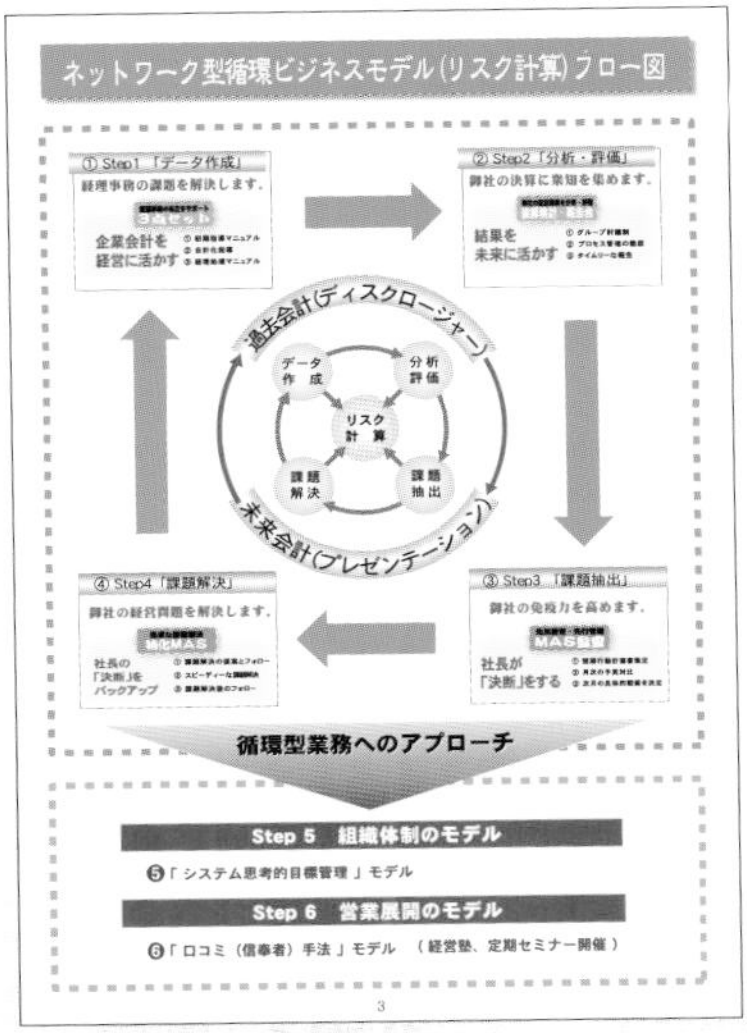

創業54周年

SKC会計グループ

税理士法人SKC　株式会社さかい経営センター
株式会社北九州経理代行センター

2007年度版から9回連続選出

事務所の特徴

「勇気・元気・覇気」お客様と明るく元気に快活に関わり、「即行・励行・続行」お客様に感動あるサービスを提供する、この「三気三行」が私たちの行動指針です。お客様の夢の実現のお役に立つため一生懸命取り組んでまいります。

Web・SNS

Webサイト　https://www.sakaikeiei.co.jp/　**Facebook**　税理士法人ＳＫＣ
E-Mail　main@sakaikeiei.co.jp

地域に根差す老舗税理士事務所として

先代の堺幸雄が事務所を開業して54年。私どもＳＫＣ会計グループは北九州市で老舗の税理士事務所として、多くの地元中小企業様、個人事業主様の経営のお手伝いをしてまいりました。

当グループはベテランから20代の若手まで幅広い年代のスタッフが在籍しており、探求心と活気に溢れています。常に新しい情報を取り入れ、これからの時代とすべてのお客様のニーズに合わせた最適かつ高品質なサービスをご提供できるよう、スタッフ一同努めています。

行動指針「三気三行」

私どもの仕事は「お客様の夢の実現」のお役に立つことです。そして、夢の実現のお手伝いをするうえで大切にしていることが「元気で明るい前向きな姿勢」であり、それが当グループの行動指針「三気三行」です。三気とは「勇気・元気・覇気」、三行とは「即行・励行・続行」を意味します。勇気をもって、元気で明るく、胸を張って生きる。そして、すぐやる、一生懸命にやる、やり続けるという宣言です。お客様に「君と話していると元気になるね、やる気が出てくるよ」と言っていただけることが私どもの喜びであり、行動の原点です。

中小企業の何でも相談窓口に

中小企業の経営環境は人材不足が叫ばれており、外部委託やアウトソーシングの需要が大きくなっています。

私どもは中小企業経営者様の問題解決をサポートし、将来の方向性を斟酌するための羅針盤のような存在でなければなりません。混迷の時代を少しでも紐解き、可能性を導き出し、リスクを明らかにして経営者の皆様のお悩みを解決していきます。

月次決算書はお客様との対話に不可欠なツール

私どもが最も大切にしているのは、毎月のお客様との対話です。クラウド会計システムの導入や経理代行サービスの提

スマートフォンからのお問い合わせはこちらから

事務所概要

代表 税理士　堺 俊治

昭和24年生まれ、長崎県出身。明治大学政経学部卒業。昭和60年、㈱さかい経営センター設立。平成16年、税理士法人SKC設立。SKC会計グループ代表。九州北部税理士会八幡支部所属。

代表 税理士　古川 直樹

昭和25年生まれ、福岡県出身。平成元年、古川直樹税理士事務所開業。令和2年4月、税理士法人SKC代表税理士に就任。九州北部税理士会八幡支部所属。

税理士法人SKC
創　業：昭和44年
職員数：55名
本店 戸畑オフィス
〒804-0003
福岡県北九州市戸畑区中原新町3-3
TEL 093-482-5588
FAX 093-482-5566

古川直樹税理士事務所
〒806-0032
福岡県北九州市八幡西区筒井町12-21
TEL 093-631-8555
FAX 093-631-8557

供により適時性のあるデータの作成が可能となり、月次決算書をお客様が企業の現状把握に不可欠なツールとして提供できております。この月次決算書をもとに毎月の対話を重ね、お客様の経営上のお悩みの解決やベストな意思決定をご支援いたします。

そして、さらにお手伝いしたいのが企業目的・目標の策定です。お客様の目的地への道筋づくりである経営計画の策定をサポートし、計画書を通じて経営者や幹部の方々と毎月の経営会議などで目標達成のための検討を積み重ねます。こうした対話を通じてお客様の夢の実現に寄与できることが私どもの喜びです。

その他、さまざまな業務

○事業の承継問題を解決します

相続税対策とともに、会社の分割・合併、M&Aやその仲介業務を行っています。

○企業の再生をお手伝いします

企業の再生を行うために、再生支援協議会や銀行と連携して、財務、事業デューデリジェンスを行い、再生のための経営計画を立案します。また、立案された再生計画の完全実施のためのコンサル業務を行い、確実な成果を上げています。

○医業、社会福祉法人の経営を専門的にサポートします

日本医業経営コンサルタント協会認定のコンサルタント3名が、開業支援から認可申請、設立、診療圏調査、経営分析と計画策定、人事制度の構築までフルサポートいたします。

○相続贈与のお悩みについて総合的に支援します

相続贈与にまつわる多くのお悩みの声に対応すべく、司法書士、弁護士ほか各分野の専門家と提携しワンストップで迅速に問題解決いたします。税務申告だけでなく登記、遺産協議まで、どうぞお気軽にご相談ください。

金城一也税理士事務所

初選出

事務所の特徴

①「がんばる社長を応援します」が事務所のモットー。

②相続対策、事業承継の実績多数。

③他士業と連携し、どんな相談にもワンストップで対応。

Web・SNS

Webサイト http://www.kinkaz.com/

Facebook 金城一也

E-Mail kazuya@kinkaz.com

「元気が出ました」

相談にいらした社長さん、そう言って帰っていきました。

いらっしゃったときは不安で仕方がないという顔でしたが、帰られるときは明るい顔に戻られています。

売上が落ち、今年の決算は赤字ではないかとの不安でしたが、残りの月でいくら利益を出せばいいのかを確認し、固定費の削減額・利益率の改善割合・目標売上額、具体的な金額を一緒に考えました。すると目標が明確になって、やる気が出たとのこと。

「あとは実行のみ」と社長さん。目標達成へ頭の中はフル回転しています。

社長の親身な相談相手

「がんばる社長を応援します」が金城一也事務所のモットーです。

社長さん、けっこう孤独です。相談できる人、いるようでいません。相談相手は、誰でもいいわけじゃありません。少しは内容を理解できないと、話を聞いてもちんぷんかんぷん。これじゃ話したくなくなります。

理解できる人に話すとしても、売上の話を同業者とはできません。

資金繰りの話を銀行員さんとできるか……。できません。

人事の話を社員さんとできるか……。できません。

ちゃんと話を聞ける人少ないんです。その中の一人が税理士事務所の担当者だと思います。毎月の

スマートフォンからのお問い合わせはこちらから

事務所概要

代表社員　税理士　金城一也

金城一也税理士事務所代表。税理士。昭和38年生まれ。琉球大学法文学部卒。平成10年、金城一也税理士事務所を開業。開業当時から中小企業の経理の合理化に積極的に取り組み、PC会計の導入と経理作業の合理化と経営企画に基づくコンサルティングを展開。併せて相続、事業承継対策にも積極的に取り組む。沖縄税理士会那覇支部所属。

金城一也税理士事務所
創　業：平成10年
代表者：金城一也
職員数：10名（税理士2名）

所在地
〒900-0025　沖縄県那覇市壷川3-4-26
オキジム壷川ビル3階
TEL 098-834-9575　FAX 098-834-9580

「月次決算」の解説のとき、決算3ヶ月前の「決算検討会」のとき、社長さんからいろんな話が出ます。

社長さん、まってましたとばかりに話します。一時間くらいじゃ終わりません。社長さん、聞いてもらうだけでけっこう元気になるんです。

経営計画作りのお手伝い

「過去と他人は変えられない、自分と未来は変えられる」

社長さん、済んだことより、これからのことに目がゆきます。

これから会社をどこに向けるか、そんな社長さんのサポートが「経営計画」作りのお手伝い。社長さんの想いを数字に置き換えます。

売上、利益等々、忘れちゃいけないのが資金繰り。どんな会社にしたいのか、どんな会社になるのか社長さんの頭にあるもの、具体的にしていきます。

数字が具体的になれば、やることが見えてきます。やることが分かれば、社長さん強いです。リーダーシップを発揮して、ブルドーザーのように進みます。

何をどのくらいやればいいのか分からないから不安になるんですね。分かれば元から行動力は有る社長さん強いと思います。

光が見えてきたら、不安も無くなります。あとはやるだけ。数字の管理はお任せください。

税理士法人新日本

熊本創業融資センター　熊本税務調査センター
(一社) 熊本相続相談センター　熊本不動産相続税センター

5

2015年度版から5回連続選出

事務所の特徴

３本柱の支援
①創業融資に熊本で初めて特化した事務所で熊本NO.1の実績
②税務調査（無申告の解消、税理士がいない税務調査対応）
③相続税・不動産（仲介手数料軽減の対策、不動産の支援）、相続税（遺言書の支援）

Web・SNS

Webサイト　https://www.kumamoto-zeirishi.jp/
https://kumamoto-zeimucyousa.com/
https://kumamoto-sozoku-fudosan.com/

E-Mail　shinnihon@bestzeirishi.jp
Facebook　税理士法人新日本
熊本 創業融資センター

税理士法人新日本の特徴

熊本市を中心に中小企業の皆様をご支援いたします。「税理士はどこに頼んでも同じ」ではありません。税理士にも得意不得意があります。その中で左記3本柱に特化することで、より細かいサポートができるようになりました。熊本経済にも掲載されるなど、熊本市でも注目されています。契約については事前に見積もりをお渡しして料金にご納得いただいてからの契約となります。また、報酬改定も翌年の見積もりにご納得いただいてからの改定としておりますので、いきなり決算期に値上げとならないようにしております。

3本柱として

①開業支援・創業融資
―会社設立、法人成り、個人の開業の相談、日本政策金融公庫、銀行、信金での創業融資の相談・支援

②熊本税務調査センター（無申告の解消、突然の税務調査の対応）
―税理士がいない場合の税務調査は、非常に不利となるケースが多いです。当事務所では、税務署との交渉から税務調査対応、事前の準備、金額の交渉まで対応しております。また、無申告解消のためのおまとめ申告も実施しております。

③不動産の相続税（生前対策・遺言書の作成支援）
―不動産の相続を中心に、事前の生前対策から、相続が発生した場合の対応まで実施しております。法人だけが残って困らないように、会社ごと不動産を売却する場合にも対応できます。

会計・税務はもちろんのこと、お客様のキャッシュをいかに残すかのお手伝いや、お客様の成長と発展を末永くご支援いたします。

代表者・職員の特徴

代表者は、若くてフットワークが軽く何でも相談できる税理士の藤本尚士。従業員も優秀な人材に恵まれていると自負しております。選ばれている事務所だからこその安心感を実感してください。常にお客様の支援を第一に考え対応しております。

スマートフォンからのお問い合わせはこちらから

事務所概要

代表社員　税理士　藤本尚士

税理士法人新日本代表社員。行政書士藤本尚士法務事務所代表。熊本経営サポート株式会社代表取締役。税理士・行政書士。昭和49年生まれ。税理士法人新日本を平成26年開業。現在10名を抱える事務所へ成長させる。①創業融資、②税務調査（無申告の解消や税務調査対応）、③相続税の支援に注力している。**〈主な資格〉**税理士、行政書士、経営融資相談士、相続診断士、宅建取引士、不動産投資・運用アドバイザー®、税務調査士®、FP2級。南九州税理士会熊本西支部

税理士法人新日本／熊本経営サポート株式会社／行政書士藤本尚士法務事務所

創　業：平成26年8月
代表者：藤本尚士
職員数：熊本のみ10名（税理士1名・全国では7名、行政書士3名、宅建取引士4名）

所在地
〒860-0807
熊本市中央区下通1-12-11 第二タカラヤビル4階
TEL 096-288-4080　FAX 096-288-4641

当事務所の強み

事務所は熊本市内中心部の中央区下通りに位置しております。各金融機関も多く集まっており、各金融機関との連携も密に行っております。融資や借り入れの相談、会社設立から記帳代行まで一貫して請け負いますので、お客様は安心して本業に専念できます。創業時の金利優遇、借入期間の変更にも対応できます。

このような問題を解決します

税理士事務所ができる経営者にとって必要なこと

・税務顧問
・相続税の相談（相続は事前に対策が必要です）
・融資・借入金の相談（資金繰り）
・開業時の支援
・法人設立か個人事業かの相談

社風

当事務所は若くて相談しやすい環境作りに努めております。初回相談料は無料です。税理士が必要かどうかの相談から承ります。専門用語もなるべく使わず、わかりやすく丁寧な説明を心がけております。

あいまいな料金体系は後々不信感を生じさせる原因となりますので、きちんとした料金体系を設けております。代表者も職員も親しみやすく、相談しやすい敷居の低い事務所です。些細な内容でもぜひご相談ください。もちろん守秘義務を遵守いたしますので、他に漏れることも一切ありません。一緒に解決して一緒に成功を喜びたい。そんな事務所です。

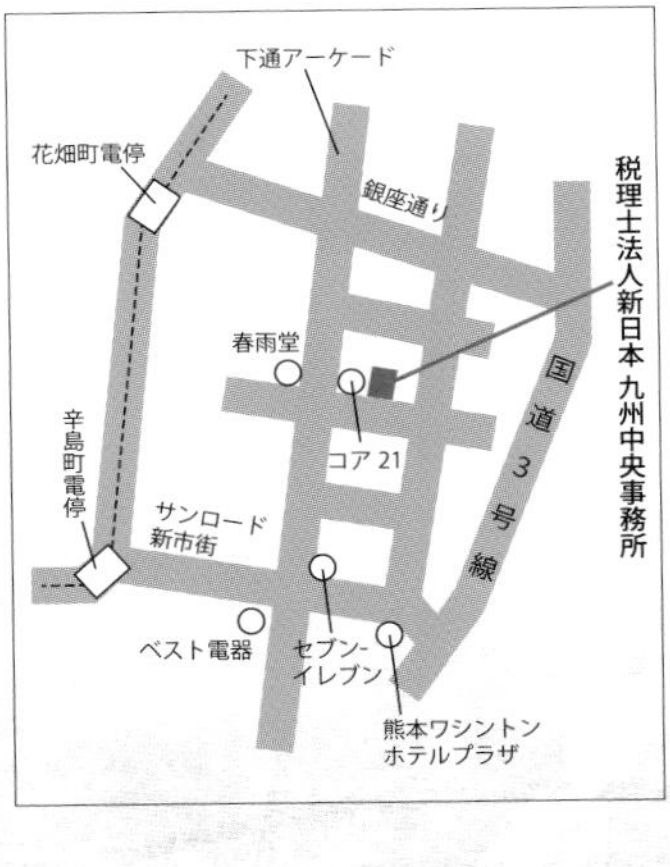

税理士法人武内総合会計

TTSコンサルティング株式会社
TTSマネジメント株式会社【どんたく会計(福岡)、ひむか会計(宮崎)、せごどん会計(鹿児島)】
武内マネジメントオフィス

2003年度版から6回選出

事務所の特徴

①税務・会計の専門家集団が、貴社のあんしん経営をサポートします
②お客様の利益を守ります
③事業承継・相続税のプロフェッショナルです
④九州の中小企業を支えます

Web・SNS

Webサイト　https://www.takeuchi-kaikei.com/
E-Mail　office@takeuchi-kaikei.com
Facebook　@takeuchi.kaikei
Twitter　@TAKEUCHI_1984

お客様の利益を守る

税理士法人武内総合会計は、昭和59年の開業以来35年以上実績を積み重ね、長年クライアントの皆様の発展を支援させていただいております。

福岡・鹿児島・宮崎の九州三県に5つの事務所を構え、業種を問わず、個人、法人の経営者様の支援をおこなっております。

企業のあらゆる成長ステージに応じてトータルにサポート

武内総合会計グループでは、末永くおつき合いさせていただけるよう企業の成長ステージやニーズに応じて最適なサービスを提供しております。

創業間もない事業者様や小規模事業者様に対しては、まずは事業に専念していただけるよう日々の会計入力から決算時の税務申告まで一貫したサービスを提供いたします。

事業が軌道に乗り始め、企業全体が大きく成長する時期には、定期的な訪問監査を主体として融資支援、管理会計や部門別会計などの支援を行います。一定程度経営が安定しましたら、MAS監査、経営計画の立案、予実管理等を行い新規事業の開拓や更なる事業拡大を税務面からしっかりサポートさせていただきます。

スタートアップ支援

新たに事業を始める方、法人設立をお考えの方には、法人設立のスケジューリングのご提案、各種手続きの代行、設立後の各種申請書の作成・提出、事業計画の策定や銀行融資のサポートも行っております。

承継・再編コンサルティング

当グループには、高度な知識と豊富な経験を備えた事業承継・組織再編の専門部署を設置しています。

スマートフォンからのお問い合わせはこちらから

事務所概要

代表社員　税理士　山座 史子

税理士法人武内総合会計代表社員。税理士。昭和46年生まれ。早稲田大学文学部卒。
平成22年税理士法人武内総合会計に入所。平成24年、税理士登録。
社員税理士を経て、令和3年2月、代表社員に就任。
九州北部税理士会福岡支部所属。

税理士法人武内総合会計／TTSコンサルティング株式会社／TTSマネジメント株式会社／武内マネジメントオフィス

創　業：昭和59年
代表者：山座　史子
職員数：92名（税理士7名、公認会計士1名、社会保険労務士1名、行政書士1名）

所在地
〒810-0073
福岡県福岡市中央区舞鶴2丁目8-20　武内ビル
TEL 092-781-0251　FAX 092-781-0353

企業オーナーの円滑な事業承継について、中長期的な視点で事業承継スキームの策定及び実行支援を行います。また、特にコロナ禍での急激な経済状況の変化に対応すべく、経営体制の再構築について立案から実行までのサービスを提供しております。

後継者の不在や事業承継問題解決のお手伝いとして、M&Aコンサルティングも行っています。

資産税コンサルティング

相続税申告については、複数の相続専門スタッフが申告書のチェックを行い、相続人の皆様に納得いただけるような遺産分割、申告を心がけています。おかげさまで、二次相続や知人の方のご相続の申告の際にも多数ご紹介をいただいております。生前対策や相続税シミュレーションについてもお客様のご状況に応じて適切なアドバイスができるよう努めております。

不動産の相続登記や、各種相続手続きもスムーズに行えるよう他の士業とも連携してワンストップサービスを実現しております。

企業のDX支援

創業以来、いち早く業務効率化、IT化に努めてきた経験と実績を活用して、クライアントに最適なITツールの選択とマネジメント方法に配慮してDX導入支援と運用のサポートを行っております。

アウトソーシングサービス

企業の会計記帳や経理事務、振込業務、請求書発行業務、総務業務等の各種代行業務も行っています。お客様の様々な要望やニーズにあわせてオーダーメイドの業務委託サービスを提供しています。

マネジメント・サポート株式会社

～幸　恭一　税理士・行政書士事務所～

事務所の特徴

【経営理念】

一．私たちは、会計・コンサルティングを通じて、お客様と共に成長し、明るい未来を創ります。

一．私たちは「ありがとう」の心を大切にする集団になります。

【業務分野】

・財務業務の指導を徹底し、会社経営の健全化に特化した経営指導を行います！

・ASPO（アジア士業共同体）を通じて海外進出支援業務を行っています。

・他士業と連携し、どんな相談にもワンストップで対応。

・事業承継支援・経営者及び後継者育成の勉強会を主催。

Web・SNS

Webサイト　http://managements.jp/index.html　**E-Mail**　info@managements.jp

4

2015年度版から4回選出

熊本を中心に中小企業の皆様をご支援

私たちマネジメント・サポート株式会社・幸恭一税理士事務所は、熊本県内を中心に、中小企業の皆様をご支援している財務コンサル会社及び税理士事務所です。財務会計・税務は勿論の事、お客様の企業経営を様々な角度から企業診断を行い、財務指導などを得意としています。

また、事業計画書の作成を経営者や経営幹部者と共に行い、今後の会社の方向性を再検討できる「場づくり」などのご支援を行いお客様の成長と発展を末永くご支援いたします。

お客様の経営理念・経営指針を基にビジョンのある会社作りを応援します

会社を継続的に経営していくうえで、会社の社会的な大義や意義を考え、「誰の為」「何の為」に会社があるのかを再認識できる環境づくりが必要と考え、お客様へのサポートを行っています。先の未来において、会社の方向性を社内に浸透させ継続し続ける事のできる体制づくりを支援します。

お客様の未来を創る財務を目指します

決算書は会社経営の『羅針盤』

会社の経営の方向性を創造する為にも決算書は必要です。過去の決算書は事業実績における成績表ですが、未来の経営の計画を立てる為にも必要ではないでしょうか。数字が並んでいる決算書は、税務申告の為に作るものではありません。お客様の経営判断の為の決算書です。決算書をわかりやすく解読を行い理解してもらうことで将来の経営戦略の武器の一つとして役立つものになるのではないでしょうか。

企業にとって、目的や目標を定めるうえでも必要な羅針盤と言えると思います。

お客様にとってのワンストップサポートの提供

私たちは、お客様にとってのワンストップサポートを考えています。良きパートナー（相談相手）として、些細な事から相談に対応するように努めています。

スマートフォンからのお問い合わせはこちらから

北海道
東北
東京
関東
東海
信越・北陸
近畿
中国
四国
九州・沖縄

事務所概要

代表　松富 智春

マネジメント・サポート株式会社代表取締役。幸恭一税理士事務所　副所長。職業会計人として勤務し、記帳代行及びコンサルティング会社を設立。開業当初より弁護士・税理士・公認会計士・社会保険労務士等、さまざまな士業のネットワークを構築し、経営支援に積極的に取り組み、熊本市を中心に地場企業の発展に尽力している。

また、地域企業への貢献の為、様々な情報を収集する為、国内は勿論の事、海外とのネットワーク創りを行っている。


マネジメント・サポート株式会社／幸恭一　税理士・行政書士事務所

創　業：平成17年
代表者：松富 智春
　　　　幸 恭一（南九州税理士会熊本西支部）
職員数：18名（税理士2名、行政書士1名）

所在地
〒862-0972
熊本市中央区新大江2丁目8番28号
TEL 096-288-2700　FAX 096-288-2701

経営者は「多忙」「相談相手がいない」等とよく言われていますが、そんな心配は無用です。本音をぶつけられるパートナーとしてご活用ください。

また専門的な相談に関しても、相談内容に合わせた専門家の紹介を行い、お客様の良きパートナーとしてお役立ちを提供します。弁護士・公認会計士・弁理士・司法書士・社会保険労務士・不動産鑑定士等のネットワークで素早い対応を目指しています。

経営者や社員育成の学びの場の紹介

私自身が社員の育成などで悩んでいた時期に、株式会社ビスタワークス研究所（ネッツトヨタ南国）の代表である大原光秦氏との出会いにより、自分自身の学びに繋がった事から、お客様へ「示道塾」のご紹介を行っています。

「示道塾」では激動の時代、社員の主体性が強く求められています。その意思決定の精度とスピードを高めるためには、解像度の高い経営ビジョンと理念に加え、幅広い教養が必要です。

この學習会は、歴史、哲学、心理学や脳科学など、リーダー必携の教養を学び、考え、話し合う場です。そこで得た気付きを実践に向かわせる中で、社員同士が人間力（互恵的利他力）を高め合う職場風土が醸成されます（大原氏より）。

このような考え等に共感し、良いものを伝える事も、私たちの使命と考えております。

業務

・経営サポート業務、起業支援業務
・事業計画書の作成補助、記帳代行業務
・財務コンサルティング業務
・事業再生業務、セカンドオピニオン
・海外進出サポート業務
・税務申告、税務調査立ち会い
・建設業等の許認可の申請
・公会計コンサルティング業務ｅｔｃ

当社は気軽に相談できる会計ファームを目指して、スタッフ一丸となり日々前進しています。

LONG AGE税理士法人

一般社団法人 日本経営支援協会

2017年度版から4回連続選出

事務所の特徴

- 理念経営の実現のもと長寿企業のサポート体制あり。
- 医業・介護経営支援に豊富な実績あり。
- 他士業と連携し、どんな相談にもワンストップで対応。
- 事業承継支援・後継者育成のための勉強会を主催。
- 豊富な知識と経験により組織再編に強い。

Web・SNS

Website　http://www.matusita-ao.jp/

E-Mail　matu@alto.ocn.ne.jp

熊本地域を中心に 全国の中小企業の支援

私ども（LONG AGE税理士法人）は、熊本地域を中心に、中小企業の皆さまをご支援している税理士法人です。

代表者を中心に、弊社ではあらゆる方面の豊富な経験を生かし、税務会計はもちろんのこと、お客様の立場に立った財務コンサルティング、緻密な経営診断に基づく経営コンサルティングにより、お客様の成長、そして長寿企業を目指し、お客様に寄り添ったご支援を提供致しております。

事務所内には公認会計士・税理士2名、税理士3名を含め、30名のメンバーが在籍しており、さらに大都市圏の税理士法人や専門家集団との業務提携による高度な知識・サービスをお客様に提供致しております。

私たちと百年企業、長寿企業を目指しませんか

起業すると組織を存続させ、従業員の雇用を維持し、社会貢献していくための責務が生じます。そして存続の中で企業は百年企業を通過点として行きます。弊社におきましては、お客様の税務を支えることは当然のことながら、百年企業・長寿企業を実現するためのお手伝いもさせていただいております。弊社お客様にも百年企業が何社かいらっしゃいますが、当該企業には共通点が見られます。

①企業と家族とコミュニティとの共存共栄を実現している

②経営理念を中心に据え、一貫性を持った組織運営が行えている

③時代に合わせた会社形態の適切な選択を行っている

弊社におきましては、これら3点について次のように考え、サポート体制を構築しております。

スマートフォンからのお問い合わせはこちらから

事務所概要

代表社員　公認会計士・税理士　松下英司

平成21年に公認会計士試験に合格後、KPMG有限責任あずさ監査法人に就職、大手上場企業の会計監査とIPO、企業再生関連の業務に従事。平成25年に松下欣司税理士事務所に入所後、税理士の父と共に、他士業との連携を深め、医療・社会福祉関係も含めた企業再編、事業承継、相続対策のサポートにて地元企業に寄与。令和2年にLONG AGE税理士法人の代表社員に就任。現在、地元企業の上場支援にも動いている。
南九州税理士会熊本東支部所属。

LONG AGE税理士法人／一般社団法人　日本経営支援協会
創　業：昭和63年（個人事務所から）
代表者：松下英司
職員数：30名（公認会計士・税理士2名、税理士3名）

所在地
〒862-0913
熊本県熊本市東区尾ノ上1-8-27
TEL 096-368-7111　FAX 096-368-6100

企業と家族とコミュニティとの共存共栄について

企業と代表家族、地域や関わりのある方々との共存共栄を図り続けることが日本の中での長寿企業に繋がる秘訣だと考えます。特に「三方よし」というキーワードを基軸に事業承継・一族承継のための流れ・企業活動がその言葉に寄り添うか、常に判断し続けるべきです。そのような考え方を身につけていただくために、提携先との連携の下、経営者塾や後継者育成への取り組みも熱心に行っております。

経営理念を中心に据え、一貫性を持った組織運営について

経営理念を中心に据え、一貫性を持った組織運営を行うことを「理念経営」といいますが、長寿企業においては、「理念経営」が一般的な経営手法となっています。

弊社ではお客様企業が目標達成する経営体質を構築するために、経営計画を基軸とした経営サイクル（Plan-Do-See）の確立と運営を支援するサービス展開を行っております。具体的には、「未来からの逆算」というキーワードをもとに、経営計画の作成、実行した結果の検証、生み出された課題への対策、社員のモチベーション向上など、様々な面から経営サポートを行い、目標に向かって突き進むための支援を致します。

時代に合わせた会社形態の適切な選択について

会社法の改正等を中心とし、近年組織の在り方は自由度が増しております。組織形態によって、企業と家族とコミュニティとの共存共栄の実現に寄与出来たり、社長の会社に対する想いや一族に対する想いの実現の反映が可能となります。

適時適切な会社形態を選んでいただけるように、弊社ではお客様の情報を精査・分析しサポート致します。

【編者プロフィール】

株式会社実務経営《じつむけいえい》サービス

実務経営サービスは、中小企業の経営支援に取り組む会計人の研究会「実務経営研究会」の事務局運営会社です。実務経営研究会は、会計事務所が中小企業にさまざまな支援を行うための研修会を多数開催しており、全国約 1400 の会計事務所が参加しています。また、会計事務所向けの経営専門誌「月刊実務経営ニュース」を発行しており、優れた取り組みをしている全国の会計事務所を広く紹介しています。

会社名：株式会社実務経営サービス
住　所：〒 170-0013　東京都豊島区東池袋 1-32-7　大樹生命池袋ビル 7F
電　話：03-5928-1945
ＦＡＸ：03-5928-1946
メール：info@jkeiei.co.jp
ＵＲＬ：https://www.jkeiei.co.jp/

お役立ち会計事務所 全国100選 2023年度版

2023 年　1　月　26　日　　第 1 版第 1 刷発行

編　者　　株式会社 実務経営サービス
発行者　　高　橋　考
発行所　　三　和　書　籍

〒 112-0013　東京都文京区音羽 2-2-2
TEL 03-5395-4630　FAX 03-5395-4632
info@sanwa-co.com
https://www.sanwa-co.com/
編集／制作　千種伸子（実務経営サービス）
印刷／製本　惠友印刷株式会社

ISBN978-4-86251-496-7 C3034